La vie heureuse

Luc Ferry

La vie heureuse

Sagesses anciennes et spiritualité laïque

Éditions de L'Observatoire

ISBN : 979-10-329-0327-8
Dépôt légal : 2022, septembre

170 *bis*, boulevard du Montparnasse, 75014 Paris

« Les Muses chantent les privilèges immortels des dieux et le sort misérable des humains, ces êtres impuissants, incapables d'inventer seulement un remède à la mort ou un recours contre la vieillesse. »

Hymne homérique à Apollon

« L'habitude des actions de bonté, celle des affections tendres, est la source de bonheur la plus pure, la plus inépuisable. »

Condorcet,
Conseils à sa fille, 1794

Liminaire

Vivre cent cinquante ans ? Scientifiquement possible ? Spirituellement souhaitable ?

On me demande parfois, après une conférence consacrée à l'histoire de la philosophie, quelle est ma vision du monde « à moi », quelle est « ma » philosophie. Je lui ai donné un nom, je l'appelle « spiritualisme laïc », et si je dois en définir le sens et la teneur en peu de mots, les voici : penser les révolutions qui caractérisent notre époque pour en tirer non seulement une morale, mais une nouvelle spiritualité, une spiritualité laïque adossée à ce que j'ai appelé dans d'autres livres la « divinisation de l'humain » ou le « sacré à visage humain ». Je vais bien entendu m'expliquer sur la signification de ces formules. Mais pour éviter d'entrée de jeu un malentendu, sans doute lié au fait que j'ai traduit Kant dans « La Pléiade » lorsque j'étais jeune universitaire, si je suis un héritier des Lumières, si j'aime les sciences et l'universalisme de la grande Déclaration des droits de l'Homme, le spiritualisme laïc que je professe s'enracine bien davantage dans cette merveilleuse vision du monde qui fut en France le romantisme républicain. Si je devais me choisir une source d'inspiration dans le passé, plus encore que chez Kant ou Tocqueville, je la trouverais chez Victor Hugo, en particulier quand il présente son programme de travail d'une façon que j'aimerais, toute révérence gardée, faire mienne : « **L'ensemble de mon œuvre,** écrivait-il, **fera un jour un tout indivisible. Je fais une Bible, non une Bible divine, mais une Bible humaine.** » Oui, une Bible humaine, autrement dit : un « spiritualisme laïc » qui ne se contente ni de morale, ni de théologie, une philosophie qui va au-delà de l'éthique et se situe en quelque façon après la religion.

J'en développerai la structure, le sens et les traits les plus fondamentaux dans le deuxième chapitre de ce livre, mais je voudrais dire d'emblée qu'il ne s'agit plus ici, comme dans le premier âge de l'humanisme, celui des Lumières et de l'idée républicaine, de viser seulement une harmonie juridique, morale et politique avec une humanité conçue comme une entité abstraite, composée de citoyens désincarnés avec lesquels ma liberté devrait plus ou moins péniblement s'accorder. Non, il s'agit plutôt d'une harmonie qu'on pourrait dire « amicale » avec le proche comme avec le prochain, avec celui que nous aimons comme avec celui que nous pourrions un jour rencontrer et aimer. On verra comment cette spiritualité laïque n'en conserve pas moins, en particulier sur le plan politique, l'idéal de raison et de liberté cher au premier âge de l'humanisme et, avec lui, cette conviction que l'être humain, à la différence des animaux même les plus intelligents et les plus affectueux, est avant tout un être d'historicité, voué à une quête infinie de perfectibilité, en quoi la question de la longévité, dont nous parlerons dans ce livre, a forcément pour lui quelque chose d'essentiel.

L'erreur des antihumanistes, et en particulier des grands déconstructeurs, des philosophes du soupçon de la fameuse trilogie « Marx, Nietzsche, Freud », fut à mon sens, quel que soit leur génie, de croire que la lutte contre les divers visages de l'aliénation passait par une « déconstruction » radicale des valeurs transcendantes, supérieures à la vie. Au nom de la lucidité voulue par leur « philosophie au marteau », au nom de leur matérialisme philosophique, ils entendaient casser les « idoles », en finir avec toutes les figures du sacré et de la transcendance en quoi leur idéal de *tabula rasa* ne pouvait conduire qu'à ce « souci de soi », cet individualisme narcissique dont Foucault a cru bon de faire l'apologie. Si la lutte contre l'aliénation, contre les illusions dogmatiques de la métaphysique comme du fanatisme religieux reste plus que jamais d'actualité, elle est bien loin d'emporter avec elles toutes les transcendances. L'humanisme de l'altérité et de l'amour qui fait le cœur de la philosophie que je désigne sous le nom de « spiritualisme laïc » propose un nouveau rapport au sacré, à des valeurs transcendantes qui dépassent l'individu replié sur son seul souci du bonheur personnel, des valeurs non seulement morales mais spirituelles dont je montrerai ici pourquoi et en quoi elles échappent aux coups de marteau des grands déconstructeurs. Notre aspiration au sacré, que métaphysiques et religions ont depuis toujours tenté de combler, fût-ce de manière illusoire, touche en nous si profond que je doute fort qu'il soit possible d'en venir à bout avec un ustensile de terrassier, fût-il manié par un penseur aussi génial que Nietzsche.

Aux origines de la métaphysique et de la religion : la fragilité de la vie et la finitude humaine

De fait, d'où est venu aux humains ce penchant singulier pour les questions existentielles, métaphysiques et religieuses, sinon de notre rapport à ce qui est le plus marquant dans nos existences, à savoir leur fragilité et leur brièveté ? On ne connaît aucune civilisation qui soit dépourvue de spiritualité et, sans nul doute, la raison s'en trouve dans la conscience que nous avons de l'éphémère de nos vies. Contrairement à nous, les dieux, s'ils existent, sont immortels et si les animaux sont voués comme nous à disparaître, ils ne semblent guère[1] s'en soucier, sinon *in extremis* et de manière fugitive. Point de traité de métaphysique, ni de théologie chez mes chats. Nous, pauvres humains, sommes à la fois mortels et conscients de l'être, et c'est assurément de là, dans une réflexion sur ce que les philosophes appellent la « finitude », que sont nés les grands systèmes philosophiques et religieux. Schopenhauer l'avait compris, à la suite des philosophes de l'Antiquité[2], et il le dit d'une manière si

1. Sur le rapport des animaux à la mort, *cf.* Jules Vuillemin, *Essai sur la signification de la mort*, PUF, 1948.

2. C'est, exemple entre mille, ce que suggère Lucrèce dans le livre III de son poème (*De la nature*) : « **Il faut avant tout chasser et détruire en nous cette crainte de l'Achéron [le fleuve des Enfers] qui, pénétrant jusqu'au fond de notre être, empoisonne la vie humaine, colore toute chose de la noirceur de la mort et ne laisse subsister aucun plaisir limpide et pur.** » On retrouve la même injonction dans la tradition stoïcienne, par exemple chez Épictète (*Entretiens*, III, XXVI) : « **As-tu bien dans l'esprit que le principe de tous les maux pour l'homme, de la bassesse, de la lâcheté, c'est... la crainte de la mort ? Exerce-toi contre elle ; qu'à cela tendent toutes tes paroles, toutes tes études, toutes tes lectures et tu sauras que c'est le seul moyen pour les hommes de devenir libres.** » Même chose chez Sénèque qui insiste sur le fait que penser à la mort chaque jour est d'autant plus nécessaire qu'elle fait partie de notre vie : « **Nous mourons chaque jour. Oui, chaque jour nous retire une portion de notre vie ; alors même que l'être est en croissance, la somme de ses jours décroît. Nous avons laissé derrière nous le bas âge, l'enfance, l'adolescence. Tout le temps écoulé jusqu'à hier est perdu pour nous ; ce jour même que nous**

simple et si profonde dans son maître livre, *Le Monde comme volonté et comme représentation* (1819), que je voudrais commencer notre réflexion sur les questions spirituelles posées par la révolution de la longévité que nous sommes en train de vivre en l'écoutant (je donne de ce passage ma propre traduction et place quelques commentaires entre crochets) :

« **La mort est à proprement parler le génie inspirateur, le musagète de la philosophie** [musagète, dans la mythologie grecque, désigne celui qui conduit les Muses, les divinités de l'inspiration poétique et philosophique]. **Socrate a pu d'ailleurs définir la philosophie comme une "préparation à la mort"** [Schopenhauer fait ici allusion au fameux thème platonicien selon lequel « philosopher, c'est apprendre à mourir » – thème repris plus tard par Montaigne]. **Sans la mort, il n'y aurait sans doute pas de philosophie. La réflexion philosophique, inspirée par l'idée de la mort, nous élève en effet à des opinions métaphysiques, à des vues consolantes, dont le besoin comme la possibilité sont également inconnus de l'animal. C'est avant toute chose vers ce but que sont dirigés tous les systèmes religieux ou philosophiques. Ils sont d'abord et avant tout comme des contrepoisons que la raison, par la force de ses seules méditations, élabore contre la certitude de la mort. Ce qui les différencie, c'est seulement leur capacité plus ou moins grande à réaliser cet objectif. Il est clair que**

---

vivons est partagé entre la vie et la mort. Comme ce n'est pas la dernière goutte d'eau qui épuise l'horloge à eau, mais tout ce qui en a découlé auparavant ; ainsi l'heure dernière où nous cessons d'être ne fait pas la mort à elle seule, mais seule la consomme. [...] Cette crise redoutée est notre dernière, non notre seule mort » (*Lettres à Lucilius*, 24, § 19-21). Voilà pourquoi il faut selon Sénèque **« penser à la mort toujours pour ne la craindre jamais »** (*Lettres à Lucilius*, 30, § 18).

telle religion ou telle philosophie rendront l'homme bien plus capable que telle autre de regarder la mort en face, d'un œil tranquille. C'est la connaissance des choses de la mort, la considération de la douleur et de la misère de la vie qui donnent la plus forte impulsion à la pensée philosophique comme à l'explication métaphysique du monde. Si notre vie était infinie, si elle ignorait la douleur, il est probable qu'il ne viendrait à l'idée de personne de se demander pourquoi le monde existe, ni pourquoi il a précisément telle ou telle configuration particulière… »

Pour abonder dans le sens de Schopenhauer, le fait est que le premier livre écrit dans l'histoire de l'humanité, l'*Épopée de Gilgamesh*, au XVIIIe siècle avant notre ère, raconte déjà la déchirure insupportable que les humains ressentent face à la disparition d'un être aimé. Le personnage principal, Gilgamesh, le roi d'Uruk, vient de perdre son ami, un certain Enkidu, l'être qu'il aimait le plus au monde. Il est inconsolable, sa douleur est intolérable, mais pour tenter malgré tout de l'apaiser en lui donnant un sens, il part à la recherche de la « grande longévité », voire de l'immortalité, une quête qui pour son malheur n'aboutira pas. Reste que c'est bien à partir de l'expérience décrite par Schopenhauer, celle de la brièveté de la vie et de l'irréversibilité de la mort, que sa quête métaphysique prend son essor, animée qu'elle est par un désir insatiable de prolonger une existence humaine à ses yeux par trop fragile et trop brève. C'est ce sentiment d'angoisse devant l'absurdité de la disparition d'un être aimé qui suscite la question qui sera celle de toutes les religions comme, au final, de toutes les grandes philosophies : comment surmonter la finitude ou, à défaut de pouvoir le faire, comment parvenir à la sagesse et définir ce que devrait être une vie heureuse pour les mortels que nous sommes ? Si l'on veut en mesurer tout à la fois la légitimité et l'ampleur, encore faut-il cesser de considérer l'angoisse métaphysique comme un sentiment pathologique.

Pourquoi l'angoisse métaphysique n'est pas une maladie

Si j'en crois Freud et avec lui tout ce qui compte en psychanalyse, l'apparition de l'angoisse serait pourtant le signe indubitable d'une maladie psychique. Malgré mon admiration pour l'œuvre de Freud, je pense en grande partie l'inverse, à savoir que, souvent, l'angoisse, bien qu'infiniment pénible, est tout à fait normale, pour ne pas dire salutaire. Mais, revenons d'abord à Freud. Pour l'essentiel, l'angoisse s'expliquerait selon lui par la « désintrication de la personnalité », autrement dit par la fragmentation des différentes composantes (ça, moi et surmoi) de notre vie psychique. Le but de l'analyse serait de rendre autant qu'il est possible au sujet qui souffre la maîtrise des conflits qui le déchirent afin de trouver les solutions permettant de le remettre en état de « jouir et d'agir », selon le célèbre mot par lequel Freud tentait de définir un semblant de normalité. Maintenant, imaginez par hypothèse que quelqu'un parvienne, à l'issue d'une cure analytique, sinon à un état de santé psychique parfait, ce qui n'a guère de sens aux yeux de Freud, du moins à une situation assez harmonieuse pour que les principaux conflits soient sous contrôle. En principe, l'angoisse devrait s'estomper, voire disparaître, les phobies ou les idées obsédantes les plus invalidantes s'éclipseraient, permettant à l'individu de s'approcher d'une certaine sérénité. Or c'est là, en ce point idéal, qu'apparaît malgré tout en pleine lumière la différence entre l'approche analytique et ce qui préoccupe depuis toujours la philosophie. Car notre individu par hypothèse « presque guéri » n'en aurait pas moins toujours à affronter, comme vous et moi, non plus des conflits internes, mais des problèmes existentiels bien réels liés à la finitude humaine, à commencer par le fait que nous sommes des mortels. La santé mentale même la plus enviable ne nous empêcherait ni de mourir, ni de perdre un être cher, ni de souffrir, ni même, le cas échéant, de nous ennuyer ou d'être malheureux en amour. Bref, l'angoisse liée aux conflits psychiques et l'angoisse liée à la condition humaine ne sont pas de même nature.

Comme l'écrit mon collègue et ami André Comte-Sponville[1], l'angoisse n'a en vérité rien que de très normal étant donné la fragilité qui est par nature la nôtre : « **Quoi de plus angoissant que de vivre ? C'est que la mort est toujours possible, que la souffrance est toujours possible, et c'est ce qu'on appelle un vivant : un peu de chair offerte à la morsure du réel. […] Qu'est-ce que l'angoisse, sinon ce sentiment en nous, à tort ou à raison, de la possibilité immédiate du pire ? […] Que serait l'homme sans l'angoisse ? L'art, sans l'angoisse ? La pensée, sans l'angoisse ? […] Nos petits gourous me font rire, qui veulent nous en protéger. Ou nos petits *psys*, qui veulent nous en guérir. Que ne nous guérissent-ils plutôt de la mort ? Que ne nous protègent-ils plutôt contre la vie ?** » À vrai dire, il me semble qu'un être tout à fait dépourvu d'angoisse serait, soit un grand malade, soit un parfait imbécile, car, comme le disait Kant, « **si la Providence avait**

1. Dans le recueil d'articles *Impromptus* (PUF, 1996).

voulu que nous fussions heureux, elle ne nous aurait jamais donné l'intelligence ». En d'autres termes – je force volontairement le trait –, si la psychanalyse s'occupe de l'angoisse pathologique, de celle qui naît de conflits internes dont, à la limite, on devrait au moins en droit pouvoir faire en partie l'économie, la philosophie s'intéresse, elle, à l'angoisse existentielle – sentiment fondamentalement normal, lié quoi qu'on fasse, santé psychique ou pas, à notre condition de mortels en tant que telle. En ce sens, psychanalyse et philosophie ne se recouvrent pas. Elles ne s'opposent pas non plus, elles peuvent même se compléter pourvu que la psychanalyse, comme naguère la sociologie, cesse de vouloir dominer de manière impérialiste toutes les humanités. Conclusion : quand bien même on en aurait fini avec l'angoisse pathologique, resterait intacte celle qui est liée à la possibilité permanente de la mort, la nôtre comme celle de ceux que nous aimons. Plutôt que de vouloir en guérir à tout prix, on ferait peut-être mieux de comprendre que, tout bien pesé, être angoissé n'a rien de pathologique et qu'à la limite c'est une sérénité béate qui serait plutôt inquiétante.

Or à cette question de la finitude humaine, comme le suggère là encore avec beaucoup de profondeur Schopenhauer, il existe deux types de réponses, autrement dit et au sens large, deux types de « spiritualités » (et non seulement de religions ou de morales, je vais revenir dans un instant sur ces distinctions fondamentales) : des spiritualités religieuses, bien sûr, c'est-à-dire des définitions de la sagesse et de la vie heureuse qui reposent sur la foi en l'existence d'un Dieu transcendant, mais aussi des spiritualités philosophiques, des spiritualités sans Dieu ou, pour mieux dire, des « spiritualités laïques » qui ne reposent ni sur un Dieu, ni sur la foi, mais sur l'être humain et sur sa raison. Il est essentiel de les distinguer des premières. Je vous propose pour cette raison de commencer ce livre par une (très) brève mise au point sur ce sujet crucial, sur la différence entre morale et spiritualité, mais aussi entre spiritualités religieuses et spiritualités laïques, car c'est un préalable indispensable à la compréhension de la façon dont les différentes visions du monde vont aborder la question de la longévité (ou brièveté de la vie humaine) dans le cadre de leur réflexion sur la définition de ce que pourrait être une vie bonne et heureuse[1]. Comme j'ai parfois traité de ce thème dans d'autres livres, je me contenterai ici d'être aussi bref et synthétique que possible.

Vie heureuse, sens de la vie[2], morale et spiritualités

La question semble a priori légitime : une spiritualité peut-elle vraiment être « laïque » ? Toute spiritualité

1. Ce qui n'implique, même si cette précision peut sembler paradoxale, aucune adhésion au concept de bonheur défini comme un état durable qui ne dépendrait que de notre état d'être intérieur. On peut être heureux sans tomber pour autant dans la « bonheurisation » du monde qui caractérise la période actuelle. J'y reviendrai dans la première partie de ce livre.

2. Ne jouons pas sur les mots comme aiment parfois le faire certains disciples de Nietzsche et de Spinoza : la question se pose aussi pour eux, même lorsqu'ils prétendent « déconstruire » la notion de sens. Elle est du reste omniprésente tant chez Nietzsche que chez Spinoza eux-mêmes, attendu que leurs définitions de la vie bonne (le grand style chez Nietzsche, l'amour intellectuel de Dieu chez Spinoza) donnent bien évidemment, qu'on le veuille ou non, du sens à l'existence humaine puisqu'elles en définissent tout à la fois le but ultime et l'objectif le plus souhaitable. Alors de grâce, permettons de temps en temps aux philosophes de parler comme tout le monde, sans déconstruire chaque mot et le mettre entre

n'est-elle pas en quelque façon religieuse et n'est-ce pas jouer sur les mots que de vouloir présenter la philosophie comme une « spiritualité laïque » ? Pour répondre à ces questions, il est nécessaire d'opérer une distinction, à mes yeux cruciale, une distinction hélas le plus souvent occultée dans le débat public : il faut en effet éviter de confondre deux sphères de valeurs tout à fait différentes, deux sphères de valeurs par rapport auxquelles nos vies s'orientent en permanence (fût-ce parfois pour les transgresser...) : les valeurs morales d'un côté, les valeurs spirituelles de l'autre. Il faut ensuite pouvoir distinguer clairement spiritualités religieuses et spiritualités laïques. Là encore, ayant déjà traité ce thème dans d'autres livres, je me contenterai d'aller à l'essentiel pour le lecteur qui n'aurait pas ou plus en tête les épisodes précédents.

La morale, en quelque sens qu'on l'entende, c'est le respect de l'autre et la bonté, pour nous modernes, les droits de l'Homme et la bienveillance ou, si l'on veut parler comme dans les familles, la gentillesse. Se conduire moralement, c'est respecter autrui et lui vouloir du bien. Je ne connais aucune morale qui dise le contraire. Que ce soit celle de Socrate ou de Jésus, de Bouddha, de Kant ou des utilitaristes anglais, toutes, par-delà leurs divergences, nous invitent au respect de l'autre, à la compassion et au rejet de la violence. Maintenant, imaginons un instant que nous disposions d'une baguette magique qui nous permettrait de faire en sorte que, d'un seul coup d'un seul, tous les humains se conduisent moralement les uns vis-à-vis des autres. Il n'y aurait alors plus sur cette planète ni guerres,

---

guillemets pour faire genre... avant de l'utiliser quand même parce qu'il n'y en a pas de meilleur.

ni massacres, ni viols, ni vols, ni meurtres, ni injustices, ni probablement même d'inégalités sociales trop clivantes. Ce serait une révolution. Et pourtant – et c'est là qu'apparaît au grand jour la différence entre valeurs morales et valeurs spirituelles – cela ne nous empêcherait ni de vieillir, ni de souffrir, ni de mourir, ni de perdre un être cher, ni même d'être le cas échéant malheureux en amour ou, tout simplement, de nous ennuyer au fil d'une vie quotidienne engluée dans la banalité. Car ces questions – celles des âges de la vie, de la maladie, du deuil, de l'amour ou de l'ennui – ne sont pas essentiellement morales. Vous pourriez vivre comme un saint ou une sainte, être gentil comme des anges, respecter et aider autrui à merveille, appliquer les droits de l'Homme comme personne… et vieillir, et mourir, et souffrir et vous ennuyer quand même par-dessus le marché ! Car ces réalités, comme dit Pascal, sont d'un autre ordre, elles relèvent de ce que j'appelle la « spiritualité » au sens de la vie de l'esprit, une notion qui ne se limite pas au religieux et va bien au-delà de la morale. De quoi s'occupe-t-elle ? Fondamentalement de la question cruciale de la définition de la vie bonne et heureuse pour les mortels.

Or, de ce point de vue, il est clair qu'il existe deux types de spiritualités, deux manières d'aborder cette interrogation qui, en dernière instance, est celle de la sagesse et du sens de la vie pour ceux qui vont mourir et qui le savent, c'est-à-dire nous : comme je l'ai déjà suggéré, il existe en effet des spiritualités qui passent par Dieu et par la foi, et ce sont les religions ; et des spiritualités sans Dieu et par les voies de la simple raison, et ce sont les grandes philosophies qui indéniablement, de Platon jusqu'à nous, se sont occupées elles aussi, par-delà même la question de la connaissance et de la morale, de celle de la sagesse et de la vie heureuse sans pour autant adhérer à une religion, ni élaborer une théologie.

Hegel disait de la philosophie qu'elle est d'abord « **son temps saisi et ramassé dans des pensées** » (*ihre Zeit in Gedanken erfasst*). Si l'on veut « saisir » l'essence de notre époque, si l'on veut en particulier comprendre pourquoi et en quoi notre rapport à la finitude, et par là même à la longévité ou à la brièveté de la vie, a changé au cours des dernières décennies, il n'y a rien de déshonorant pour un philosophe à s'intéresser aux réalités de son temps. Or il est clair que notre époque est marquée sur le plan spirituel, du moins dans nos sociétés laïques, humanistes et démocratiques, par un déclin des grandes religions qui, naguère encore et depuis des siècles, donnaient du sens à la vie et structuraient l'espace public. Pour dire les choses plus simplement encore, nous vivons aujourd'hui (je parle bien sûr du mouvement endogène propre à l'Europe démocratique, pas de l'islam importé pour l'essentiel par la colonisation) ce que Nietzsche annonçait déjà en son temps : la « mort de Dieu » ou, pour parler comme Max Weber, le « désenchantement du monde ». Or rien ne montre mieux comment ce désenchantement modifie notre rapport à la finitude que la façon dont nous abordons les crises sanitaires, attendu qu'elles nous obligent à cesser d'occulter, comme nous avons tendance à le faire dans la vie quotidienne, notre condition de mortels.

L'effondrement des religions de salut terrestre et céleste : l'essor de la spiritualité laïque et le retour aux sagesses anciennes

De fait, notre rapport à la finitude a considérablement changé en Europe au cours du dernier demi-siècle. C'est même, sur le plan métaphysique et spirituel, le phénomène sans nul doute le plus significatif de notre époque. On pourrait presque le mesurer de manière factuelle en comparant l'attitude qui fut la nôtre face à la pandémie de Covid-19 avec celle que suscita en 1968-1969 la grippe dite « de Hong Kong ». Rappelons que cette dernière fit en France plus de 30 000 morts, ce qui, rapporté à la population de l'époque (50 millions de Français contre 67 millions aujourd'hui), constituait déjà une catastrophe humaine de première ampleur. Or en cette fin des années 1960, comme le notent tous les observateurs, on n'en parle pratiquement pas, sinon comme d'une « grippette » qui n'inquiète ni ne doit inquiéter personne. Quelques écoles sont sans doute fermées, la SNCF et la RATP sont un peu en difficulté tant le nombre de malades est élevé, mais de la droite à la gauche en passant par le centre, la classe politique reste de marbre tandis que la presse se veut rassurante. À titre d'exemple, on peut lire dans *Le Monde* du 11 décembre 1969 que « **l'épidémie de grippe n'est ni grave ni nouvelle** », alors même que la mortalité qu'elle provoque est quatre à cinq fois supérieure à celle de la grippe saisonnière !

Lors de la pandémie de Covid, il est clair que nous nous sommes comportés aux antipodes de cette sage (ou folle ?) indifférence. Pour la première fois sans doute dans l'histoire de l'humanité, et à coup sûr dans celle des sociétés capitalistes, nous avons accepté à une large majorité de mettre la santé et la vie au-dessus de l'économie et de l'argent au point que, parfois, de confinement en confinement, nous avons eu l'impression à proprement parler « surréaliste » d'avoir quitté le monde normal, d'être tombés dans une de ces séries américaines qui décrivent la façon dont les humains tentent de survivre après une catastrophe apocalyptique. Il y eut bien sûr des résistances et des critiques, mais au final elles sont restées minoritaires. C'est peu de dire que la presse, et en particulier les chaînes d'information en continu, ne s'est pas comportée comme celle des années 1960 tant nous avons été abreuvés d'informations alarmistes et de débats fiévreux. Il s'agit d'un constat, pas d'un jugement de valeur, mais d'un constat qui soulève à mon sens une question fondamentale, celle de notre rapport à la mort qui a considérablement changé depuis les années 1960, un changement dont je voudrais vous montrer en quoi il est largement dû à l'effondrement des croyances religieuses en même temps que des grands récits et des grandes causes transcendantes qui donnaient du sens collectif par-delà le souci de soi individuel.

Allons aux faits. Depuis les années 1950, l'idée révolutionnaire portée par le communisme est passée en France de 25 %, voire parfois 30 % de l'électorat, à 2 % tandis que, durant le même laps de temps, le catholicisme subissait une érosion à certains égards plus impressionnante encore : aujourd'hui, seuls 4 % des Français vont régulièrement à la messe le dimanche alors qu'ils étaient plus de 30 % en 1950 et encore 15 % en 1980 ; 95 % des Français étaient baptisés en 1950, ils ne sont plus que 30 %, tandis que l'Église elle-même s'étiole à une vitesse vertigineuse : 45 000 prêtres en 1960, 25 000 en 1990,

6 000 en 2014, et à ce rythme, combien en 2030 ? Il est clair que cet effondrement des structures traditionnelles comme des religions de salut terrestre et de salut céleste ne pouvait pas ne pas changer notre rapport à la mort : quand les grandes causes supérieures à l'individu s'étiolent, il est normal que nos existences terrestres tendent à prendre une valeur plus importante que par le passé. Or pour une majorité de nos concitoyens, le ciel est désormais vide. Il n'y a plus ni cosmos, ni grand dessein, ni divinité qui puisse donner une signification crédible et consolante à la mort d'un être aimé.

Pour Ulysse ou pour un stoïcien, mourir, c'était rejoindre l'ordre cosmique, s'y ajointer comme un fragment de puzzle s'ajuste au tableau d'ensemble. Et comme le cosmos était éternel, en mourant, on devenait pour ainsi dire soi-même un fragment d'éternité. La réponse chrétienne était plus forte encore puisqu'elle nous promettait la résurrection corps et âme ainsi que les retrouvailles avec ceux que nous avions aimés. Dans les religions de salut terrestre comme le communisme, ou même le patriotisme en temps de guerre, à défaut de divinité bienveillante, il restait à tout le moins la pierre et le marbre : on y gravait le nom des « grands hommes », des héros morts pour la France, des savants et bâtisseurs, on leur accordait l'honneur d'une rue ou d'une plaque de métal destinée à braver le temps et conserver leur souvenir. Pour les non-croyants, ces recours en grâce ont disparu de sorte qu'il ne leur reste plus guère qu'à freiner des quatre fers devant l'échéance funeste, ce qui explique l'ampleur nouvelle, à proprement parler inouïe, des réactions d'angoisse comme des mesures sanitaires de confinement qu'on a observées face à la pandémie de coronavirus.

À l'encontre de ce que prétendent les penseurs au sens propre du terme « réactionnaires », ceux qui, animés par la nostalgie des splendeurs passées, plaident pour un retour en arrière vers quelque paradis perdu, cette déconstruction des valeurs et des autorités traditionnelles ne commence nullement dans les années 1960. Pour parler plus clairement : elle n'est pas, ou à tout le moins pas essentiellement, le fait de Mai 68, pas même de la bohème romantique. Elle est en réalité la conséquence directe de la logique d'innovation permanente et de rupture incessante avec la tradition qui définit selon Schumpeter aussi bien que Marx l'essence la plus intime du capitalisme. Les césures qui ont caractérisé l'histoire du XXe siècle en Occident, tant dans la philosophie, la culture et l'art contemporain que dans la vie quotidienne, furent engendrées par la « destruction créatrice » si intelligemment analysée par Schumpeter[1]. Entre les années 1950 et aujourd'hui, le nombre de paysans a été pratiquement divisé par dix en France tandis que la condition féminine changeait davantage en soixante-dix ans qu'en sept cents ans.

1. Il faut bien voir que ce n'est pas seulement dans le domaine de l'économie que s'applique la logique de l'innovation destructrice, mais elle s'étend désormais à tous les secteurs de la vie moderne. Celui des *mœurs* pour commencer. Il est clair, pour ne donner qu'un exemple parmi mille autres possibles, que l'idée d'un mariage gay eût été tout simplement impensable pour nos grands-parents, comme il eût sans doute été inimaginable dans leur monde qu'une femme puisse commander un torpilleur ; du côté de *l'information* ensuite, où un clou chasse l'autre chaque matin, le journal de la veille, pour parodier Péguy, étant « plus vieux qu'Homère » ; mais c'est aussi dans *la mode* que triomphe Schumpeter, et même dans *l'art* – celui qu'on nomme « contemporain » étant d'évidence le reflet, parfois servile, de la logique de l'innovation pour l'innovation et de la rupture avec la tradition qui caractérise le capitalisme moderne, ce qui explique au passage que le plus souvent l'artiste soit de gauche, mais l'acheteur de droite...

Les soixante-huitards n'en sont en rien responsables, la vérité étant qu'ils ont été paradoxalement les cocus de l'histoire, les agents inconscients, sous couvert de pseudo-révolution, de la lame de fond libérale et consumériste qui caractérise certes les années 1960, mais qui prend son élan bien avant. À preuve le fait que la grande déconstruction commence dès les années 1880, avec la deuxième révolution industrielle, comme on le voit au mieux dans cette superstructure du capitalisme qu'est l'art moderne : c'est avec lui que commence l'érosion des traditions sur les plans tant culturel qu'intellectuel, moral, spirituel et politique, c'est avec lui que se développe inexorablement la logique de la rupture incessante avec les temps anciens, en l'occurrence avec la figuration en peinture et la tonalité en musique.

Les slogans les plus fameux de Mai 68, « Jouir sans entraves », « Il est interdit d'interdire », « Sous les pavés la plage », etc., ne furent d'ailleurs, sous l'apparence d'une critique de la société de leur temps, que des incitations à peine déguisées à verser dans cette hyperconsommation dont le capitalisme a évidemment besoin pour tourner à plein régime. En vérité, il fallait tout simplement que les valeurs traditionnelles, celles de nos grands-parents (la fameuse « morale bourgeoise » que voulaient pourfendre les petits-bourgeois qui croyaient faire la révolution...), fussent déconstruites, en apparence par des bohèmes révoltés, en réalité par le capitalisme, pour que nous, et surtout nos enfants, puissions entrer dans le monde des loisirs et du consumérisme de masse, car ce sont elles qui en freinaient l'avènement. C'est là ce qu'avait compris Marcuse en partant de cette conviction finalement juste que les valeurs traditionnelles appartiennent au registre de ce que Freud appelle la « sublimation » – en quoi elles faisaient obstacle à la consommation compulsive qui gagne sans cesse du terrain dans nos sociétés libérales, en particulier dans les jeunes générations : quand on a la tête et le cœur remplis de principes éthiques et spirituels bien structurés et solidement ancrés, comme c'était en général le cas de nos grands-parents, on n'éprouve pas l'incessant besoin d'aller faire du shopping. C'est donc cette « sublimation », cette puissance des valeurs traditionnelles, qu'il fallait déconstruire pour livrer les individus à cette publicité dont l'ancien patron de notre principale chaîne de télévision a dit un jour qu'elle n'avait pas d'autre but que d'offrir aux chefs d'entreprise du « temps de cerveau humain disponible » – en quoi ce n'est pas sans raison que Marcuse parlait de « désublimation répressive » pour décrire ce processus qui livre les individus à la puissante logique de la marchandisation du monde. De fait, la « désublimation », autrement dit la déconstruction des valeurs traditionnelles, a bel et bien permis à une majorité d'individus, sinon à tous, d'accéder comme jamais à la société du plaisir, des loisirs et de la consommation.

Pour autant, et c'est à mes yeux le point sans doute le plus paradoxal et pourtant le plus essentiel dans cette histoire, cette déconstruction, loin de nous laisser seulement au milieu d'un champ de ruines, fait apparaître de nouvelles figures du sacré et de la transcendance, ce que j'ai appelé le « sacré à visage humain » et que je définirai dans le deuxième chapitre de ce livre comme étant le socle d'un nouvel âge de l'humanisme, la base d'une spiritualité laïque attachée à la perfectibilité, mais aussi à l'amour, et pour cette raison à la longévité en tant qu'elle permet à la fois de se perfectionner, de partager et de transmettre. L'érosion des valeurs traditionnelles, en particulier celles qui présidaient à la logique du mariage arrangé, organisé par les parents et les villages sans le consentement des jeunes gens, a fait place à une autre logique, celle du mariage d'amour et de la famille moderne qui, liée à l'émancipation des femmes, marque une rupture dans l'histoire de l'Occident. Elle a engendré ce que dans le sillage des travaux du génial Philippe Ariès, j'ai appelé la « révolution de l'amour », une césure qui allait marquer autant la vie privée que la vie publique.

Elle suscite aujourd'hui de nouvelles questions, à commencer par celle qui domine la politique moderne et qui tourne autour des générations futures, c'est-à-dire du monde que nous prendrons, nous les adultes, la responsabilité de laisser à ceux que nous aimons le plus, à savoir nos enfants, c'est-à-dire, si on généralise, à l'humanité qui vient, touchant les questions essentielles : celles de la guerre, de l'écologie, mais aussi celles de la dette, de la protection sociale ou encore de la place de nos vieux pays européens au sein d'une troisième révolution industrielle qui pour l'essentiel est aujourd'hui dominée par la Chine et les États-Unis. Nous allons bien entendu y revenir dans la suite de ce livre. C'est en tout état de cause dans ce contexte moral et spirituel inédit que se profile une véritable révolution dans le domaine de la longévité, et ce n'est à mes yeux nul hasard si elle prend son essor sur le déclin des grandes religions que je viens d'évoquer : quand les grandes causes et les grandes transcendances s'estompent, quand la promesse chrétienne de la « mort de la mort » et de la résurrection *post mortem* ne convainc plus vraiment, alors la vie terrestre, ici et maintenant, tend à prendre une valeur absolue. Et si l'on y tient tant, comment ne pas vouloir aussi la prolonger, que ce soit pour soi-même, voire plus encore pour ceux que nous aimons et que nous supportons d'autant moins de voir disparaître que nous ne pensons plus pouvoir les retrouver dans un au-delà lumineux ?

Cette promesse d'allongement de la vie que nous font miroiter certains grands laboratoires scientifiques pose au fond deux questions, une question factuelle, scientifique, et une question philosophique, spirituelle : est-il vrai que nos enfants, ou à tout le moins nos petits-enfants, pourront retarder l'entrée dans la vieillesse et vivre encore jeunes et en bonne santé cent cinquante ans, voire davantage ? Et en admettant même que ce soit possible, qu'il s'agisse bien de science et non de science-fiction, serait-ce souhaitable, le voudrions-nous pour eux comme pour nous ?

De l'éternité promise à la longévité réelle. Vivre cent cinquante ans ou plus, est-ce possible ?

Commençons par la question factuelle, scientifique, celle de la possibilité d'un tel allongement de l'existence humaine. Pour aller directement aux faits, voici ce dont il s'agit : depuis le début du XXe siècle, l'espérance de vie n'a fait que progresser, passant de 45 ans en 1900 à 83 ans aujourd'hui (moyenne hommes-femmes). De nombreux scientifiques, et pas seulement dans les milieux transhumanistes américains, affirment, faits et arguments à l'appui, que cette courbe, hors accident de parcours (guerre mondiale, pandémie artificiellement provoquée...), ne va ni se stabiliser ni s'inverser dans les décennies qui viennent. C'est même tout le contraire. D'énormes progrès sont en effet en cours touchant la longévité, des avancées que la philosophie ne peut ni ne doit plus occulter en se coupant, par ignorance ou arrogance, de la réalité des sciences.

Il faut écouter par exemple ce que nous dit un médecin comme Christophe de Jaeger, un chercheur qui n'a rien d'un Dr Folamour : « **Techniquement, nous sommes aujourd'hui capables d'intervenir sur les processus de vieillissement que nous connaissons effectivement de mieux en mieux grâce à des techniques de physiologie. Nous ne sommes plus dans la biologie-fiction, mais dans la réalité d'aujourd'hui. Du reste, il est assez surprenant de voir le peu de gens qui s'y intéressent sérieusement... Le recul de l'émergence des maladies liées à la vieillesse permettra d'augmenter largement l'espérance de vie en bonne santé, qui est normalement l'objectif de chacun. Lutter contre les processus de vieillissement devrait être une cause nationale de première importance**[1]**.** » Bien entendu, Jaeger précise à juste titre qu'on n'en est pas à la vie éternelle, que l'hypothèse de « **l'immortalité n'est clairement pas aujourd'hui à notre catalogue thérapeutique**[2] » et que la question de

1. Dans un entretien publié sur le site Atlantico en août 2018. À vrai dire, si « peu de gens » aujourd'hui s'y intéressent, y compris dans le monde intellectuel et politique, c'est sans doute au moins en partie parce qu'un minimum de culture scientifique est requis pour comprendre les fondements biologiques de la révolution en cours en matière de lutte contre le vieillissement. Mais il y a plus : attendu qu'on répète *urbi et orbi et ad nauseam* que le projet d'augmenter la longévité est absurde, qu'il s'agit d'une imposture, d'une lubie néolibérale pour milliardaires américains, voire d'un retour de l'eugénisme nazi, on voit mal comment le grand public pourrait être amené à s'intéresser à ces questions et ce d'autant plus que la grande longévité pourrait dans un premier temps coûter cher, que les réformes des retraites échouent les unes après les autres tandis que nos pays sont rongés par les dettes et les déficits publics...

2. Que l'immortalité soit un fantasme va de soi, mais peut-être mieux en le disant, puisque à l'évidence nous resterons toujours mortels tant que nous serons incarnés dans un corps biologique, autrement dit, tant que

savoir « **si l'être humain est psychologiquement capable de vivre cent cinquante, deux cents, voire deux cent cinquante ans ou plus** » est largement ouverte. Excellente question, en effet, qu'on a bien raison de poser, mais qui renvoie davantage à la philosophie qu'à la science proprement dite.

Nous allons bien sûr y revenir dans ce qui suit, évoquer les arguments pour et les contre-arguments. Mais notons déjà au passage que Jaeger ne ferme pas la porte à une longévité de « **deux cent cinquante ans, voire plus** », ce qui contraste singulièrement avec les discours des intellectuels, en général peu versés dans les sciences, qui prétendent qu'il s'agit d'un « projet infantile » ou d'une « imposture néolibérale pour milliardaires américains ». Comme le dit Jaeger, s'agissant d'une augmentation, le cas échéant considérable, de l'espérance de vie, c'est-à-dire, entendons-nous bien, de la jeunesse et non de la vieillesse, nous sommes dans la sphère du possible, pas dans la « biologie-fiction[1] ». Jean-Claude Ameisen, lui aussi médecin, biologiste, directeur du centre d'étude du vivant à l'université Paris-Diderot et ancien président du Comité consultatif national d'éthique, un scientifique que personne ne pourra soupçonner d'être un savant fou, un milliardaire américain délirant ou un eugéniste nazi, va

nous serons des êtres humains. Même si nous vivions des siècles, nous finirions toujours par mourir dans un accident, un attentat, un suicide.

1. Les travaux de scientifiques qui prétendent fixer les limites indépassables de la vie humaine autour de cent cinquante ans n'ont en réalité guère de sens : ils partent de l'être humain tel qu'il est aujourd'hui sans tenir compte des découvertes que nous évoquerons dans le troisième chapitre de ce livre et qui reposent notamment sur les travaux tout récents du Prix Nobel 2012, le professeur Yamanaka, sur la reprogrammation des cellules et l'inversion des processus du vieillissement cellulaire.

dans le même sens : « **Une révolution conceptuelle est en cours,** déclare-t-il. **La jeunesse, le vieillissement et la durée de vie ne dépendent pas uniquement du passage du temps, mais de processus actifs dans le corps et dans son environnement**[1]**.** » Comme l'écrit Hélène Merle-Béral dans le même sens (rappelons qu'elle est, elle aussi, biologiste, professeur de médecine à l'université Paris-VI et pendant longtemps chef du service d'hématologie de l'hôpital de la Pitié-Salpêtrière), « **en ce début de** XXI**e siècle, la maladie et le vieillissement ne sont plus une fatalité. Il est légitime de prétendre à une vie plus longue, plus agréable, sans souffrance, ni handicap. […] "La mort de la mort", selon la formule et le titre de l'essai éponyme du chirurgien-urologue Laurent Alexandre, est en marche. […] La quête de la fontaine de jouvence n'est plus un mythe**[2] ». Dans la foulée, elle cite la déclaration faite en 2016 par une centaine de chercheurs réunis à Bruxelles pour le grand « congrès européen sur le vieillissement en bonne santé », qui déclare que « **la défaite du vieillissement est à notre portée dès la prochaine génération** » – ce qui signifie, soulignons-le au passage, qu'ils considèrent la vieillesse comme une espèce de maladie dont on pourra un jour guérir. Ils en appellent dans cet esprit à « **l'impératif d'un projet d'envergure planétaire pour surmonter toutes les maladies liées à l'âge dans les vingt-cinq prochaines années en s'attaquant au vieillissement en tant que cause de ces maladies** ». Là encore, il ne s'agit nullement d'hurluberlus égarés par des délires transhumanistes américanisés, mais de

1. Nathaniel Herzberg, « Vivre plus longtemps en tuant les vieilles cellules », *Le Monde*, 3 février 2016.
2. *L'Immortalité biologique*, Odile Jacob, 2020.

biologistes et de médecins bien de chez nous qu'Hélène Merle-Béral cite parce qu'elle les considère comme des références scientifiques sérieuses.

Dans ces conditions, la question s'impose : d'où leur vient cette conviction que la révolution de la longévité est en marche ? La réponse se trouve dans le fait qu'un certain nombre de progrès et de découvertes scientifiques, sur lesquels nous allons revenir en profondeur dans ce livre, vont indéniablement dans ce sens. Disons d'emblée, pour en donner tout de suite une idée, que les plus remarquables furent accomplis en 2007 par l'équipe du professeur Yamanaka. Il parvint en effet à démontrer contre toute attente qu'on pouvait reprogrammer des cellules d'adultes déjà différenciées pour en faire des cellules souches pluripotentes, capables donc de réparer tous les types de tissus dans lesquels elles sont insérées. Sans entrer pour le moment dans les détails, cette découverte prouvait quelque chose d'encore inimaginable à l'époque, à savoir qu'il était possible d'envisager un jour, non seulement de retarder le vieillissement cellulaire, mais bel et bien de l'inverser, de rajeunir les cellules, une découverte qui valut à Yamanaka le prix Nobel en 2012. Ce n'est bien sûr qu'un début, mais un champ de recherche s'est ouvert et ceux qui prétendent qu'il ne s'agit pas de science, mais de science-fiction, se trompent du tout au tout.

D'autant que l'équipe de Jean-Marc Lemaitre, le chercheur français sans doute le plus avancé dans ce domaine, va apporter une nouveauté plus fascinante encore par rapport aux recherches de Yamanaka. Comme il le montre dans un remarquable ouvrage, *Guérir la vieillesse* (Humensciences, 2022), cette inversion des processus du vieillissement cellulaire n'est pas seulement possible avec les cellules différenciées adultes, mais aussi, ce que Yamanaka n'avait pas réussi à démontrer, avec des cellules sénescentes de centenaires. On peut désormais non seulement supprimer ces fichues cellules sénescentes grâce à des molécules dites « sénolytiques », mais on peut aussi reprogrammer tout type de cellules vieillissantes en cellules souches originelles en recourant à des vecteurs qui disparaissent dans les cellules reprogrammées, évitant ainsi les effets pervers éventuels d'une reprogrammation. Comme l'écrit Jean-Marc Lemaitre, « **nous sommes ici à un tournant de notre histoire et la courbe de l'espérance de vie, qui s'est allongée considérablement au fil des siècles, notamment au XXe, ne s'infléchira pas à l'avenir** ». C'est dans cette perspective que Jeff Bezos vient, cette année même, d'investir plusieurs centaines de millions de dollars dans une start-up entièrement consacrée à la reprogrammation cellulaire, une jeune entreprise qui a justement recruté Yamanaka pour diriger ses recherches[1]. Il est grand temps, chez nous aussi, de réfléchir sérieusement aux questions politiques, mais aussi morales et spirituelles que ces biotechnologies vont poser à l'humanité au cours des toutes prochaines années.

Je pourrais multiplier ici les déclarations de scientifiques qui vont dans le même sens. Nous allons, dans le dernier chapitre de ce livre, revenir sur leurs travaux, en particulier sur ceux de Jean-Marc Lemaitre, et considérer de près leurs arguments. Bien entendu, j'exposerai aussi les objections des scientifiques (et non

1. Il s'agit de la start-up américano-britannique Altos Labs, créée en 2021 par Yuri Milner et Richard Klausner, l'ancien directeur de l'Institut national du cancer américain. Au total, ils ont réussi à lever la somme faramineuse de 3 milliards de dollars, Jeff Bezos figurant parmi les investisseurs.

des idéologues) hostiles ou dubitatifs, ceux qui pensent que la vieillesse n'est pas une pathologie, mais une donnée insurmontable de la nature en général et de la condition humaine en particulier. Comme vous le verrez, ce débat en vaut la peine dès lors qu'il est pris à son bon niveau, au niveau scientifique et non idéologique. Il est à la fois passionnant et profond, et ce d'autant plus que, par-delà les questions scientifiques, il met en jeu des visions du monde philosophiques radicalement opposées entre elles.

On peut en effet se demander si le projet de « guérir » la vieillesse serait en toute hypothèse souhaitable, si nous voudrions vivre cent cinquante ans, voire davantage, fût-ce jeunes et en bonne santé. À quoi cela pourrait-il bien nous servir ? Des inégalités de richesse et d'accès à ces nouvelles technologies ne viendraient-elles pas fracturer nos sociétés ? La question démographique ne serait-elle pas insurmontable ? L'ennui et la paresse ne viendraient-ils pas nous gagner ? Quel sens pourrions-nous donner à une existence trop longue, voire à une existence que rien ne viendrait a priori borner ? La vie vaudrait-elle encore la peine d'être vécue intensément si la mort ne lui fixait pas une limite assez prévisible ? À l'inverse, est-il permis de penser qu'une grande longévité permettrait à l'humanité d'aller dans le sens de la perfectibilité, de l'éducation tout au long de la vie, de la transmission et du partage de ses progrès avec les générations futures afin qu'elle soit un jour moins bête, moins violente et pour tout dire moins démoniaque qu'elle ne le fut au cours de son histoire, en particulier pendant notre effroyable XXe siècle ? C'est sur ces questions que les sagesses anciennes s'opposent comme par avance aux philosophies de la liberté, de l'innovation et de la perfectibilité dont nous verrons comment ce que j'appelle le « spiritualisme laïc » assume au contraire l'héritage.

Sagesses anciennes, sagesses de la résignation et du « oui » au réel

De fait, deux conceptions de la sagesse et de la vie bonne s'affrontent aujourd'hui sur la question du sens de la vie comme sur la signification que l'on pourrait donner à la lutte contre la vieillesse, voire à cette augmentation indéfinie de la jeunesse que nous promettent désormais certains laboratoires de recherche.

La première est centrée sur la question du bonheur. Elle s'épanouit aujourd'hui dans la psychologie positive comme dans ces théories du développement personnel qui nous invitent à revenir aux sagesses anciennes, en particulier au stoïcisme, au bouddhisme et au spinozisme, des philosophies qui nous recommandent l'adhésion, pour ne pas dire la résignation à l'ordre naturel des choses. Or dans cette perspective, lutter contre la vieillesse n'a tout simplement aucun sens. C'est là déjà ce qu'expliquait Cicéron dans un petit dialogue, le *Cato Maior de Senectute* (*Caton l'Ancien, ou de la vieillesse*), qu'il consacrait à la question des âges de la vie, un libelle qu'on pourrait croire comme par avance rédigé contre le projet « transhumaniste » d'un allongement de la vie humaine. L'avocat romain, fidèle à l'enseignement des grands penseurs stoïciens, y développe en effet sa conviction que les âges de la vie relèvent de nécessités naturelles liées à cet ordre cosmique harmonieux, juste, beau et bon que nous devons selon lui en tout point respecter, en quoi il serait tout à fait insensé à ses yeux de vouloir refuser ou retarder l'entrée dans la vieillesse. Comme le dit Caton l'Ancien à ses jeunes interlocuteurs, Scipion et Laelius (Caton étant le porte-parole de Cicéron dans ce dialogue), la vie bonne, c'est la vie en accord avec la nature, et la nature étant immuable, sa durée n'a en réalité aucune importance :

« **Pourquoi diable,** déclare-t-il, **la vieillesse serait-elle moins pénible à celui qui vit huit cents ans qu'à celui qui se contente de quatre-vingts ? Nous sommes sages tant que nous suivons la nature comme un dieu. C'est le meilleur des guides. Il serait d'ailleurs peu vraisemblable qu'ayant admirablement agencé les autres périodes de la vie, elle ait bâclé le dernier acte comme le ferait un dramaturge sans talent ! Il fallait seulement qu'il y eût une fin, qu'à l'instar des baies et des fruits, la vie devînt d'elle-même et à son heure blette avant de tomber à terre. Tout cela, le sage doit l'accepter avec sérénité. Prétendre résister à la nature n'aurait pas plus de sens que de vouloir lutter contre les dieux, comme voulurent le faire les Géants.** »

La dernière phrase fait allusion à la gigantomachie, cet épisode de la mythologie au cours duquel les Géants, fils de Gaïa, gagnés par l'hubris, la démesure folle de l'orgueil débridé, entreprirent de conquérir l'Olympe. Mal leur en prit : Zeus fit remettre les monstres à leur juste place, dans les Enfers. Pour Cicéron, comme pour ceux qui aujourd'hui nous conseillent d'en revenir aux enseignements de la nature plutôt qu'aux artifices de la science, le but n'est pas de vivre le plus longtemps possible, mais de vivre bien, c'est-à-dire en harmonie avec l'ordre du monde. Du reste, la nature doit être, comme le voulait Spinoza après les stoïciens, considérée comme divine (*Deus sive natura*). Non seulement elle est merveilleusement agencée, mais elle est transcendante par rapport à nous, car extérieure et supérieure à nous. Ordonnée de manière admirable, elle a prévu et organisé à la perfection les différentes étapes de nos existences de sorte que la sagesse suprême consiste à vivre en accord avec la jeunesse quand nous sommes jeunes, avec la maturité quand nous sommes adultes et avec la vieillesse au soir de notre vie, tous ces stades de l'existence nous étant prescrits par les lois immémoriales du cosmos. S'imaginer que la vieillesse pourrait être reculée, voire évitée comme on guérit une maladie, serait pure folie, comme y insiste à nouveau Cicéron/Caton dans la suite de son dialogue :

« **Contentons-nous du temps qui nous est donné à vivre, quel qu'il soit ! Une existence, même courte, est toujours assez longue pour qu'on puisse y vivre dans la sagesse et l'honneur. Et s'il advient qu'elle se prolonge, n'allons pas nous plaindre plus que ne le font les paysans de ce qu'après la clémence du printemps viennent l'été et l'automne. Car tout ce qui est conforme à la nature doit être tenu pour bon !** »

Comme plus tard chez Spinoza, ce penseur dont Leo Strauss disait qu'il était le « plus ancien des Modernes », la sagesse véritable consiste à dire « oui » au réel, surtout pas à se révolter contre l'inéluctable. C'est ainsi que dans ses *Lettres à Lucilius* le grand stoïcien romain que fut Sénèque n'hésite pas à nous inviter à ce qui m'apparaît, autant l'avouer d'emblée, comme une assez pitoyable aspiration à la servilité : « **Réconcilie-toi avec le destin qui fait tout disparaître... Les destins conduisent celui qui accepte et traînent celui qui refuse.** » L'être humain, précise alors Sénèque, est « **comme un petit chien attaché à un chariot** » : s'il consent à son sort, il marchera en bonne entente avec l'attelage, mais s'il se révolte, s'il veut transformer le monde, alors non seulement rien ne sera changé, mais il sera tiré de force et, les pattes toutes ensanglantées, il souffrira le martyre, voilà tout ! L'Homme s'imagine souvent qu'il lui est loisible de refuser « **le destin, de se révolter contre l'ordre universel**[1] », reste que cette illusion est selon les stoïciens, comme plus tard pour Spinoza, tout à la fois irrationnelle, illusoire, génératrice de malheur et même immorale : irrationnelle, parce qu'elle résulte d'une erreur de jugement sur la rationalité d'un monde qui, régi par le principe de causalité, est de part en part soumis au déterminisme le plus parfait, de même que sur la nature de ce qui dépend de nous et de ce qui n'en dépend pas ; illusoire parce que ce refus ne changera rien à l'ordre du monde ou, pour mieux dire si l'on veut raffiner : la révolte, sans que le révolté, tout entier pris par ses illusions, s'en aperçoive, est en fait depuis toujours partie intégrante du déterminisme absolu ; génératrice de malheur, parce que le seul résultat du pseudo-choix de la révolte, c'est que, coupé du cosmos, l'être humain est voué à l'insatisfaction et au malheur : confondant ce qui dépend de lui et ce qui n'en dépend pas, au lieu de lâcher prise, il poursuit sans cesse des fins qui toujours lui échapperont[2] ; et enfin immorale, puisque la vertu est d'abord et avant tout réconciliation avec

1. *Cf.* le beau livre de Pierre Hadot, *Qu'est-ce que la philosophie antique ?*, Gallimard, 1995.

2. Comme le dit encore Sénèque (*Lettres à Lucilius*, 107, § 11) : **« Chasse de ton esprit chagrin la peur, l'envie, la joie des maux d'autrui, l'avarice, la mollesse, l'incontinence. Mais il n'est pas possible de les chasser sans avoir égard à Dieu seul, sans s'attacher à lui seul, sans se consacrer à suivre ses ordres. Si tu veux autre chose, tu te lamenteras, tu gémiras en suivant ceux qui sont plus forts que toi, en cherchant toujours hors de toi un bonheur que tu ne pourras jamais trouver ; c'est que tu le cherches là où il n'est pas et que tu négliges de le chercher là où il est. »**

l'ordre du monde, avec la raison divine, cosmique et universelle. « **Vivre en accord avec la nature, voilà la vie bonne !** » écrit Cicéron dans son *De Senectute* – une recommandation que l'écologie et les idéologies du bonheur remettent au goût du jour. Vouloir aller contre la nature relèverait de cet orgueil qui conduit l'Homme moderne vers le pire. Voilà pourquoi, comme ne cessent d'y insister les stoïciens, l'essentiel n'est pas de vivre longtemps, mais de vivre bien, en harmonie avec la nature, avec l'ordre cosmique. Comme le dit Sénèque dans une de ses *Lettres à Lucilius*, « **l'affaire n'est pas de mourir plus tôt ou plus tard ; l'affaire est de bien ou mal mourir. Or, bien mourir, c'est se soustraire au danger de vivre mal** ».

On pourrait bien entendu trouver le même type d'injonction, voire plus encore, dans la tradition bouddhiste. L'idée que la vieillesse pourrait être regardée comme un état pathologique dont on pourrait guérir un jour paraît dans cette optique non seulement absurde, mais elle relève de ce que les Grecs appelaient l'« hubris », cette démesure arrogante en quoi ils voyaient déjà la folie de l'Homme prométhéen. De nos jours encore, une telle vision des âges de la vie a pour beaucoup quelque chose de choquant, voire d'obscène, tant des millénaires de résignation face à l'ordre naturel des choses nous ont habitués à penser que la vieillesse et la mort faisaient partie de la vie et que la sagesse consistait à accepter notre sort, quelles qu'en soient les vicissitudes.

Le retour à cet eudémonisme ancien auquel nous invitent la psychologie positive et les théories du développement personnel apparaît ainsi comme l'effet direct de la déconstruction des grands récits qui a marqué l'histoire du XXe siècle : quand les transcendances ont été pulvérisées par le marteau de Nietzsche, quand le souci du monde, du divin ou de l'humanité elle-même fait place au « souci de soi », il est compréhensible que la quête de la santé, du bien-être et du bonheur devienne peu à peu la finalité suprême de toute vie humaine. De là le retour aux sagesses anciennes dont les adeptes des idéologies du bonheur reprennent l'invitation à se mettre en état, grâce à certains exercices spirituels tels que la « méditation de pleine conscience », à « savourer l'instant présent » sur le modèle du *Carpe diem* déjà célébré par Horace, à l'écart de ces deux écueils que sont le passé et le futur, la nostalgie et l'espérance. C'est dans cette perspective à la fois naturaliste et « présentiste » que les idéologies du bonheur en appellent à une résignation sereine face à la vieillesse et à la mort.

La spiritualité laïque : il faut parfois se révolter, innover, dire « non » au réel...

À cette vision cosmologique, eudémoniste et naturaliste de l'existence humaine, on peut opposer une spiritualité laïque selon laquelle, si la liberté et l'historicité, l'idéal d'une perfectibilité indéfinie et d'une éducation tout au long de la vie sont le propre de l'Homme, si la quête d'une vie meilleure pour soi comme pour les autres n'a aucune raison autre que factuelle de s'arrêter, la vieillesse fait problème. Contrairement à ce que prétend Cicéron dans ce dialogue sur lequel nous allons revenir dans le prochain chapitre, mourir à 10, à 20, à 40, à 80 ou à 100 ans n'a rien d'indifférent, et ce pour des raisons que les sagesses cosmologiques ignorent à mon sens de manière déraisonnable : si la nature n'est ni notre guide, ni notre modèle, notre appartenance à l'histoire nous transforme sans cesse. Nos expériences nous changent tout au long de la vie, de sorte qu'on ne regarde pas le monde de la même manière aux différents âges. On n'aime pas non plus de la même façon, ni peut-être les mêmes êtres, à 5 ans, à 20 ans, à 60 ans, à 90 ans... C'est là toute la différence entre une vision naturaliste et une vision historienne de l'existence humaine. Prétendre que vivre plus ou moins longtemps ne change rien à l'affaire puisqu'on finit toujours par mourir est donc un non-sens si l'on se place du point de vue de la spiritualité laïque qui sous-tend le deuxième âge de l'humanisme dont je développerai les principes dans ce livre. Le modèle de la nature faisant place à celui de la liberté, donc de l'historicité, et pourquoi pas du progrès, mais aussi du partage et de la transmission aux générations futures, l'horizon s'ouvre d'une perfectibilité qui ne connaîtrait aucune limite a priori autre que factuelle, ce qui implique un nouveau rapport au temps. Il ne s'agit plus ici de sacraliser le présent, à l'instar de ces sagesses anciennes qui nous demandent de vivre à l'écart de la nostalgie et de l'espérance afin de « savourer l'instant », mais de comprendre le passé (en quoi la science historique acquiert ici ses lettres de noblesse) pour préparer et, pourquoi pas, améliorer l'avenir.

Comme l'écrivait déjà Condorcet dans sa fameuse *Esquisse d'un tableau historique des progrès de l'esprit humain*, annonçant déjà de manière prophétique certains aspects du courant transhumaniste, la nature n'a en réalité mis « aucun terme à nos espérances[1] ». Si,

1. « L'espèce humaine doit-elle s'améliorer, soit par de nouvelles découvertes dans les sciences et dans les arts et, par une conséquence nécessaire, dans les moyens de bien-être particulier et de prospérité commune ; soit par des progrès dans les principes de conduite et dans la

comme je le crois aussi, le propre de l'Homme réside dans sa liberté, dans sa possible perfectibilité au cours de son histoire, donc dans une éducation tout au long de la vie, j'avoue ne pas voir en quoi le fait de pouvoir en profiter plus longtemps serait une mauvaise chose. C'est tout l'inverse qui devrait ou à tout le moins pourrait avoir lieu. Nous pourrions, élargissant l'horizon, devenir enfin moins stupides, moins incultes, moins refermés sur nous-mêmes et, pourquoi pas, plus sages et plus aimants. « Si jeunesse savait, si vieillesse pouvait », dit l'adage. Vivre plus longtemps, à condition bien sûr que ce soit encore jeune et en bonne santé, loin de nous déshumaniser, nous permettrait peut-être, réconciliant jeunesse et âge, d'accéder à une humanisation bien supérieure à celle que nos petites vies bornées nous imposent. Il y a tant à connaître et à aimer que j'avoue avoir du mal à comprendre en quoi le fait d'être rivé à l'ordre de la nature, et par là même limité à un aspect infinitésimal de l'histoire et du réel, nous assure une vie meilleure. Du reste, à considérer les massacres et les génocides qui ont ensanglanté le XXe siècle, sommes-nous certains d'être si formidables dans notre état actuel qu'il ne faille surtout ne rien y changer ? Pour tout dire, je n'aperçois aucun argument sérieux prouvant que le fait de vivre plus longtemps nous

---

morale pratique ; soit enfin par le perfectionnement réel des facultés intellectuelles, morales et physiques qui peut en être également la suite, ou de celui des instruments qui augmentent l'intensité et dirigent l'emploi de ces facultés, ou même dans celui de l'organisation naturelle ? En répondant à ces trois questions, nous trouverons dans l'expérience du passé, dans l'observation des progrès que la science, que la civilisation ont faits jusqu'ici, dans l'analyse de la marche de l'esprit humain et du développement de ses facultés, les motifs les plus forts de croire que la nature n'a mis aucun terme à nos espérances. »

rendrait moins humains, moins capables de conscience, de langage, de perfectibilité, de culture, de liberté ou d'amour. Du reste, grande longévité ou non, nous resterons toujours de simples mortels puisque que notre conscience restera, quoi qu'on fasse, incarnée dans un corps biologique périssable.

Qu'on le veuille ou non, que ce soit plaisant ou non à dire et à se dire, la vieillesse apparaît dans cette perspective comme une espèce de mur insensé sur le chemin de la perfectibilité, comme un obstacle dénué de sens dans un combat perdu d'avance, car nous le savons bien, la vieillesse reprend peu à peu tout ce que la vie nous a donné en passant de l'enfance à l'âge adulte : la force physique, la santé et même, soyons francs, cette intelligence qu'on dit « pure », celle des scientifiques dans la force de l'âge – l'observation de l'extrémité des neurones et du vieillissement cérébral est hélas là pour l'expliquer. « **Pourquoi l'homme seul,** se demandait déjà Rousseau, **est-il sujet à devenir imbécile ? N'est-ce point qu'il retourne ainsi dans son état primitif et que, tandis que la bête, qui n'a rien acquis et qui n'a rien non plus à perdre, reste toujours avec son instinct, l'homme, reperdant par la vieillesse ou d'autres accidents tout ce que sa perfectibilité lui avait fait acquérir, retombe ainsi plus bas que la bête même**[1]. » De fait, comment vieillir sans perdre une part de sa liberté, c'est-à-dire de son humanité, sans laisser la nature reprendre peu à peu ses droits comme le ferait une mauvaise herbe qui s'enroule autour d'un arbre pour tenter de l'étouffer, sans tomber dans ce que

1. Dans son *Discours sur l'origine et les fondements de l'inégalité parmi les hommes.*

Sartre, ici proche de Rousseau, appellera la « réification » ? Désagréable à lire et à entendre, sans doute, mais comment nier qu'il y ait dans ces interrogations une part de lucidité ?

Si l'on ajoute aux idées de liberté et de perfectibilité fondatrices d'un premier âge de l'humanisme celles qui apparaissent avec ce que j'ai désigné comme le « deuxième humanisme », une nouvelle vision du monde liée notamment à la naissance de la famille moderne et du mariage d'amour, on comprendra que la question de la lutte contre le vieillissement, le combat pour une augmentation de la durée de vie jeune et en bonne santé prenne plus de sens encore. Car il n'est pas seulement question de vivre assez longtemps pour atteindre le maximum d'éducation et de culture pour soi seul, mais il s'agit aussi d'ouverture, de partage et de transmission aux autres, aux générations futures, à ceux que nous aimons ou pourrions aimer. Voilà pourquoi la question de la longévité, rejetée par les sagesses anciennes, ne peut pas ne pas intéresser la spiritualité laïque des Modernes, si du moins nous l'inscrivons dans la logique des idées humanistes de liberté et de perfectibilité, mais aussi d'amour et de fraternité qui tiennent, à l'encontre des cosmologies et des injonctions à faire retour vers les Anciens, que la nature ne saurait en aucun cas être un modèle, ni un guide moral, ni une boussole spirituelle.

Dans la *Sagesse des Modernes*, un livre écrit à quatre mains avec mon ami André Comte-Sponville, je faisais, citant Hugo et son poème *Booz endormi*, un éloge de la vieillesse qui le faisait sourire (il n'y croyait guère) : je rappelais que l'âge, du moins avant qu'il ne nous reprenne ce qu'il nous a donné, est aussi ce qui nous permet d'apprendre toujours plus, d'accéder à ce que

Kant appelait la « pensée élargie », d'être plus ouvert aux autres. Je le pense toujours et il est des exemples qui montrent heureusement que ce n'est pas tout à fait impossible. Mais il faut bien avouer qu'ils sont davantage l'exception que la règle et qu'un jour vient, malgré tous nos efforts, où l'on est si affaibli que la vieillesse, selon la formule célèbre du général de Gaulle, tourne au naufrage. Le combat est perdu et, parfois, c'est si désespérant qu'on se dit qu'il aurait peut-être mieux valu renoncer avant qu'il ne soit trop tard – ce qui sans doute explique qu'une large majorité de Français se prononcent en faveur d'une loi favorisant l'euthanasie.

Sur bien d'autres aspects encore, nous verrons que sagesses anciennes et spiritualité laïque vont dans des directions opposées. On l'aura compris : en dehors du fait que la question de la longévité est passionnante en soi, de manière intrinsèque, tant sur le plan scientifique que par la façon dont elle nous oblige à réfléchir sur un plan personnel (que ferions-nous si on nous proposait sérieusement de vivre deux cents ans, fût-ce encore jeunes et en bonne santé ?), elle est aussi l'occasion de s'interroger à la racine, au plus profond, sur les différents types de conception de la vie bonne et heureuse qui, sans même que nous y réfléchissions de manière explicite et consciente, sont comme des préjugés fondamentaux qui en dernière instance nous posent cette question fondamentale : la sagesse consiste-t-elle, comme nous y invitent le stoïcisme et le spinozisme, à dire « oui » au réel, au cours du monde tel qu'il va « avec ses hauts et ses bas », ou au contraire à lui dire « non » chaque fois qu'en conscience nous pensons devoir jeter un regard critique sur notre histoire, chaque fois que nous jugeons qu'il est temps de transformer un monde injuste et aveugle, voire à une nature régie par la seule logique de la sélection darwinienne ? Résignation ou révolte, *amor fati* ou esprit critique ?

Penser la longévité, c'est fondamentalement penser ce choix qui possède, comme on va le voir dans ce livre, des ramifications dans tous les domaines de la vie de l'esprit : théorique, moral, spirituel, esthétique, scientifique et métaphysique.

Chapitre 1

Le bonheur par la résignation

Le retour aux sagesses anciennes ou le « oui » au réel

Depuis la naissance, dans les années 1980, de la psychologie positive et des théories du développement personnel aux États-Unis, des professeurs de bonheur, chaque jour plus nombreux, nous assurent qu'il faut revenir aux sagesses anciennes, stoïcisme, spinozisme et bouddhisme, si nous voulons comprendre que la vie bienheureuse ne dépend que de nous, que d'un « état d'être intérieur », pourvu que nous acceptions de nous réconcilier avec le réel tel qu'il va, de lui dire « oui » en toutes circonstances, bonnes ou mauvaises. À les en croire, la sagesse consisterait à accepter l'ordre naturel des choses et avec lui, bien sûr, puisqu'ils en sont partie intégrante, les âges de la vie quelles qu'en soient les vicissitudes. Selon la formule stoïcienne, le sage serait celui qui parvient à « **changer ses désirs plutôt que l'ordre du monde** », celui qui aurait enfin compris que le libre arbitre, la croyance en une liberté humaine capable de s'arracher au réel pour entrer en résistance contre le destin, est pure illusion. La vérité, comme y insistent les stoïciens, et plus encore Spinoza après eux, c'est que le cours du monde est régi par un déterminisme absolu, par une chaîne de causalités que l'intelligence nous inviterait d'abord à comprendre, puis à aimer, seul moyen de nous débarrasser enfin des « passions tristes » telles que l'indignation, l'esprit de révolte, la colère ou l'espérance, toutes émotions bêtement liées à l'idée qu'il serait possible de transformer le monde par notre volonté, par notre libre arbitre, ce qui aux yeux du sage est pure folie ou, comme dit Spinoza, pur « délire ».

C'est à ces sagesses anciennes que se réfère l'un des plus talentueux représentants de cette « bonheurisation » du monde, Frédéric Lenoir, dans son petit livre intitulé *Du bonheur. Un voyage philosophique* (Fayard, 2013). D'après lui, « **la sagesse nous apprend à désirer et à aimer ce qui est. Elle nous apprend à dire "oui" à la vie. Un bonheur profond et durable devient possible dès lors que nous transformons notre propre regard sur le monde. Nous découvrons alors que le bonheur et le malheur ne dépendent plus tant de causes extérieures que de notre "état d'être". Être heureux, c'est aimer la vie, toute la vie : avec ses hauts et ses bas, ses traits de lumière et ses phases de ténèbres, ses plaisirs et ses peines… C'est vivre intensément chaque instant.** » Et c'est dans cette perspective que Lenoir invite son lecteur à découvrir la pensée de Spinoza, à laquelle il consacre un autre livre, *Le Miracle Spinoza. Une philosophie pour éclairer notre vie* (Fayard, 2017), une doctrine qui plaide, comme nous allons le voir dans quelques instants, pour un déterminisme absolu, pour une résignation sans faille au réel, seul moyen de nous débarrasser de ces passions tristes qui ne peuvent que nous plonger dans le malheur.

L'honnêteté m'oblige à dire d'emblée que je pense très exactement le contraire, à savoir que la sagesse véritable réside souvent dans le courage de dire « non » plutôt que « oui », dans notre capacité à nous révolter contre le réel pour le transformer quand il est injuste ou cruel plutôt que de s'y soumettre pour le subir « sagement ».

Pour aggraver mon cas, j'ajoute qu'à mon sens, loin de dépendre de notre seul « état d'être intérieur », le bonheur, si tant est qu'une telle chose existe (ce que j'ai du mal à croire[1]), dépend en toute hypothèse et pour l'essentiel de l'état du monde extérieur, en particulier des êtres que nous aimons et que nous ne supportons pas de voir plongés dans le malheur. Pour reprendre le vocabulaire de Spinoza, c'est l'idée qu'on puisse être heureux quand un de ses enfants vous est arraché par une maladie, un accident ou un suicide qui me semble pour le coup « délirante », a fortiori celle selon laquelle on pourrait trouver le bonheur dans un camp d'extermination, comme l'affirme Lenoir, ou sur un « chevalet de torture » comme le prétendaient les stoïciens.

Je vais bien sûr y revenir, argumenter mes critiques, mais pour l'instant et pour le plaisir de la discussion, tentons déjà de comprendre la logique de résignation qui anime ces idéologies du bonheur, une logique qui s'enracine dans les sagesses et les cosmologies anciennes, dont la philosophie de Spinoza à laquelle Lenoir nous renvoie n'est au fond qu'une résurgence moderne[2]. Si on le suit, notre bonheur dépendrait de notre capacité à accepter le destin ou, comme dira Nietzsche en évoquant lui aussi la critique spinoziste du libre arbitre, à vivre dans l'*amor fati*, l'amour du *fatum*, du réel tel qu'il est. Quand on y parvient, en dehors même du fait qu'on pourrait selon ces idéologies se débarrasser

1. Je crois à des moments de joie, à des plages de sérénité dans nos vies, mais à ce mirage enfantin d'un bonheur défini comme un état durable, voire définitif, que les sagesses de la résignation au réel nous permettraient d'acquérir une fois pour toutes, évidemment non. Je vous renvoie sur ce point à mon livre *Sept façons d'être heureux*.

2. C'est, comme je l'ai dit, ce que pensait ce grand admirateur de Spinoza que fut Leo Strauss.

enfin des funestes passions tristes, on aurait trouvé non seulement la félicité parfaite, mais aussi son salut, on aurait « sauvé sa vie » en ce sens qu'en s'ajustant au cosmos au lieu de vouloir le changer, ce dernier étant éternel, on aurait fini par comprendre qu'on est soi-même en quelque façon un fragment d'éternité.

Dans ces conditions, chercher à vivre plus longtemps, à repousser désespérément la vieillesse et la mort au lieu d'accepter dans la sérénité ce que nous impose la fatalité, n'a tout simplement aucun sens ou, pour mieux dire, c'est un signe de folie, de cette hubris de l'Homme prométhéen qui croit disposer d'un libre arbitre, d'une volonté qui lui permettrait de briser la chaîne des causes et des effets, de s'affranchir des règles immuables et intangibles de la nature. Comme le dit l'un des plus éminents représentants de l'école stoïcienne, Épictète (dans ses *Entretiens*, II, XVI, 45-47 et XIV, 7-8), « **il faut accorder notre volonté avec les événements de telle manière que nul événement n'arrive contre notre gré… L'avantage, pour ceux qui y parviennent, c'est de ne pas échouer dans leurs désirs, de ne pas tomber sur ce qu'ils détestent, de vivre intérieurement une vie sans peine, sans crainte et sans trouble… Ne cherche pas à ce que ce qui arrive, arrive comme tu le veux, mais veuille au contraire que ce qui arrive, arrive comme il arrive, et tu seras heureux** ». De fait, si on ne cherche pas à changer le réel, à transformer le monde, si on l'accepte en toute circonstance tel qu'il est, même quand il est immonde, on ne risque pas d'être déçu… Selon la sagesse stoïcienne à laquelle les manuels de psychologie positive et les idéologies du bonheur font sans cesse référence, le sage authentique est donc celui qui, ayant enfin réussi à dire « oui » au cours de la nature et de l'histoire avec ses hauts et ses bas, parvient à être heureux même au milieu des épreuves les plus effroyables, même dans celles qui sont pour l'ignorant les plus insupportables, jusque dans une salle de torture, comme Plutarque n'hésite pas à l'affirmer sans rire :

« L'homme qui a dit : "Je t'ai prévenu, ô destin ! et je suis à l'abri de toutes tes incursions", cet homme fait reposer sa confiance et sa sérénité, non pas sur des remparts de pierre, mais sur des principes qui sont à la disposition de celui qui veut les consulter... On objectera qu'il est préférable de "reposer sur un lit de roses", selon l'expression de Sénèque, plutôt que d'être allongé tout nu sur un chevalet de torture. Eh bien, justement, non ! Si l'on est plus vertueux en supportant le chevalet et si la constance dans l'épreuve est supérieure à la frivolité dans les plaisirs, la torture sera pour nous un bien[1]. »

On me pardonnera d'être si peu sage que j'avoue préférer quand même le lit de roses au chevalet de torture, mais il est vrai qu'un certain penchant pour le bon sens, même en philosophie, ne m'a jamais effrayé. Cela étant dit comme par parenthèse, il reste que les stoïciens, par avance dans le même sens que Spinoza, définissent la vie heureuse comme une vie « sans espérance, ni crainte, ni révolte », donc sans passions tristes, parce qu'elle consent au destin. Inutile ici d'en citer davantage, les sentences stoïciennes abondent qui nous invitent à aimer le réel tel qu'il est, des conseils que la psychologie positive et les idéologies du bonheur remettent au goût du jour en y ajoutant des exercices spirituels qui conviennent au monde d'aujourd'hui. Dans ces conditions, il est clair que le projet de lutter contre la vieillesse et de repousser la mort n'a aucune place dans leur vision du monde.

1. *La Sérénité intérieure*, Rivages, 2001.

Si le cours du monde est régi par un déterminisme absolu, si l'ordre naturel des choses est intangible, vouloir allonger la vie au lieu d'accepter son sort est dénué de sens.

Nous avons vu comment le *De Senectute* de Cicéron nous invitait à ne rien faire pour nous opposer à la logique irrémédiable des âges de la vie. Pour renforcer encore sa résignation face à l'inéluctable et tenter de convaincre ses jeunes interlocuteurs qu'il faut accepter la vieillesse comme une chance, et non comme un déclin fatal, Cicéron entreprend de réfuter les discours de ceux qui prétendent que les quatre maux suivants pèsent sur le grand âge : « **Premièrement, la vieillesse nous écarterait de la vie active ; deuxièmement, elle affaiblirait notre corps ; troisièmement, elle nous priverait des meilleurs plaisirs ; et quatrièmement, elle nous rapprocherait de la mort.** » Et pour répondre à ces objections, l'avocat romain emprunte, comme dans toute bonne plaidoirie, aux auteurs les plus illustres, tantôt à Épicure, tantôt à Épictète, tantôt à Platon, ce qui lui permet de légitimer ses argumentations en les adossant aux sagesses les plus prestigieuses de son temps.

S'agissant pour commencer de la vie active, il est selon Cicéron tout à fait faux de prétendre que la vieillesse nous en écarte, pourvu du moins que nous ayons assez de sagesse pour vivre en accord avec notre âge et que nous comprenions que, tout simplement, « **la vieillesse n'est pas astreinte aux mêmes tâches que la jeunesse. Mais à coup sûr, c'est parce qu'elle fait plus et mieux ! Ce ne sont ni la force, ni l'agilité physique, ni la rapidité qui autorisent de grands exploits, mais d'autres qualités comme la sagesse, la clairvoyance, le discernement,**

qualités dont non seulement la vieillesse n'est pas privée, mais qui sont au contraire celles dont elle peut seule se prévaloir », à preuve le fait que, « **à Sparte, les magistrats les plus importants sont des vieillards !** » Ben voyons...

Deuxième élément, l'affaiblissement du corps. Il ne saurait être ressenti par le sage comme un manque, une imperfection. Il peut même à certains égards être un avantage, une espèce de libération, le calme et la sérénité du vieillard pouvant en imposer aux jeunes générations : « **J'avoue**, ajoute dans ce sens Caton/Cicéron, **ne point ressentir ce manque, pas plus qu'adolescent je regrettais de ne pas avoir la force du taureau ou de l'éléphant ! Il faut se servir de ce que l'on a et, quoi qu'on fasse, agir en fonction de ses moyens. [...] C'est peut-être pour l'orateur que j'aurais pu craindre le plus les inconvénients de la vieillesse. Pourtant, il est bon qu'un homme âgé s'exprime posément et doucement, et le discours paisible d'un vieillard éloquent suffit souvent à capter l'attention de l'auditoire.** »

Cela étant, il semble malgré tout que la vieillesse nous prive quand même des plaisirs les plus intenses, à commencer par ceux du sexe. La réponse de Cicéron emprunte alors à Épicure, selon lequel le sage est justement celui qui parvient à se contenter des désirs naturels et nécessaires, à l'opposé de ceux qui sont artificiels et superflus. Or le sexe, s'il est naturel, n'a pour autant rien d'indispensable, bien au contraire, et en nous en délivrant, le grand âge nous rend même un fieffé service : « **Quel merveilleux cadeau nous fait l'âge s'il nous épargne ce que l'adolescence a de pire ! Il n'est pas de pire calamité pour l'homme que les plaisirs du sexe, de fléau plus funeste que ce prétendu "cadeau" de la nature. La quête effrénée de la volupté est une passion possessive et incontrôlée. Elle est la**

source de la plupart des trahisons envers la patrie, de la chute des États, des connivences funestes avec l'ennemi. Il n'est pas un crime, pas un forfait que la concupiscence ne puisse inspirer ! » On notera qu'ici aussi, comme sur la négation du libre arbitre et l'injonction à se plier au réel tel qu'il va, stoïcisme et spinozisme sont sur la même longueur d'onde.

De fait, comme Deleuze fut bien obligé de le concéder dans un de ses cours sur Spinoza (en date du 17 mars 1981) devant un auditoire de jeunes soixante-huitards qui auraient aimé entendre le contraire, leur philosophe préféré, Spinoza, n'était guère porté sur le sexe : « **Je crois que Spinoza**, leur confia Deleuze, **était fondamentalement chaste, comme tous les philosophes d'abord, mais particulièrement lui. Pourquoi ? C'est très ancré, si vous voulez, du point de vue du spinozisme...** » Comme tous les philosophes ? Je ne sais à quelle enquête Deleuze se réfère, mais ce qui est certain à tout le moins, c'est que s'agissant de Spinoza et des stoïciens, son analyse est exacte. Et Deleuze d'entamer dans la suite de son cours une longue argumentation expliquant pour quelles raisons de fond il fallait, selon la doctrine de Spinoza, renoncer à la sexualité. Le point pourrait sembler anecdotique, il ne l'est pas. Non que l'on puisse refuser à Spinoza et à ses disciples le droit à la chasteté (« Chacun ! » comme disaient les paysans de la campagne de mon enfance), mais parce qu'à force de jouer sur les mots, de leur donner un double sens, celui de la morale et celui de sa critique, on finirait par croire que le sage qui vit dans l'amour vit vraiment dans ce que le commun des mortels appelle l'« amour ». En fait il n'en est rien, car pour un spinoziste comme pour un stoïcien, c'est d'un amour tout intellectuel qu'il est question, d'un amour à la fois désincarné et tout entier centré sur le divin cosmos, pas de cet amour humain vulgaire qu'on imagine mal tout à fait séparé d'Éros...

Enfin, et cette fois-ci, c'est difficilement contestable, la vieillesse nous rapproche de la mort. Et alors ? Quelle importance ? Car de deux choses l'une, nous dit Cicéron : ou bien il n'y a rien après et, dans ces conditions, le raisonnement d'Épicure s'applique : la mort n'est pas à craindre puisque, quand elle est là, nous n'y sommes plus et, quand nous sommes là, c'est elle qui n'y est pas ! Ou bien, seconde hypothèse, c'est l'argumentation de Platon qui l'emporte, à savoir que la mort libère l'âme de cette prison qu'est le corps, nous permettant ainsi d'entrer dans une éternité de joie et de béatitude. Donc, dans tous les cas de figure, que l'on suive Épicure ou que l'on écoute Platon, il est absurde de craindre la mort, le sage étant celui qui s'est affranchi de cette peur insensée : « **Comme il est pitoyable le vieillard qui, après avoir vécu si longtemps, n'a pu apprendre à regarder la mort de haut ! Il faut soit la mépriser complètement si l'on pense qu'elle entraîne la disparition de l'âme ; soit la souhaiter, si elle confère à cette âme son immortalité. Il n'y a pas d'autre alternative.** » Et reprenant le mythe platonicien de l'incarnation de l'âme dans un corps (*sôma*) considéré comme une prison (*sèma*) dont la mort nous libère pour retrouver la lumière du monde intelligible, Cicéron opte avec optimisme pour l'hypothèse platonicienne...

Je vous avoue qu'en lisant Cicéron je ne puis m'empêcher de penser à la fable de La Fontaine *Le Renard et les Raisins* : à défaut de pouvoir saisir les objets du désir, réputons-les mauvais, comme le renard qui ne parvenant pas à s'emparer des délicieux raisins qu'il convoitait les déclare « **trop verts et bons pour les goujats** »...

Le projet d'augmenter la longévité rompt radicalement avec les cosmologies anciennes

De fait, comme le montre Allen Buchanan, un des pères fondateurs du projet transhumaniste, dans son livre *Beyond Humanity ?* (Oxford University Press, 2011), le projet d'allonger la vie humaine rompt clairement avec les sagesses anciennes, et plus généralement avec toutes les idéologies qui divinisent la nature, qui sacralisent l'ordre du monde comme s'il était intouchable et qui, du coup, nous affirment à tort que la sagesse consisterait à s'accorder au destin. Buchanan s'efforce dans cet esprit antinaturaliste de résumer en quelques lignes les principales critiques philosophiques, théologiques et morales avancées par les « bioconservateurs » contre le projet d'augmenter la longévité. Voici comment Buchanan résume leurs arguments les plus forts avant d'exposer sa réponse (je donne ici ma propre traduction, l'ouvrage de Buchanan n'étant pas encore traduit en français) :

« Pour la première fois, la biologie humaine et le génome humain lui-même peuvent être façonnés par l'action humaine. Mais [selon les traditionalistes] l'organisme humain est une totalité équilibrée et réglée de manière fine, le produit d'une évolution exigeante et complexe. Il est donc totalement déraisonnable de s'amuser à saccager la sagesse de la nature, le chef-d'œuvre du Maître ingénieur de l'évolution, dans le but d'être mieux que bien. La situation actuelle n'est pas parfaite, bien entendu, mais elle est clairement satisfaisante. Par conséquent, c'est une erreur de prendre de tels risques dans le simple but d'une amélioration. Ceux qui visent une amélioration [*enhancement*] biomédicale désirent en fait atteindre la perfection. Ils sont emportés par leur désir, mais cette attitude est

totalement incompatible avec celle qui consiste à apprécier à sa juste valeur ce qui nous est donné, avec le sens de la gratitude pour ce que nous avons déjà... »

Voilà bien, en effet, résumées en peu de mots, les principales critiques que moralistes et théologiens « naturalistes » ne manquent pas d'adresser au nom de leur retour aux sagesses anciennes, voire à la philosophie de Thomas d'Aquin et à sa conception de la loi naturelle, au projet d'augmenter la longévité. Selon Buchanan, les objections de ces nouveaux traditionalistes sont « **dramatiquement fausses** » (*dead wrong*), aucune d'entre elles ne méritant d'être retenue par un esprit un tant soit peu rationnel. Voici ce que Buchanan leur oppose et que son livre s'attache à développer[1] :

« Depuis qu'il y a des êtres humains sur cette Terre, l'action humaine a modifié et façonné sans cesse la biologie humaine et altéré le génome humain : toute une série d'améliorations des capacités humaines, depuis la révolution agraire jusqu'à l'édification des villes, des institutions politiques et des technologies avancées du transport, ont déclenché des processus de sélection naturelle et mélangé des paquets de gènes qui étaient auparavant isolés. L'organisme humain n'est en rien une "totalité équilibrée et réglée de manière fine", et cela parce que l'évolution ne crée pas d'organismes harmonieux et "complets". Bien au contraire, elle produit des tentatives changeantes, provisoires et bricolées de solutions ad hoc à des problèmes éphémères de "design", en se moquant éperdument du bien-être humain. La nature n'a rien de sage (ni d'ailleurs de non sage), et l'évolution n'est en rien comparable à un processus conduit par un Maître ingénieur. Elle est

1. J'ai analysé plus en détail ce débat dans mon livre *La Révolution transhumaniste* (2016), je n'y reviens donc pas davantage ici.

bien plutôt semblable à celui d'un bricoleur gravement agité, aveugle et totalement insensible sur le plan moral. La situation de millions d'êtres humains n'a rien de satisfaisant, et pour améliorer leur vie, voire pour préserver le bien-être des mieux lotis d'entre nous, il peut être nécessaire d'entreprendre des améliorations biomédicales. Pour résoudre les problèmes que nous avons nous-mêmes créés – tels que la pollution, la surpopulation, le réchauffement climatique – les êtres humains devraient augmenter leurs capacités intellectuelles et peut-être même morales. La poursuite d'améliorations biomédicales n'est pas la poursuite de la perfection, c'est seulement celle d'un perfectionnement. Désirer améliorer certaines capacités humaines dans le but d'augmenter le bien-être humain ou de préserver celui dont nous jouissons déjà n'a rien à voir avec une volonté de maîtrise totale. Une juste appréciation de ce que nous avons déjà est tout à fait compatible avec la poursuite d'un perfectionnement et elle peut requérir des améliorations si ces améliorations sont nécessaires pour préserver ce qui est bon dans ce qui nous est déjà donné. »

L'acceptation des âges de la vie fait partie du modèle naturaliste qui fonde et structure les sagesses anciennes de sorte qu'entre l'idéal du « bien vieillir » auquel nous invite Cicéron et le refus moderne de la vieillesse, considérée à la limite comme une espèce de pathologie qu'on pourrait guérir, l'opposition est irréductible. Mais pour bien la comprendre, il faut aller plus loin. Ce n'est pas en vain que les idéologies du bonheur par la résignation nous invitent à prendre pour modèle ultime la pensée de Spinoza, une doctrine qui, plus encore si possible que celle des stoïciens, nous invite à nous réconcilier avec la réalité plutôt que de forger le projet « délirant » de vouloir si peu que ce soit la transformer. Pour le dire d'entrée de jeu, et je vais montrer pourquoi dans ce qui suit, je pense que loin d'éclairer nos vies, la pensée de Spinoza les obscurcit comme nulle autre philosophie en niant le pouvoir de liberté, de responsabilité et de transformation du monde qui est le nôtre.

Je voudrais que les choses soient bien claires, on me pardonnera d'y insister une dernière fois : derrière notre débat sur la longévité, c'est au plus profond la question de la liberté qui est en jeu, c'est-à-dire la question de savoir si la sagesse consiste à accepter ce qui est, à se couler dans l'ordre de la nature pour lui dire toujours « oui », ou, au contraire, à lui dire clairement « non » quand il le faut, quand cet ordre est inique ou peu satisfaisant, quand nous devons assumer notre liberté entendue comme une capacité à s'arracher de la nature et de l'histoire pour nous retourner contre elles, pour les critiquer et les transformer si nous pensons pouvoir et devoir le faire. Or, de ce point de vue, Spinoza est de tous les philosophes celui qui dénie avec le plus de force toute légitimité à la notion de libre arbitre. Mieux et plus qu'aucun autre, il nous offre le modèle parfait, à l'état pour ainsi dire chimiquement pur, des philosophies de la sacralisation de la nature et de la résignation à ce qui est, en quoi il est indispensable de comprendre la logique fondamentale de son système si nous voulons pouvoir nous en émanciper et aller plus loin.

Le DVD de Spinoza ou pourquoi il est selon lui « délirant » de vouloir changer le monde

Comme l'avait compris Levinas, qui suivait en cela Kant, mais aussi Husserl et son maître Heidegger[1], le

1. Levinas ne considérait pas seulement Spinoza comme un « traître au judaïsme », mais comme l'archétype de la « métaphysique de la

spinozisme représente dans l'histoire de la philosophie le comble des illusions de la métaphysique, une espèce de sommet dans les prétentions du rationalisme dogmatique à prouver que le cours du monde est entièrement soumis à un déterminisme implacable[1]. Le spinozisme cède à des mirages d'autant plus puissants qu'ils se parent encore de nos jours du beau nom de « rationalisme » et qu'ils promettent à tous ceux qui voudront suivre son enseignement d'accéder à une sagesse de vie conduisant elle-même à une éternité de joie. Rien que ça ! Autant jouer d'entrée de jeu cartes sur table, comme aimait à dire Althusser quand il parlait de Spinoza en précisant devant ses étudiants que « [s]es **cartes étaient celles du marxisme-léninisme** » : je souscris pleinement au jugement qui est désormais celui de mon ami André Comte-Sponville selon lequel « **Spinoza donne de la sagesse, donc aussi de la vie humaine, une vision tronquée, trompeuse et illusoire**[2] », un jugement sévère, certes, mais d'autant plus intéressant qu'il émane d'un penseur qui fut lui-même un spinoziste fervent, un lecteur de l'*Éthique* dont nul ne peut douter de la compétence s'agissant de la connaissance des textes comme de l'interprétation de la pensée de Spinoza.

Nous allons y revenir, revenir sur les raisons qui ont conduit André à s'éloigner définitivement du spinozisme. Cela dit, si la déconstruction des illusions de sa métaphysique dogmatique n'était qu'un exercice

---

subjectivité » au sens que Heidegger donnait à cette expression. Voir sur ce sujet les articles consacrés à Spinoza dans *Difficile liberté* (1963).

1. Du reste, ce n'est nul hasard si la plupart des intellectuels maoïstes ou communistes de ma génération étaient spinozistes.

2. « Nous avons été spinozistes », conférence donnée par André Comte-Sponville à la Sorbonne, devant l'Association des amis de Spinoza, le samedi 20 octobre 2018.

intellectuel dépourvu d'enjeu, je l'aurais volontiers laissé de côté. Le problème, c'est que j'ai acquis la conviction, en lisant les ouvrages récemment consacrés à Spinoza et en particulier ceux qui y renvoient au nom de la psychologie positive et des idéologies du bonheur, que quiconque en resterait à la vision de la vie et de la sagesse « trompeuses et illusoires » qu'ils prétendent nous enseigner ne pourrait tout simplement rien comprendre au spiritualisme laïc que je propose ici et qui est lié à la fois au rationalisme critique (le seul véritable à mes yeux), à la défense de l'idée de liberté, mais aussi à ce que j'ai appelé l'« humanisme de l'altérité et de l'amour », trois piliers d'une spiritualité dont nous verrons au prochain chapitre à quel titre ils donnent du sens au projet d'allonger la vie humaine.

Or ces deux philosophies, celle de Spinoza et celle que je développe ici à partir du rationalisme critique, de la phénoménologie mais aussi d'une philosophie de l'amour, sont absolument incompatibles, de sorte que le lecteur qui se trouverait embarqué dans la voie de l'*Éthique* de Spinoza n'aurait tout simplement aucune chance de pouvoir aller plus loin dans celle que je propose ici. La déconstruction de ce système métaphysique, de cette doctrine qui fascine comme un mirage dans le désert, m'apparaît donc comme un passage obligé. Pour le dire autrement, les intérêts de la raison qui sont en jeu dans ces deux visions du monde renvoient à des formes d'esprit comme à des dimensions de la pensée si opposées qu'il est impossible de choisir entre elles sans avoir pris conscience des enjeux que chacune d'elles est amenée à porter, disons : d'un côté une métaphysique dogmatique associée à l'idée d'un bonheur éternel et d'une réconciliation avec le réel dans la dimension du présent (*amor fati*), de l'autre un rationalisme résolument réflexif et critique, associé à l'idée d'une perfectibilité infinie, d'une amélioration toujours possible du réel, une vision du monde qui s'inscrit moins dans le présent que dans la prise en compte d'un futur qu'on ne saurait séparer de son passé si l'on souhaite un jour le comprendre et, pourquoi pas, l'améliorer, attendu qu'à l'encontre de ce que prétend Spinoza, il est tout sauf parfait. Sans un travail de déconstruction sérieux des illusions de la métaphysique dogmatique dont le spinozisme est le modèle achevé, il est impossible de comprendre quoi que ce soit au point de vue à la fois émancipateur et réflexif que porte aujourd'hui une philosophie critique revisitée et profondément renouvelée par la phénoménologie, comme je tente de le faire dans ce livre.

Je propose donc à mon lecteur de me suivre. Disons-le franchement : le chemin est escarpé, mais je lui fais promesse que, même s'il n'est pas un historien de la philosophie, il pourra non seulement comprendre jusqu'en leurs racines les enjeux les plus fondamentaux de cette querelle philosophique, mais aussi aller vérifier par lui-même dans les textes la qualité des arguments échangés.

Deux points de vue sur un même film...

Pour le lecteur qui ignorerait tout de l'œuvre de Spinoza, mais tout autant pour les « spécialistes » de l'histoire de la philosophie et même pour les spinozistes, je proposerai une métaphore, ou, pour mieux dire, une allégorie qui me semble poser de manière aussi limpide qu'adéquate les principaux problèmes soulevés par la pensée de Spinoza.

Imaginez le scénario suivant : vous êtes tranquillement dans votre chambre, un soir, et vous décidez de regarder un film dont un ami vous a assuré qu'il était épatant, plein de rebondissements inattendus et passionnants, bref, une histoire d'aventures trépidante et bien ficelée comme on les aime. Votre ami a bien précisé que le film était mis en scène par un cinéaste de génie. Vous insérez le DVD dans votre lecteur[1], les premières images s'affichent sur l'écran et vous commencez à suivre l'intrigue en vous mettant plus ou moins à la place des différents personnages. Il y a bien entendu des affreux qui ourdissent des plans diaboliques pour éliminer les gentils, réduire le monde en esclavage et profiter de la candeur des plus faibles, mais il y a aussi quelques types courageux, des amis fidèles, sans compter quelques jeunes femmes ravissantes qui ne manqueront sûrement pas d'être séduites par le héros (à moins que ce ne soit l'inverse...). Tout est assez banal, j'en conviens, mais les épisodes s'enchaînent si bien, avec ce mélange d'événements attendus et de bifurcations imprévisibles qui font que vous ne pouvez pas vous empêcher de vouloir connaître la suite. Vous vous laissez prendre au jeu, et ce d'autant plus aisément que les images sont sublimes et les acteurs si convaincants qu'il vous arrive même de vous emporter : saisi tantôt par l'indignation, tantôt par un sentiment d'effroi, par le rire, l'espoir, la joie ou la tristesse, vous vous étonnez vous-même de ce que ce film a réussi à évoquer en vous une belle palette de passions humaines.

Sans le savoir, vous venez d'entrer de plain-pied dans le monde de Spinoza. Vous allez maintenant pouvoir en dévider toutes les conséquences, y compris, malgré la simplicité apparente de l'allégorie, les plus sophistiquées,

1. Je sais bien que plus grand monde n'utilise aujourd'hui de DVD, mais l'image est parlante, pour des raisons qu'on comprendra dans ce qui suit, notamment parce que, sur un DVD, le début et la fin de l'histoire sont présents ensemble d'entrée de jeu.

pourvu seulement que vous compreniez qu'il y a sur le film que vous êtes en train de visionner deux points de vue antithétiques : d'abord le vôtre, celui du spectateur qui découvre peu à peu l'histoire dans un temps dont on pourrait dire qu'il est celui de l'innocence ou de la naïveté. Ignorant tout du scénario, vous ne savez jamais comment les événements vont tourner, si le héros va l'emporter ou non sur les méchants, si un faux ami ne va pas le trahir au pire moment, s'il va perdre un de ses proches ou pouvoir le sauver, si lui-même ne va pas céder à quelque faiblesse, si l'amour qu'il éprouve pour la belle est réciproque, etc. Dans ces conditions, tout est encore possible, tout peut arriver : vous êtes alors plongé dans ce qu'un spinoziste appellera l'« illusion des possibles », dans cette croyance naïve en l'idée que plusieurs avenirs se dessinent dont aucun n'est prédéterminé.

Mais il existe bien entendu un tout autre point de vue sur le film, celui du réalisateur, voire tout simplement celui de la personne qui l'a déjà vu, le point de vue, donc, de la fin de l'histoire, de la fin du DVD, une fin qui en réalité est déjà présente dès l'origine – en quoi le temps de l'innocence et de la naïveté n'est qu'une illusion liée au point de vue du spectateur ignorant, puisqu'en soi ou en vérité, tout est déjà gravé dès le départ, sinon dans le marbre, du moins dans le plastique du petit disque. En réalité, il n'y a donc pas d'alternatives envisageables dans cette histoire, pas de « ou bien, ou bien », pas de bifurcations possibles dans le récit. Tout est déjà joué, tout est nécessaire et déterminé absolument jusque dans les moindres détails, jusque dans les moindres paroles prononcées par les personnages, jusque dans leurs moindres gestes.

On dira que le point de vue du spectateur innocent est celui de l'être humain qui vit dans ce que Spinoza appelle la « connaissance inadéquate » (la connaissance du premier genre) : étant plongé dans l'ignorance du scénario, il ne peut pas s'empêcher de céder à l'illusion des possibles. Par contraste, le point de vue de la fin du DVD, qui est celui du metteur en scène doué d'une connaissance parfaite et adéquate de l'intrigue (la connaissance du troisième genre), correspond autant qu'il est possible pour un être humain à celui d'un Dieu omniscient et omnipotent, un Être suprême qui saurait déjà tout, d'autant qu'il aurait tout organisé lui-même de toute éternité, un être pour lequel, par conséquent, tout serait déterminé de manière absolument nécessaire et intangible, sans la moindre faille possible.

En partant de ce schéma, vous aurez déjà une bonne base de départ pour comprendre les principales thèses du système de Spinoza. Dans cette allégorie des deux points de vue sur l'histoire, le point de vue humain et le point de vue divin, le point de vue du début du DVD et celui de la fin, de l'ignorant et de l'omniscient, on retrouve les principales caractéristiques qui fondent non seulement la théorie spinoziste de la connaissance (le passage de la connaissance inadéquate à la connaissance adéquate), mais aussi sa prétendue sagesse jusques et y compris dans sa promesse mirifique de nous guider vers une éternité de joie – ce qui, il faut l'avouer, a de quoi emballer les esprits enclins à croire aux miracles.

Déployons maintenant ces thèses une à une, sans négliger au passage de les illustrer par les textes de Spinoza lui-même afin d'étayer sérieusement l'argumentation et de permettre à mon lecteur d'en juger par lui-même.

1) Si le déterminisme est absolu, s'il n'y a plus de « possibles », si tout est par définition déjà joué dans nos vies du point de vue de Dieu (de la fin du DVD) de sorte qu'il n'y a rien qu'on puisse changer dans ce qui nous arrive, alors « perfection » et « réalité » sont des termes synonymes.

Expliquons ce point qui commande toute la philosophie de Spinoza. Comme on l'aura compris, il n'existe dans notre film – dans nos vies – évidemment pas d'événements possibles autres que ceux qui sont déjà gravés dès le départ sur le DVD. C'est seulement du point de vue de la connaissance inadéquate du spectateur naïf, de celui qui ne connaît pas encore la fin du film, que la croyance selon laquelle l'histoire pourrait aller dans telle direction plutôt que dans telle autre peut trouver droit de cité, mais en soi ou du point de vue de Dieu (de la fin du film, du sage ou du metteur en scène), cette croyance est purement illusoire. Elle relève de ce que Spinoza, dans l'Appendice au livre I de l'*Éthique*, appelle le « délire », une pathologie qui caractérise l'ignorant par opposition au sage, une illusion engendrée par la connaissance inadéquate qui s'estompe peu à peu, au fur et à mesure qu'on s'élève à la connaissance adéquate des causes qui déterminent tous les événements enchaînés de manière parfaite dans l'intrigue. Donc, quand le spectateur croit qu'il est possible que tel événement X advienne plutôt que tel événement Y, il nage en plein délire, il est aux antipodes du point de vue de la vérité dont dispose Dieu, le cinéaste ou le sage qui a réussi à se hisser au niveau de la connaissance adéquate des enchaînements de causes et d'effets qui forment la trame de l'intrigue (du réel) jusque dans les moindres détails.

Du point de vue de Dieu ou du scénariste, il n'y a donc aucune différence entre le réel et le possible, les deux coïncident parfaitement – ce pour quoi, dans l'*Éthique*, Spinoza peut écrire tranquillement : « **Par perfection et par réalité j'entends la même chose** », non pas au sens où tout dans le film serait parfait (il y a des salauds parmi les personnages, des crimes atroces et, comme dit Spinoza dans une lettre sur laquelle nous reviendrons, un « **rat n'est pas un ange** », ni « **un brigand un saint** »). Mais si on considère l'ensemble dans sa totalité, le film dans son entier, on doit reconnaître qu'il est excellent : il fallait qu'il y eût aussi des méchants à côté des bons, sans quoi le scénario eût été sans intérêt, et par conséquent moins parfait.

Nous avons d'ailleurs un équivalent très parlant de cette notion de perfection (qui comprend pourtant à nos yeux des imperfections) lorsque nous parlons aujourd'hui de la « biodiversité ». Je n'aime pas le moustique qui me pique, ni la guêpe qui bourdonne à mes oreilles quand je déjeune l'été dans le jardin, encore moins les fourmis qui ont envahi le placard, mais du point de vue de la diversité biologique, la notion de nuisible n'a aucune place. En d'autres termes, le réel est parfait, non pas au sens où en lui tout serait parfait « pour nous », mais parce qu'il ne peut pas être autre qu'il est et parce qu'en outre, il serait, en soi sinon pour nous, moins parfait s'il ne comprenait pas toute la hiérarchie des êtres, comme le film policier serait impensable sans les méchants, et la biodiversité moins diverse sans le moustique, la guêpe et les fourmis. Comme le dit Leibniz, et sur ce point Spinoza et lui ne font que dire la même chose[1], si Dieu

1. **« On a souvent l'habitude de raisonner de la manière suivante : si toutes choses ont résulté de la nature suprêmement parfaite de Dieu, d'où**

avait créé mille Virgile, s'il n'avait fait exister que des génies, le monde serait paradoxalement moins parfait que le nôtre qui comprend tous les degrés d'êtres, de l'ignorant jusqu'au sage.

2) Dans ces conditions, le libre arbitre (c'est-à-dire la faculté de choisir entre des « possibles », entre des options différentes) est une illusion à proprement parler « délirante ».

Du point de vue du rationalisme critique de Kant et de Popper, c'est peut-être bien la thèse à la fois la plus fondamentale et la plus inacceptable du système spinoziste : selon le rationalisme dogmatique de Spinoza, il ne peut pas y avoir de libre arbitre, de liberté de choix entre des options possibles, pour la bonne et simple raison qu'il n'existe, comme nous venons de le voir, tout simplement aucun possible, sinon du point de vue « imaginaire » de l'illusion liée à l'ignorance de la fin du film. Seul le spectateur innocent, l'être humain qui n'est pas encore parvenu à la connaissance vraie, donc pas non plus à la sagesse véritable, peut s'imaginer que, des possibilités étant ouvertes, le héros est doté d'une capacité de choisir entre elles librement, une croyance que Spinoza considère comme absurde puisque tout simplement liée au fait que l'ignorant ne connaît ni les causes des événements, ni la

proviennent donc tant d'imperfections dans la nature, comme la corruption fétide, la laideur nauséabonde, la confusion, le mal, la faute, etc. ? Il est aisé, comme je viens de le dire, de réfuter cet argument… À ceux qui demandent pourquoi Dieu n'a pas créé les hommes tels qu'ils puissent se gouverner eux-mêmes sous la seule conduite de la raison, je ne donne qu'une réponse qui est que la matière ne lui a pas manqué pour créer toutes sortes de choses, depuis le plus haut degré de perfection, jusqu'au plus bas… » (*Éthique*, Appendice à la partie I).

fin de l'histoire, bien qu'avec un peu de raisonnement et d'intelligence, il pourrait se douter qu'elle existe déjà en soi, du point de vue de Dieu, du sage, du cinéaste, de la fin du DVD et de la vérité. Voilà pourquoi Spinoza, qui tient, grâce à un fameux argument, l'argument ontologique (en vérité, comme nous le verrons plus loin, un sophisme enfantin) que le point de vue de Dieu est à la fois réel et vrai, tente de démontrer que le libre arbitre relève tout simplement de l'ignorance des causes qui nous déterminent et du délire que cette ignorance suscite en nous[1].

1. Comme le dit l'*Éthique* (partie I, prop. 29) : « **Dans la nature, il n'existe rien de contingent, mais tout est déterminé par la nécessité de la nature divine à exister et à agir selon une modalité particulière.** » Et voici comment il précise sa critique du libre arbitre dans une lettre fameuse (à Schuller) : « **Pour rendre cela clair et intelligible, concevons une chose très simple : une pierre, par exemple, reçoit d'une cause extérieure qui la pousse une certaine quantité de mouvement et, l'impulsion de la cause extérieure venant à cesser, elle continuera à se mouvoir nécessairement. Cette persistance de la pierre dans le mouvement est une contrainte... Ce qui est vrai de la pierre, il faut l'entendre de toute chose singulière, quelle que soit la complexité qu'il vous plaise de lui attribuer, si nombreuses que puissent être ses aptitudes, parce que toute chose singulière est nécessairement déterminée par une cause extérieure à exister et à agir d'une certaine manière déterminée. Concevez maintenant, si vous voulez bien, que la pierre, tandis qu'elle continue de se mouvoir, pense et sache qu'elle fait effort, autant qu'elle peut, pour se mouvoir. Cette pierre, assurément, puisqu'elle a conscience de son effort seulement et qu'elle n'est en aucune façon indifférente, croira qu'elle est très libre et qu'elle ne persévère dans son mouvement que parce qu'elle le veut. Telle est cette liberté humaine que tous se vantent de posséder et qui consiste en cela seul que les hommes ont conscience de leurs appétits et ignorent les causes qui les déterminent. Un enfant croit librement vouloir le lait, un jeune garçon irrité vouloir se venger et, s'il est un poltron, vouloir fuir. Un ivrogne croit dire par un libre décret de son âme ce qu'ensuite, revenu à la sobriété, il aurait voulu taire. De même, un délirant, un bavard et bien d'autres de même farine croient agir par un libre décret de l'âme et non se laisser contraindre. Ce préjugé est naturel, congénital, parmi tous les hommes et ils ne s'en libèrent pas aisément** » (lettre 58 à Schuller). Laissons de côté pour l'instant les invraisemblances qui traversent

3) Puisque le réel est parfait (ce qui, encore une fois, ne veut pas dire que tout soit parfait en lui de notre point de vue fini, qu'il n'y ait pas des méchants, des imbéciles, des génocides et des crimes atroces, mais que la totalité du réel, elle, est parfaite[1] *justement parce qu'elle comprend toute la hiérarchie des êtres – des « degrés de puissance » comme dit Spinoza), puisqu'il n'y a plus ni possibles, ni libre arbitre, les passions tristes, qui supposent toujours que le réel aurait pu ou dû être autre qu'il est, voire meilleur (ce qui est l'absurdité même du point de vue de Dieu ou de la fin du film), sont bannies de l'univers du sage.*

C'est ici, en ce moment crucial, que le système du rationalisme dogmatique passe de la théorie à la

les comparaisons que prend Spinoza. Par exemple, on voit mal pourquoi une pierre lancée comme un projectile, en admettant même qu'on la dote par hypothèse de la conscience, aurait le sentiment de faire un effort alors que, justement, elle n'en fait aucun : l'enfant qu'on pousse sur la balançoire se réjouit précisément du fait qu'il n'a pas le moindre effort à faire pour se balancer. Passons aussi sur le fait que l'homme à jeun et l'ivrogne sont mis sur le même plan, alors que la honte de celui qui a dit des horreurs en état d'ébriété vient à l'évidence du fait qu'il existe une différence notable et très perceptible entre les deux états. Bornons-nous à dégager la conséquence où Spinoza veut en venir, à savoir que, du point de vue de Dieu, c'est-à-dire de la vérité, la liberté est pure illusion, le possible est parfaitement identique au réel, ils sont superposables et ils ne se distinguent que pour l'ignorant qui délire et croit, comme la pierre ou comme l'ivrogne, à la finalité libre de ses actions. Pourquoi, donc, croyons-nous en l'existence du libre arbitre, de la possibilité de choix ? Réponse de Spinoza : « **C'est qu'on est fermement persuadé que le corps se meut ou s'immobilise par le seul commandement de l'esprit, et qu'il accomplit un grand nombre d'actions qui dépendent de la seule volonté de l'esprit** » (*Éthique,* partie III, prop. 2, sc.). Or c'est là l'illusion par excellence.

1. Dans le DVD de Spinoza, il y a bien évidemment des bons et des méchants, des passions tristes à foison et, pourtant, il ne cesse d'affirmer

pratique, de la prétendue connaissance parfaite à une éthique de la sagesse et du salut. Il est essentiel de bien comprendre pourquoi la sagesse que nous propose Spinoza consiste tout simplement à se rapprocher autant qu'il est possible pour un humain du point de vue de Dieu (de la fin du DVD) – donc de ce qu'il appelle la « connaissance du troisième genre ». C'est en effet le seul et unique moyen de se débarrasser des passions tristes, des hontes, des regrets et remords, de la colère, de l'indignation et de la haine, mais aussi de l'espérance qui nous gâche la vie, car il n'est, selon Spinoza, « **pas d'espoir sans crainte** » : comme pour le stoïcien, si j'espère la santé, la richesse ou la joie, c'est

que le réel est tout entier parfait, ce qui est tout à fait explicable au sens où ce qui compte, c'est la perfection du tout : nous ne jugeons pas tel ou tel personnage pour déclarer que le film est bon ou mauvais, mais nous jugeons l'ensemble. Il ne viendrait à personne l'idée de dire d'un film qu'il est mauvais parce qu'il fait sa part à des personnages qu'on n'aime pas, nazis, violeurs, assassins, tricheurs, tyrans, prêtres ou esclaves. Donc, quand Spinoza déclare que réel = perfection, il se place évidemment du point de vue du tout, comme Leibniz et pour les mêmes raisons (la volonté conséquente de Dieu rejoint sa puissance infinie). Hitler ne vaut pas Jésus, ni un brigand un sage, mais ces considérations moralisantes n'ont aucun intérêt du point de vue de la totalité qui est de toute façon parfaite et qui implique donc à égalité la présence des deux ! Vouloir supprimer Hitler pour ne garder que Jésus est absurde, digne de la connaissance du premier genre. Vouloir se débarrasser des méchants n'a aucun sens, ou pour mieux dire : vouloir se débarrasser du nazisme en entrant dans la Résistance fait partie du film au même titre que le policier vertueux est dans le scénario à côté du tueur en série. En l'occurrence, le tout est à la fois parfait et nécessaire : il est donc aberrant de s'indigner, de se mettre en colère, de regretter, ou de céder à toute autre passion triste face à l'horreur des crimes contre l'humanité. Pour prendre encore un exemple, la haine que Deleuze manifeste dans son livre sur Spinoza pour le prêtre, l'esclave et le tyran relève non seulement de l'effet en lui des passions tristes, mais, pire, du registre de la contradiction performative : il ne pense pas sa propre pensée.

que je suis malade, pauvre et malheureux, et dans ces conditions, forcément, je crains toujours plus ou moins de ne pas voir mes espoirs se réaliser.

C'est donc par la raison seule, une raison qui nous indique que tout est déterminé de toute éternité, que je puis enfin me calmer, retrouver la sérénité, me réconcilier avec ce qui est, accepter mon sort dans la sérénité et dans la joie (ce pour quoi, quand Nietzsche parle d'*amor fati*, il dit penser « **à son frère Spinoza** »). Pour bien comprendre ce lien indissoluble entre connaissance et sagesse, entre rationalisme dogmatique et doctrine du salut, pour saisir cette idée spinoziste selon laquelle le sage parvient au sentiment de l'éternité et, par là même, à une victoire sur les peurs qui accompagnent en général l'idée de la mort chez l'Homme ordinaire, il faut relier la doctrine du salut (la « sotériologie ») à la fameuse analyse des trois genres de connaissance qu'élabore Spinoza, ces trois niveaux de pensée qui s'élèvent de la conscience commune, plongée dans les illusions inadéquates de l'imagination, à la conscience du sage, qui entre dans l'amour intellectuel de Dieu et saisit la perfection, la parfaite rationalité du monde en se plaçant comme Lui, pour reprendre notre allégorie, à la fin du DVD. En quoi consistent donc ces trois genres de connaissance, exposés dans la deuxième partie de l'*Éthique* (proposition 40 et suivantes) ?

Disons, là encore, les choses sans complications inutiles.

4) Les degrés de sagesse ne sont que les conséquences des degrés de connaissance

Le premier niveau, celui de la connaissance du « premier genre », est le niveau le plus bas, celui de l'opinion fausse (du spectateur naïf), de la *doxa*, des croyances illusoires de l'imagination. C'est le plus souvent une connaissance par « ouï-dire » qui ignore tout des enchaînements des causes et des effets qui dominent le cours du monde (de l'histoire comme de la nature). Pour prendre des exemples d'aujourd'hui : on m'a dit qu'il fallait enfoncer le bouton « marche/arrêt » pour allumer mon poste de télévision, tourner la clef de ma voiture pour mettre le moteur en route, décrocher le téléphone quand il sonne et dire « Allô », mais des raisons de ces actions, je n'ai en réalité aucune connaissance véritable : ce sont des choses que je crois, plus que je ne sais, car en réalité, je n'y comprends rien, je n'ai aucune idée scientifique adéquate de la manière dont tous ces appareils fonctionnent, de la façon dont s'enchaînent les causes et les effets. Dans la plupart de nos actions quotidiennes, nous sommes englués dans ce type très inférieur de (pseudo-)connaissance.

Ce qu'il faut surtout bien noter – et nous en revenons ici au lien essentiel que Spinoza prétend établir entre raison et sagesse, entre connaissance et éthique –, c'est qu'à chaque niveau de connaissance correspond une attitude spirituelle, un niveau de sagesse. À ce premier stade, plein de fausseté et d'ignorance des causes qui déterminent les événements naturels comme les actions des hommes, nous sommes encore plongés dans l'illusion des possibles et, avec elle, dans celle du libre arbitre, dans ce « délire » qui nous porte à croire en la contingence des événements, qui nous fait imaginer que les choses pourraient être autres qu'elles ne sont. Du coup, l'ignorant est inévitablement livré aux « passions tristes », à l'indignation, la colère, l'espérance, les hontes, les regrets et les remords, bref, dans le trouble, l'inquiétude et bientôt dans le malheur.

Si l'on y réfléchit soigneusement, on verra en effet que toutes ces passions funestes sont liées à l'illusion des possibles, à l'illusion du libre arbitre et de la contingence, c'est-à-dire à la conviction malheureuse que les choses pourraient, devraient ou auraient pu ou dû être autres qu'elles ne sont, conviction qui disparaît chez le sage dès lors qu'il comprend que tout est nécessaire, que tout advient par les causes, bref, que le réel est parfait, et ce même quand il nous semble atroce dans tel ou tel de ses aspects particuliers. Pour parvenir à la sagesse véritable, il faut donc s'élever jusqu'à la connaissance du troisième genre, une connaissance qui correspond dans notre allégorie au point de vue qu'on gagne seulement en se plaçant à la fin du film. Où l'on voit comment fonctionne l'intellectualisme de Spinoza, une métaphysique dogmatique selon laquelle les degrés de sagesse ne dépendraient que des degrés de connaissance et de rationalité, un rationalisme en apparence profond, en réalité incroyablement naïf au regard des sciences véritables qui ne sont jamais achevées, qui ne se placent jamais du point de vue de Dieu, de l'omniscience et de la fin de l'histoire.

Cela étant posé, il faut ajouter qu'entre le premier et le troisième genre, il existe encore un second degré, une connaissance du deuxième genre que Spinoza définit comme une connaissance par « **notions communes et idées adéquates** ». Ici, on commence déjà à s'approcher de la vérité, à connaître les événements et les actions humaines par les causes, voire par le biais de démonstrations, de sorte que la notion de contingence et, avec elle, celle de libre arbitre et de possibles disparaissent peu à peu. D'un même mouvement, bien entendu, les passions tristes commencent elles aussi à s'estomper. Pour l'historien, par exemple, il s'agit moins de juger moralement telle guerre ou tel massacre, que de les comprendre et de les expliquer par des causes, qu'elles soient économiques, sociales, politiques, idéologiques, ou autres. Ici, nous entrons dans le domaine de la connaissance vraie, de la connaissance scientifique – le deuxième genre correspondant, pour l'essentiel, aux sciences positives, à la physique et aux mathématiques (mais on y ajouterait aujourd'hui les sciences historiques). On pourrait dire que la connaissance du premier genre correspond à ce que Platon appelait le « règne de l'opinion », de la *doxa*, tandis que le deuxième genre est celui de la science, le troisième étant celui de la philosophie véritable, celle du sage qui parvient, autant qu'il est possible pour un humain (jamais parfaitement, donc), à se placer du point de vue de Dieu (de la fin du DVD).

Aux yeux de Spinoza, en effet, la connaissance scientifique, bien qu'elle soit déjà dans la vérité, dans l'intelligence des causes, n'est pas encore absolument parfaite, pas encore philosophique à proprement parler, parce qu'elle ne s'élève pas jusqu'au niveau des essences, niveau que seule la philosophie authentique (la connaissance du troisième genre) va permettre d'atteindre. Pour dire les choses simplement, la connaissance du deuxième genre correspond à la connaissance de celui qui arriverait au milieu du film, ignorant donc du début et de la fin, mais qui malgré tout aurait conscience que la fin du film existe forcément déjà et qui, du coup, essaierait de reconstituer des enchaînements logiques, des enchaînements de causes à effets sans se laisser aveugler par l'idée délirante d'un libre choix entre des possibles. Il est clair qu'un scientifique sérieux ne prétendra jamais connaître ni l'origine du monde, ni la fin du monde et de l'histoire, ni les causes premières, ni les causes dernières, mais il fait son possible pour rationaliser l'entre-deux.

La connaissance du troisième genre va plus loin. Elle correspond au point de vue du cinéaste qui, lui, a tout connu et tout conçu du début jusqu'à la fin. C'est à ce titre qu'il est une métaphore de Dieu ou de l'omniscience, d'une connaissance parfaite qui saurait enfin que tout est rationnel, que tout est déterminé à partir de cette cause première, cause d'elle-même (*causa sui*), qu'est l'Être suprême. Ce serait ce que Hegel appellera plus tard le « savoir absolu », l'intelligence à la fois systématique et exhaustive de la nécessité, intelligence qui est censée engendrer la sagesse et le bonheur, voire une « éternité de joie » puisque nous serions enfin délivrés de toutes les passions tristes liées à l'illusion des possibles, de la contingence et du libre arbitre. Précisons encore que ce prétendu point de vue de Dieu, Spinoza ne parvient à en démontrer l'existence qu'en se servant de l'argument ontologique, un sophisme puéril auquel plus personne ne peut sérieusement croire aujourd'hui (je mets en note une explication complémentaire à ce sujet pour le lecteur désireux d'en savoir davantage[1]).

1. Pour bien comprendre en quoi consiste cette connaissance du troisième genre, il faut rappeler deux préalables. Le premier, c'est que la formule selon laquelle Dieu est cause de soi doit être comprise chez Spinoza comme une reformulation de l'argument ontologique, cette fameuse preuve de l'existence de Dieu selon laquelle l'essence de Dieu (sa définition même) implique son existence – en quoi il est bien cause de lui-même. Dieu est conçu nécessairement comme un être qui possède tous les attributs, une infinité de qualités (même si nous n'en connaissons que deux : la pensée et l'étendue). Or l'existence est un attribut, donc Dieu existe forcément : son essence, sa définition même impliquent son existence. Le deuxième élément qu'il faut avoir présent à l'esprit, c'est que, dans ces conditions, Dieu se confond avec le monde, avec la totalité de ce qui est. C'est ce qu'on appelle le « panthéisme », que la célèbre formule

Comme y insiste sans cesse Spinoza, et c'est crucial pour fonder sa doctrine de la sagesse, de la joie et du salut, ce déterminisme absolu ne vaut pas seulement pour toutes nos actions, mais aussi pour toutes les intentions qui les accompagnent et qui sont, sans que l'ignorant qui regarde le film en ait conscience, elles aussi des effets de son essence (de son « degré de puissance », comme dit Spinoza dans le vocabulaire de la métaphysique de son époque). Je vous invite à lire et à méditer sérieusement ce qu'écrit Spinoza à ce propos et vous verrez que je n'invente rien, ni n'exagère en quoi que ce soit. Pour comprendre ce qui suit, il vous suffit de vous rappeler que Dieu est à la fois le scénariste, le metteur en scène du film, et celui qui se situe à la fin de l'histoire, qui en connaît donc toutes les finesses depuis l'origine jusqu'au dénouement ultime. Il sait par

---

spinoziste, *Deus sive natura* – Dieu, c'est-à-dire la nature – exprime au mieux. Il faudra donc distinguer dans la nature, comme nous distinguons en Dieu l'essence et l'existence, deux moments (bien qu'ils soient évidemment ontologiquement identiques : le spinozisme est un monisme à tous les étages) : l'essence de la nature ou « nature naturante », et la réalité existante de la nature, ou « nature naturée », préformée en quelque sorte par la première. La connaissance du troisième genre est justement celle qui va s'élever jusqu'à la connaissance de Dieu ou de la nature par les essences et non par les choses singulières et les signes (*ex singularibus et signis*). Au niveau de la connaissance du troisième genre, le sage est censé connaître le monde comme Dieu le connaît (ou presque), il connaît la nature naturée (les choses singulières, empiriques) à partir de son essence (de la nature naturante) et, du coup, il voit que tout est nécessaire et parfait, qu'il faut entendre par « perfection » et par « être » la même chose, comme nous avons vu que Spinoza dit lui-même. Comme il n'y a plus de contingence à ce niveau, donc plus de libre arbitre ni de possibles, il n'y a plus non plus aucune passion triste. Mais qui plus est, comme les essences sont éternelles, le sage comprend que l'essentiel de lui-même, même s'il meurt au sens où son corps se dissout dans la nature, est éternel et qu'en ce sens il est sauvé par cette mirifique doctrine du salut. CQFD !

conséquent qu'il n'y a ni libre arbitre, ni possibles, ni dès lors aucune raison de céder aux passions tristes puisque le réel ne peut pas être autre qu'il n'est de toute éternité et qu'en ce sens, en effet, il est parfait : « **J'ai expliqué la nature de Dieu et ses propriétés, à savoir qu'il existe nécessairement, qu'il est unique, qu'il est agi par la seule nécessité de sa nature, qu'il est la cause libre de toutes choses et de quelle façon il l'est, que toutes choses sont en Dieu et dépendent de lui de telle sorte que sans lui, elles ne peuvent ni être, ni être conçues, et enfin que toutes choses ont été prédéterminées par Dieu, non certes par la liberté de sa volonté, autrement dit par son bon plaisir absolu, mais par la nature absolue de Dieu, autrement dit par sa puissance infinie. [...] Les choses singulières ne sont donc que des affections des attributs de Dieu, autrement dit des modes par lesquels les attributs de Dieu sont exprimés de façon définie et déterminée** », ce pour quoi la notion de libre arbitre, de choix entre des options possibles et ouvertes aux hommes, est délirante attendu que « **dans la nature, il n'y a rien de contingent, mais que toutes choses sont déterminées par la nécessité de la nature divine à exister et à produire leur effet d'une certaine façon** » (*Éthique*, I, 29).

Ces propositions, qui mettent en place un déterminisme absolu, une connexion de causes et d'effets sans la moindre faille possible, ne sont pas à prendre à la légère, comme s'il s'agissait d'une thèse parmi d'autres qu'on pourrait admettre ou rejeter sans compromettre l'ensemble de l'édifice[1], sans rendre tout à fait vaines

1. Comme on verra plus loin, dans son livre sur Spinoza, Frédéric Lenoir tente de minimiser l'importance de la négation du libre arbitre sans percevoir qu'en réalité tout en dépend, cette incohérence n'étant pas accidentelle, mais permettant pour ainsi dire de jouer sur les deux

les conséquences pratiques en termes de sagesse de vie que Spinoza va en tirer tout au long de l'*Éthique*. Il n'y a, contrairement à ce qu'on trouvera par exemple chez Hegel, aucune place, si petite soit-elle, pour la moindre contingence, pour la moindre faille dans l'enchaînement des causes et des effets qui relient entre eux les événements. Le sentiment que nous pourrions avoir le choix dans nos vies entre différentes options, entre voter à droite ou à gauche, appeler le médecin ou pas quand notre enfant est malade, partir en voyage ou rester à la maison, aller à la mer ou à la montagne, etc., est simplement lié à l'ignorance où nous sommes des causes qui nous déterminent déjà de toute éternité du point de vue de Dieu, des causes qui ne sont visibles qu'à la fin du film.

Le sage, lui, se plaçant autant qu'il est possible pour un humain de ce point de vue divin (et c'est cela que signifie ce que Spinoza appelle l'« **amour intellectuel de Dieu** », condition de la véritable sagesse), comprend que tout est joué, que tout est déterminé absolument, et c'est seulement parce qu'il exclut l'idée de libre arbitre en même temps que celle des possibles qu'il peut vaincre enfin les passions tristes et atteindre ainsi la pleine sérénité. Voilà pourquoi, dans une lettre (la lettre 21 à Blyenbergh), Spinoza relie de manière parfaitement explicite sa propre sérénité personnelle à sa certitude absolue que tout est déterminé par Dieu jusque dans les moindres détails.

« Je ne cesse de reconnaître que toutes choses arrivent par la puissance de l'Être souverainement parfait et par

---

tableaux : on rejette ou minimise une thèse que personne aujourd'hui ne veut ni ne peut vraiment accepter tout en conservant les aspects plus agréables de la doctrine (la joie et l'amour, plutôt que la tristesse et la haine : que ceux qui sont contre, en effet, lèvent le doigt !).

son immuable décret et c'est à cette connaissance que je dois ma satisfaction la plus haute et ma tranquillité d'âme. »

On ne saurait mieux illustrer le lien que je viens d'exposer entre la doctrine de la sagesse et le rationalisme dogmatique, un lien qu'on pourrait dire théologique ou métaphysique en ce sens que, contrairement à la science authentique et au rationalisme critique de Kant et de Popper que je fais miens depuis toujours, il prétend cerner les causes premières autant que les fins dernières. Même conviction affichée un peu plus loin, dans la même lettre (Spinoza ne brille sans doute pas par la modestie, mais il a au moins le mérite d'être ici d'une parfaite clarté quant au lien entre connaissance, sagesse et bonheur) :

« L'exercice de mon pouvoir naturel de comprendre, que je n'ai jamais trouvé une seule fois en défaut, a fait de moi un homme heureux. J'en jouis, en effet, et m'applique à travers la vie, non dans la tristesse et les lamentations, mais dans la tranquillité joyeuse et la gaîté. »

Autrement dit, c'est dans la certitude du déterminisme absolu, dans la conviction inébranlable que, le libre arbitre n'étant qu'une illusion, Dieu est responsable de tout et moi de rien, que je puis trouver la tranquillité d'âme ainsi qu'une joie parfaite associées au salut, c'est-à-dire au sentiment presque expérimental que, même si une partie négligeable de moi finit évidemment par mourir (mon corps matériel, qui est mortel, finira bien un jour par se fondre dans la nature...), je suis *pour l'essentiel* (c'est le mot qui convient car il s'agit ici de mon essence immuable en Dieu) éternel en tant que je vis dans une vérité qui est elle-même éternelle. Bref, le salut parfait s'atteint par la raison parfaite, par la connaissance du troisième genre et l'amour intellectuel de Dieu (la mise de mon esprit en adéquation avec la fin du DVD). Sans ce rationalisme et ce déterminisme qui se veulent absolus, le trouble reviendrait immédiatement dans nos âmes en même temps que le sentiment de responsabilité et, avec ce dernier, s'installeraient à nouveau les passions tristes, à commencer par la culpabilité, l'espérance et l'indignation, de sorte que de proche en proche, si l'on renonçait au déterminisme, il ne resterait rien, rigoureusement rien, de la prétendue sagesse spinoziste hors quelques banalités à l'usage des théories actuelles du développement personnel et de la psychologie positive, rien de la sérénité joyeuse dont nous avons vu que Spinoza avoue lui-même n'y parvenir que sur fond de ce « rationalisme théologique » qui en est l'unique, indispensable et irremplaçable condition.

On doit donc en conclure en bonne logique, *more geometrico* dirait Spinoza, que le sage, comme du reste l'ignorant, est lui-même un produit déterminé de Dieu et non un produit de ses libres choix. Présenter la pensée de Spinoza comme un guide qui pourrait nous faire changer, qui pourrait nous aider à aller vers plus de sagesse en *choisissant* la voie qui y conduit, celle de la connaissance plutôt que celle de l'ignorance, relève donc d'une imposture intellectuelle manifeste, puisque dans nos vies, que ce soient des vies d'ignorants ou des vies de sages, il n'y a de toute façon aucun choix possible, tout étant déjà réglé par Dieu de toute éternité, y compris le fait que je tombe un jour sur un livre de Spinoza ou sur un professeur qui m'en transmette le contenu. On ne peut pas s'amuser à réintroduire un peu de liberté ici ou là, quelques failles dans l'histoire, quelques bifurcations dans le film, pour faire croire à ses étudiants ou à ses lecteurs que le spinozisme peut être un guide vers la sagesse, car c'est justement le fait que tout est absolument prédéterminé, nos actes aussi bien que nos pensées et nos intentions, qui permet de se débarrasser des passions tristes pour parvenir à la joie véritable, à l'*amor fati* ou, comme dit encore Nietzsche dans le même esprit que Spinoza, à l'« **innocence du devenir** ».

Précisons encore ce point, car il est systématiquement occulté par les spinozistes, et on comprend bien pourquoi : le rôle de guide, pour ne pas dire de gourou, s'effacerait à jamais si les disciples potentiels comprenaient que, de toute façon, tout est déjà joué.

*5) Puisque tout est déjà écrit, l'*Éthique* de Spinoza ne peut en aucun cas être un guide vers la sagesse. Est sage celui qui est destiné de toute éternité par Dieu à être sage et ignorant celui qui est destiné de toute éternité à le rester, et s'il peut arriver que ce dernier s'élève vers la sagesse, ce ne saurait être par un choix libre, mais parce que Dieu a organisé les choses pour lui de cette manière-là et pas autrement.*

Dans son livre *Le Miracle Spinoza*, Frédéric Lenoir fait miroiter à son lecteur, du reste comme Spinoza semble enclin à le faire lui-même dans les toutes dernières lignes de l'*Éthique*[1], la possibilité d'un itinéraire

1. Citons Spinoza : « Le sage (au contraire de l'ignorant), ne connaît guère d'émotions, il est conscient de lui-même, de Dieu et des choses par une sorte de nécessité éternelle, et ne cessant jamais d'être, il jouit toujours de la vraie satisfaction de l'âme. Si la voie dont j'ai montré qu'elle conduit à ce but semble bien escarpée, elle est pourtant accessible. Ce qu'on atteint si rarement doit être bien ardu. Comment serait-il possible, en effet, si le salut était tout proche et qu'on pût le trouver sans grand

magnifique vers la sagesse, pourvu qu'il s'y efforce avec ardeur et sincérité. Lenoir nous rappelle qu'à ses yeux **« tout le parcours de l'*Éthique* est un chemin de la servitude vers la liberté, de la tristesse vers la joie »** (p. 116), donc une voie « possible » vers cette béatitude qui va de la haine à l'amour, de l'anxiété à la sérénité, de l'ignorance à la connaissance, de la folie à la sagesse et, *last but not least*, de l'angoisse de mort au sentiment que nous sommes nous-mêmes éternels et que, pour le sage authentique, la mort n'est « presque rien ». En quoi l'*Éthique* apparaît bien comme une formidable doctrine du salut, une « sotériologie » comme le dit un autre penseur spinoziste, Robert Misrahi, dans la préface à sa traduction du maître livre de Spinoza.

Qui pourrait être hostile à une promesse aussi merveilleuse ? Le problème, c'est que selon le déterminisme absolu dont nous avons vu comment il fonde la sagesse en même temps que le rejet des passions tristes, ce

---

travail, qu'il fût négligé par presque tous ? Tout ce qui est précieux est aussi difficile que rare. » Passons, pour l'instant (nous y reviendrons un peu plus loin), sur cette idée, à mes yeux tout à fait invraisemblable, que le sage n'a plus ou presque plus d'émotions (ce qui me semblerait définir davantage un robot qu'un véritable sage) ; passons aussi sur le fait qu'il ne « cesse jamais d'être », qu'il est dans l'éternité (une croyance qui, là encore, me semble plus inquiétante, voire délirante, que sage, nous y reviendrons aussi). Ce qui m'intéresse pour l'instant dans ce texte, ce qui me semble en lui le plus frappant, c'est qu'il est parfaitement contradictoire : d'un côté il précise, déterminisme oblige, que le sage n'est sage que par une « **sorte de nécessité éternelle** » puisque c'est par Dieu qu'il est sage, mais en même temps, le texte laisse quand même penser qu'en y « **travaillant** », bien que ce soit « **difficile, précieux et rare** », on pourrait s'efforcer d'atteindre la sagesse, alors que, selon la doctrine la plus constante de Spinoza lui-même, l'ignorant est déterminé à être ignorant comme le sage à être sage, et que si le premier devait un jour passer d'un état à un autre, ce serait là encore par la volonté (la puissance) de Dieu, mais bien évidemment en rien par son libre arbitre.

chemin est déjà parcouru de toute éternité. Il n'y a donc pas une virgule qu'on puisse y changer, en quoi l'*Éthique* ne peut rien, ni pour vous, ni pour moi. C'est seulement en se plaçant en pensée du point de vue de Dieu, à la fin de l'histoire, qu'on peut comprendre combien il est vain de s'indigner, de se troubler face à tel ou tel événement, de tomber dans des passions tristes telles que la colère, l'espérance ou le jugement moral, de reprocher quoi que ce soit à qui que ce soit, pas même au pire des salauds : plus de remords, de regrets, de honte, de crainte, d'indignations, de colères, d'espoirs, ni de culpabilités à avoir, mais pas davantage non plus d'éloges, de valorisations, ni de jugements moraux quels qu'ils soient puisque la nécessité qui préside à nos actions comme aux intentions qui les accompagnent est d'une rigueur d'airain. De là la sérénité supposée du sage authentique.

Dans ces conditions, présenter l'*Éthique* comme une aide « miraculeuse » qui « pourrait » (ah bon, il y a maintenant des possibles ?) réorienter nos vies, comme si on « pouvait choisir » (?) de réorienter quoi que ce soit dans un cours du monde déjà écrit de toute éternité alors que « **l'éternité ne peut se définir par le temps, ni comporter aucune relation au temps** » (*Éthique*, V, prop. 23, sc.), comme si on avait un choix à faire entre suivre son chemin vers la béatitude ou refuser de le faire parce que c'est trop difficile, relève donc, selon le système de Spinoza lui-même, du plus pur délire. Or c'est ce piège que les spinozistes ne peuvent que rarement (à vrai dire jamais) éviter tant il est facile de se laisser aller à donner des conseils, à faire des recommandations, à se présenter soi-même à ses lecteurs comme une espèce de médecin de l'âme ainsi que le faisaient volontiers les sages anciens. Voici quelques exemples de ce spinozisme antispinoziste, de cette réintroduction d'une petite parcelle de libre arbitre et de possibles dans le livre de Frédéric Lenoir sur Spinoza :

– Page 157, à propos des mauvaises rencontres qui provoquent de la tristesse en amoindrissant nos forces vitales, et des bonnes qui, au contraire, les intensifient et engendrent la joie : « **On peut,** écrit Lenoir, **se laisser flotter au gré de la fortune, c'est-à-dire des bonnes ou des mauvaises rencontres de la vie, sans discernement, ni capacité à les susciter ou à les éviter. C'est ainsi que nous vivons spontanément, nous dit Spinoza. [...] Mais nous pouvons aussi prendre notre destinée en main et décider de devenir plus lucides sur nous-mêmes et sur les autres, d'acquérir une meilleure connaissance des lois universelles de la vie et de notre nature singulière.** » Vraiment ? On « peut » faire ça ? Le monde est-il tout à coup redevenu plein de possibles et de choix libres ? On « pourrait » donc à la fois prétendre qu'il est « possible » de prendre sa destinée en main et déclarer par ailleurs qu'elle est entièrement pilotée par Dieu de toute éternité jusque dans les moindres détails, y compris dans nos intentions et nos désirs ? Balayant d'un revers de main ce que le spinozisme a de plus fondamental, à savoir le déterminisme absolu, le professeur de sagesse retrouve ainsi sa place en même temps que son élève sa liberté de choix et la maîtrise de sa vie, le tout au prix d'une incohérence si colossale qu'on se demande par quelle étrange logique des intérêts et des passions elle a pu passer inaperçue.

– Autre exemple, page 164, où la contradiction devient si possible plus éclatante encore. Nous sommes parfois, écrit Lenoir, le jouet de mécanismes inconscients, et en cela nous sommes déterminés par eux et nous perdons notre liberté. Fort bien, mais lisons la suite : « **Lorsque nous prenons conscience de cette cause inconsciente, nous pouvons nous en émanciper. Car c'est la connaissance des causes qui libère et nous permet d'agir de manière lucide en orientant notre action et nos choix vers ce qui nous fait grandir et nous met dans une véritable joie active.** » Cher Frédéric, comment peux-tu ne pas voir que Spinoza ne cesse d'écrire et de penser presque à chaque page de l'*Éthique* que la faculté de choisir est l'archétype du délire et que c'est justement la connaissance adéquate des causes qui nous en libère en même temps que des passions tristes, en nous permettant de comprendre que tout est joué de toute éternité et qu'aucun choix n'est possible ? Comment peux-tu affirmer et nier dans la même phrase le libre arbitre sans t'apercevoir que quelque chose ne va pas ?

On nage ici dans ce que les logiciens appellent une « contradiction performative » dont le modèle est le suivant : « J'étais dans un bateau qui a fait naufrage et il n'y a pas eu de survivant », phrase où le narrateur ne se rend pas compte que l'énoncé contredit l'énonciation. Tu affirmes avec Spinoza que le libre arbitre (la liberté de choix) est un délire qui est la cause de tous nos maux (les passions tristes qui reposent sur l'idée que le réel pourrait et devrait être autre qu'il n'est), et en même temps tu poses que, grâce à un peu de lucidité, on « peut » « choisir » de réorienter librement nos actions ! Comme dans la déclaration du naufragé qui s'oublie lui-même, le spinoziste s'oublie lui aussi en affirmant deux choses résolument contradictoires : d'un côté que c'est grâce à la prise de conscience du déterminisme, donc grâce à l'affirmation finalement rassurante que les notions de responsabilité et de choix libre entre des possibles relèvent du délire que j'évacue les passions tristes ; et, de l'autre, que je peux et dois choisir librement de prendre mon destin en main et de réorienter ma vie dans la bonne direction, celle de la connaissance du troisième genre et de l'amour intellectuel de Dieu... qui nient la possibilité même de ce choix en tant que choix libre !

– Plus singulier encore, page 159 : « **C'est là qu'intervient la raison,** affirme l'ami Lenoir : **elle nous aide à dépasser les affects de plaisir et de déplaisir pour choisir ce qui nous fait du bien [...] et renoncer à ce qui nous fait du mal.** » Cher Frédéric, là encore : pour Spinoza, la raison authentique ne nous fait saisir qu'une seule chose, à savoir que tout a une cause, que tout dans nos vies est déterminé de toute éternité et qu'en conséquence la notion de choix entre le bon et le mauvais est l'absurdité par excellence. Seule cette conviction, à laquelle on ne parvient qu'avec une connaissance adéquate (« amour intellectuel de Dieu », « connaissance du troisième genre »), fonde la sagesse et la sérénité ultimes puisque nous n'avons plus aucune responsabilité, ni sur notre vie ni sur le cours du monde, donc plus aucune passion triste à subir.

– Presque à chaque paragraphe, la même contradiction revient. Exemple pages 167-168 : « **Le désir n'est pas dangereux en soi, il ne faut surtout pas le supprimer, mais le guider [...]. Il ne faut pas diminuer ou supprimer le désir, mais l'orienter par la raison, apprendre à l'orienter [...]. Ce qu'il faut, ce n'est pas diminuer la force du désir, c'est le réorienter lorsqu'il est mal dirigé et que nous sommes malheureux [...]. Il faut guider le désir par la raison et la volonté et le réorienter vers des biens véritables qui élèvent l'homme au lieu de l'avilir ou le rabaisser** », etc., etc., etc., soit une invraisemblable pléiade d'« il faut », d'impératifs catégoriques

(p. 171 : « **Grandis dans ton désir, réoriente-le, ne te trompe plus de cible** ») et de « tu dois ! », à vrai dire tout à fait kantiens et radicalement antispinozistes, que le professeur de sagesse doit bien réintroduire en fracturant le déterminisme, faute de quoi il risque fort de se retrouver au chômage : à quoi bon délivrer des leçons de vie et de sagesse si aucun de ses disciples ne dispose de la moindre marge de manœuvre pour réorienter sa vie à partir des excellents conseils du maître ? Comme par antiphrase, Lenoir ne craint pas d'écrire dans la même page : « **Nous sommes bien loin d'une morale du devoir** », au moment même où nous venons de retomber dedans à pieds joints : car réorienter ses désirs à l'aide de la raison, à coups d'« il faut ! » et de « tu dois ! », c'est là très exactement ce que le premier kantien venu considère comme le b.a.-ba du devoir, donc d'une vision morale du monde qui, comme l'écrit encore Lenoir en croyant qu'il s'oppose à Kant, alors qu'il le recopie mot pour mot, est juste « **parce qu'elle est réglée par la raison et ne saurait comme telle nuire à autrui** »...

On pourrait être tenté, comme le fait d'ailleurs Lenoir à la fin de son livre[1], de dire qu'au fond, ces

1. « **Je suis convaincu,** écrit Lenoir, **que la raison logique ne peut pas tout expliquer, et j'émettrai aussi des doutes sur le déterminisme absolu sur lequel se fonde un tel système. À cet égard, je renvoie à la critique radicale – mais honnête et brillante – du système spinoziste qu'a effectuée Luc Ferry. Même si le système a ses limites, cela ne veut pas dire que tout s'effondre comme un château de cartes comme le pense Luc Ferry qui juge l'entreprise spinoziste délirante.** » Comme je le montre ici même, il est pourtant bel et bien clair que tout s'effondre sans le déterminisme qui fonde la doctrine de la sagesse et du salut. Émettre des doutes sur ce déterminisme, c'est évidemment ruiner tout le reste et Spinoza lui-même n'aurait jamais accepté une seconde qu'on sépare rationalisme absolu, donc déterminisme, et sagesse pratique.

contradictions sont sans importance, qu'on peut picorer dans la pensée de Spinoza, prendre un peu au hasard quelques préceptes de sagesse, des bons conseils de vie, et laisser de côté un système dogmatique « excessif » avec ses théories métaphysiques trop anciennes ou trop rigides pour valoir aujourd'hui. On garderait ainsi la vérité pratique, sans se soucier d'une gangue théorique un peu trop dogmatique pour être honnête. Le problème, avec cette stratégie désespérée, c'est qu'elle refuse de voir, à l'encontre exact de ce que Spinoza ne cesse de penser et d'écrire, que ce sont bel et bien les bases du système qui seules fondent la sagesse pratique, la doctrine du salut, l'absence de trouble, la promesse de bonheur et de joie éternelle. Dans ces conditions, quel sens peut-il encore y avoir à présenter la sagesse, en l'occurrence la connaissance du troisième genre et l'amour intellectuel de Dieu, comme un choix entre deux modes de vie, entre deux options, la vie philosophique du sage d'un côté ou la vie quotidienne des ignorants de l'autre ?

Dans le même sens que Lenoir, Robert Misrahi, lui aussi fervent spinoziste, ne cesse de dire et de répéter, dans la présentation de sa traduction de l'*Éthique*, que Spinoza étant un type épatant, un vrai démocrate, il tiendrait pour assuré que tout le monde peut parvenir à la sagesse, que cette dernière n'est pas réservée à une élite, qu'il y faut seulement du « **courage** » et de la « **fermeté dans ses résolutions** » (*sic* !). Mais que peuvent bien vouloir dire ces formules dans un monde où le courage entendu au sens ordinaire du terme, comme lutte d'un libre arbitre contre des penchants naturels au nom d'un idéal plus rationnel, n'a rigoureusement aucun sens ? Comment prétendre sans contradiction manifeste que tout le monde peut parvenir à la sagesse alors que ce simple mot, « peut », suppose des possibles dont on n'a cessé d'écarter l'existence ? La cohérence consisterait à se borner à constater que certains sont sages et d'autres non, que parfois certains non sages deviennent plus sages, mais qu'en toute hypothèse, tout cela est de l'ordre de la nécessité et ne relève d'aucun choix d'aucune sorte. Misrahi, entrevoyant malgré tout le problème, tente désespérément de résoudre la contradiction en essayant de montrer que le passage de l'ignorance à la sagesse peut se faire sans recourir au libre arbitre, mais simplement en modifiant les désirs des humains :

« **Le problème du passage de l'ignorance à la sagesse,** écrit-il en ce sens, **devient simple à formuler : puisqu'on ne renonce à rien, qu'un désir ne peut être chassé que par un autre plus grand, tout le problème revient à savoir comment installer un "nouveau désir", qui ne soit plus celui de l'ignorant, mais un désir de sagesse**[1]**.** » Bon Dieu, mais c'est bien sûr ! Il suffisait d'y penser ! Ce ne serait donc pas sur je ne sais quel libre arbitre illusoire que se fonderait la conversion, la nouvelle quête de la sagesse chez l'ignorant, mais « **c'est sur la théorie**

1. On notera encore, pour éviter une erreur d'interprétation fâcheuse, la formule célèbre (*Éthique*, III, 9, sc.) selon laquelle ce n'est pas parce qu'une chose est bonne que je la veux, mais parce que je la veux qu'elle est bonne. On pourrait penser qu'une telle formule peut justifier les pires méfaits. Le bourreau veut vraiment tuer sa victime innocente, est-ce bien pour autant ? Pour lui, oui, mais en soi ? En fait, la formule de Spinoza ne vaut que pour le désir parfait, de l'homme parfait, donc pour la totalité du bien : quand je comprends le monde, je ne peux vouloir que le bien total, la sagesse... Seule la connaissance du troisième genre peut définir le bien véritable et à ce niveau-là le sage est toujours dans la bonté et la délivrance à l'égard des passions : il n'a plus de sexualité, il est dans la compassion, l'amour, le désir d'être rejoint par les autres pour qu'ils soient heureux comme lui, etc. Bref, il pratique la vertu et la moralité chrétiennes les plus parfaites, ce qui, on l'accordera, tombe rudement bien !

même du désir que s'appuie non seulement le désir d'une autre existence, mais la possibilité même d'entreprendre le travail réflexif qui seul conduira à cette autre existence du désir. Le *conatus* est à la fois l'origine de la décision éthique et la condition de possibilité de sa mise en œuvre. C'est sur la base du désir que la conscience désirante peut envisager sa transmutation : le nouvel homme (la nouvelle attitude concrète dans l'action et dans la vie) se construit à partir de l'homme, par l'homme lui-même et pour l'homme. Le *conatus* est bien le fondement de la vertu. »

Magnifique ! L'homme qui entrevoit ne serait-ce qu'un instant tout ce que la sagesse pourrait lui apporter, la joie éternelle, le sentiment d'éternité, une victoire définitive sur les passions tristes et sur la crainte de la mort, ne peut dès lors, changeant ses mauvais désirs pour des bons, que se lancer dans l'« opération sagesse » ! Seul problème, mais il est de taille : qui a décidé que tel allait entrevoir toutes ces merveilles et tel autre non, sinon Dieu, le grand metteur en scène qui a attribué de toute éternité à chacun son essence et sa puissance ? Comment Lenoir et Misrahi peuvent-ils ne pas voir que cette modification du désir elle-même, ou bien suppose une faille dans le déterminisme, un retour à l'idée de libre arbitre, ce qui est impossible chez Spinoza, ou bien est déjà, comme tout le reste, écrite et déterminée par Dieu de toute éternité ?

6) L'inextricable question du mal

La tentative des spinozistes pour réintroduire quelques marges de manœuvre dans le déterminisme absolu est vouée d'emblée à l'échec, comme l'avait d'ailleurs vu un contemporain de Spinoza, Blyenbergh (dans la lettre 22 qu'il adresse à l'auteur de l'*Éthique*), un excellent lecteur dont Deleuze fut bien obligé, manifestement à regret, de saluer la perspicacité[1]. L'argumentation de Blyenbergh est si parfaite qu'elle allait exaspérer Spinoza au point qu'il finira par perdre son sang-froid et envoyer tout simplement balader son interlocuteur à défaut d'être capable de répondre sérieusement aux objections imparables qu'il lui adresse[2]. J'invite mon lecteur à lire attentivement cette lettre dont on comprend pourquoi elle est insupportable aux yeux des spinozistes, attendu que son argumentation est tout simplement implacable :

« **Vous dites,** écrit Blyenbergh, **qu'appartient à l'essence d'une chose cela seul que lui concèdent et lui accordent réellement la volonté et la puissance de Dieu. [...] Il suit de là infailliblement qu'au regard de Dieu, je suis aussi parfait dans mes œuvres quand je commets des crimes de tout genre que quand je pratique la vertu et la justice. À mon essence, à ce moment en effet, n'appartient rien de plus que ce qui détermine mon acte car, suivant votre thèse, je ne puis dans mes actes**

1. Dans son petit livre sur la philosophie pratique de Spinoza (*Spinoza. Philosophie pratique*, Minuit, 1970) : « **Bien qu'il ne connaisse pas l'*Éthique* [...], Blyenbergh ne cesse de poser des questions essentielles qui vont au cœur du spinozisme, il force Spinoza à multiplier les exemples, à développer des paradoxes, à isoler une très étrange conception du mal** », ce qui entraîne Spinoza à « **quitter sa propre prudence et à se démasquer** ». Bien vu, en effet...

2. « **Quant aux conséquences que vous vous imaginez pouvoir tirer de ma lettre, je ne vous sais aucun gré. Qu'y avait-il, je vous le demande, dans cette lettre qui vous permît de m'attribuer des opinions telles que celles-ci : les hommes sont semblables aux bêtes, ils meurent et périssent de même manière, nos œuvres déplairont à Dieu, etc. ?** » (lettre 21). Par la suite, Spinoza finira par envoyer balader son interlocuteur en lui disant, avec plus de fermeté que d'aménité, qu'il est si évidemment fermé à toute argumentation rationnelle qu'il est vain de continuer la discussion...

manifester ni plus ni moins de perfection que je n'en ai effectivement reçu, le désir des plaisirs et des crimes appartient à mon essence dans le temps que j'agis et, à ce moment-là, c'est précisément cette essence et non une plus haute que je reçois de la puissance de Dieu. Donc la puissance divine n'exige pas de moi d'autres œuvres que celles-là. Et il me semble ainsi découler de votre thèse que Dieu veut les crimes en même manière que ce que vous décorez du nom de vertu insigne. »

Il y a sans doute des gens qui liront Spinoza et qui en feront peut-être même leur miel, parce que c'est dans leur essence de le faire, et d'autres pas, et ce pour des raisons tout aussi déterminées de toute éternité, en quoi ni les uns ni les autres ne sont responsables de quoi que ce soit, ni de leur sagesse, ni de leur ignorance, comme le comprend, là encore avec une belle perspicacité, Blyenbergh dans ce passage qu'il faut lire avec la plus grande attention :

« Vous dites que les gens intègres servent Dieu et qu'en le servant, ils se rendent constamment plus parfaits, mais je ne vois pas ce que vous entendez par ces mots : "se rendre plus parfaits" ni ce que signifient ceux-ci : "se rendre constamment plus parfaits", car les uns et les autres accomplissent en même manière la volonté de Dieu conformément au décret divin. Quelle différence peut-il donc y avoir du point de vue de Dieu entre ces deux classes d'hommes ? Et si l'acquisition continue d'une perfection plus grande découle, en effet, non des œuvres, mais de la seule volonté de Dieu, il ne peut donc y avoir de différence entre eux du point de vue de Dieu. Quelles sont donc les raisons qui font que les uns deviennent par leurs œuvres constamment plus parfaits et les autres pires ? Je ne puis trouver dans vos écrits aucune règle suivant laquelle une chose soit dite

plus parfaite ou moins parfaite sinon que sa perfection se mesure à l'essence qu'elle possède. Si telle est la mesure, les crimes sont donc au regard de Dieu et pour lui aussi agréables que les œuvres des hommes justes, car Dieu agissant en tant que Dieu veut ces choses de la même manière puisqu'elles découlent également de son décret et ainsi elles sont équivalentes au regard de Dieu. Si la seule mesure de la perfection est ce que vous dites, alors les erreurs ne peuvent être appelées erreurs qu'improprement, car en réalité il n'y a point d'erreurs, il n'y a point de crimes et toute chose existante ne peut comprendre que l'essence que Dieu lui a donnée, essence qui, quelle qu'elle puisse être, enveloppe une perfection. J'avoue que je ne puis percevoir cela clairement et vous m'excuserez de vous demander si l'homme qui tue son semblable plaît à Dieu autant que le distributeur d'aumône. »

Face à la perspicacité des objections de son interlocuteur auxquelles sa philosophie est incapable d'apporter la moindre réponse cohérente, Spinoza se voit contraint de jouer la carte de toute théodicée : le réel en totalité étant parfait, le mal n'a aucune existence *en soi*. Du point de vue de Dieu (ou en soi), il n'y a donc ni erreur, ni crime, ni bien, ni mal, ces fausses réalités n'ayant d'existence que du point de vue de l'ignorant, le criminel faisant partie de la perfection de l'ensemble au même titre que le saint et le sage. Il en va ici comme dans notre film où l'assassin est indispensable au policier et le salaud à l'homme juste. Mais c'est là très exactement ce que dit Blyenbergh ! Bien entendu, j'y insiste à nouveau, car les spinozistes aiment imaginer qu'on a mal saisi leur notion de la perfection : il y a, au sein de la perfection globale de la création (du film), des êtres plus ou moins parfaits, des degrés de perfection, des rats et des anges, des saints et des brigands, des ignorants et des sages, mais à l'instar des bons et des méchants dans le film, tous sont voulus par la puissance divine (par le scénariste) et comme tels, tous sont également nécessaires à la perfection de l'ensemble. Sans les rats, les salauds et les ignorants, le réel ne serait pas parfait. CQFD.

La question n'est donc pas celle du jugement de valeur auquel Spinoza, non sans une certaine mauvaise foi, fait semblant d'accorder une place (« **le rat n'est pas un ange** »), mais seulement celle-ci : le saint et le salaud sont-ils, oui ou non, « voulus » à égalité, l'un comme l'autre, par Dieu et, dans ces conditions, font-ils tous les deux partie de la perfection du réel ? La réponse est forcément oui. Hitler (le rat) n'est pas Etty Hillesum (l'ange), mais les deux ont une essence, donc un degré de perfection, un degré certes différent (Hillesum est meilleure que Hitler), mais qui n'empêche nullement que les deux soient également « voulus[1] » par la puissance divine et, par là même, nécessairement parties prenantes de la perfection du réel. Comme dans toute théodicée, le mal n'est donc rien en soi, juste une privation d'être ou, pour reprendre le vocabulaire de Spinoza, un moindre degré de puissance. Le méchant n'est qu'un homme triste, puisque la tristesse n'est que le symptôme de sa moindre puissance, ce qui permet à Spinoza d'espérer s'en tirer en répondant ceci à Blyenbergh, qui ne résout pourtant rien à la difficulté de fond que son interlocuteur a fort justement soulevée :

« **Je pose en principe, en premier lieu, que Dieu est cause absolument et réellement de toutes les choses,**

1. Je mets le mot entre guillemets car il ne s'agit pas d'une volonté consciente comme la nôtre, attendu que Dieu étant un être infini, non limité par un « non-moi », il ne peut pas être doté de conscience.

quelles qu'elles soient, qui possèdent une essence. Si donc vous pouviez démontrer que le mal, l'erreur, les crimes, etc. sont des choses exprimant une essence, je vous accorderais sans réserve que Dieu est cause des crimes, du mal, de l'erreur, etc. Je crois avoir suffisamment montré que ce qui donne au mal, à l'erreur, au crime, le caractère d'acte mauvais ou criminel et de jugement faux, ce qu'on peut appeler la forme du mal, de l'erreur, du crime, ne consiste en aucune chose qui exprime une essence et en conséquence on ne peut dire que Dieu en soit la cause. »

Ici encore, comme chez Leibniz[1], le mal n'étant que privation, il est sans cause, donc Dieu n'en est pas responsable. Mais la réponse tourne à la farce, car si Dieu n'est pas responsable de ce qui n'est rien, il l'est (au sens où sa puissance l'a créé) de ce qui est tout, donc du criminel qui commet les meurtres, car ce criminel, lui, n'est pas rien, il est un être bien réel au sein de la totalité du monde et, comme tel, il est voulu par

1. Du reste, que l'*Éthique* soit d'abord et avant tout, comme le système de Leibniz, une théodicée, une négation du mal qui lave Dieu de toute accusation, c'est ce que Spinoza, sans employer le mot, dit très bien lui-même quand il reconnaît que la hiérarchie des êtres (leurs « **degrés de puissance** », donc de perfection) implique forcément l'existence apparente du mal (apparente = du point de vue de l'ignorant, mais pas en vérité, en soi ou du point de vue de Dieu) : « **On a souvent l'habitude de raisonner de la manière suivante : si toutes choses ont résulté de la nature suprêmement parfaite de Dieu, d'où proviennent donc tant d'imperfections dans la nature, comme la corruption fétide, la laideur nauséabonde, la confusion, le mal, la faute, etc. ? Il est aisé, comme je viens de le dire, de réfuter cet argument. [...] À ceux qui demandent pourquoi Dieu n'a pas créé les hommes tels qu'ils puissent se gouverner eux-mêmes sous la seule conduite de la raison, je ne donne qu'une réponse qui est que la matière ne lui a pas manqué pour créer toutes sortes de choses, depuis le plus haut degré de perfection, jusqu'au plus bas...** » (*Éthique*, Appendice à la partie I).

la puissance divine comme le soulignent d'ailleurs ces mots de Spinoza lui-même :

« L'amour, la haine, la colère, l'envie, l'orgueil, la pitié et les autres mouvements de l'âme sont à considérer, non comme des vices, mais comme des propriétés de la nature humaine, des manières d'être qui lui appartiennent comme le chaud et le froid, la tempête, le tonnerre et tous les météores appartiennent à la nature de l'air. Quels que soient les désagréments que puissent avoir pour nous ces intempéries, elles sont nécessaires, car elles ont des causes déterminées. »

Comme dans toute théodicée, le plaidoyer en faveur de la perfection divine comme de celle du monde passe par la négation pure et simple du mal « en soi » : étant donné que le mal n'est qu'une illusion, qu'il n'existe pas du point de vue de la vérité, du point de vue de Dieu ou du scénariste, il n'y a aucune raison d'accuser Dieu d'injustice – pirouette assez médiocre pour un grand philosophe, mais qui permet à Spinoza de croire (bien à tort) qu'il a cloué le bec de son interlocuteur. À ce niveau de connaissance, qui est réservé au seul sage, à celui qui est guidé sans faille par la raison, il n'y a évidemment plus ni bien ni mal au sens moral du terme (plus de blâme, ni d'éloge, ni de passions tristes d'aucune sorte, ce qui garantit la joie et la sérénité du rationaliste dogmatique) : si on parvient à penser le monde en se mettant du point de vue de Dieu, alors on doit évidemment comprendre et admettre que tout étant absolument nécessaire, tout arrivant par des causes, tout est parfait, les notions de bien et de mal étant pulvérisées, comme le souligne avec force l'*Éthique*, par exemple dans ce passage (IV, prop. 36, sc) :

« L'homme a l'âme forte met au premier plan le fait que tout suit de la nécessité de la nature divine ;

aussi considère-t-il que tout ce qu'il pense être un dommage ou un mal, tout ce qui lui paraît immoral, odieux injuste ou vil, ne lui semble tel que parce qu'il conçoit la réalité d'une façon trouble, confuse et mutilée ; c'est pourquoi il s'efforce de concevoir les choses telles qu'elles sont en elles-mêmes, d'écarter les obstacles à la connaissance vraie tels que la haine, la colère, l'envie, la raillerie, l'orgueil et d'autres affects semblables que nous avons examinés. »

Pourquoi le spinozisme ne peut ni ne pourra jamais éradiquer le langage de l'illusion et du délire, en particulier la référence au libre arbitre

Le sage est celui qui s'efforce de lire les passions humaines, de déchiffrer les actions des hommes comme s'il s'agissait de phénomènes naturels. L'Homme n'est pas un empire dans un empire, mais un morceau de nature comme un autre, de sorte qu'un génocide ou un meurtre atroce ne sont pas davantage un mal au sens moral du terme qu'une catastrophe naturelle[1]. C'est donc par commodité, mais surtout par incapacité à se

1. L'idée est développée à de nombreuses reprises par Spinoza, par exemple dans ce passage du *Traité politique* (I, 4) : « M'appliquant à la politique, j'ai mis tous mes soins à ne pas tourner en dérision les actions des hommes, à ne pas pleurer sur elles, à ne pas les détester, mais à en acquérir une connaissance vraie : j'ai aussi considéré les affections humaines telles que l'amour, la haine, la colère, l'envie, l'orgueil, la pitié et les autres mouvements de l'âme, non comme des vices, mais comme des propriétés de la nature humaine : des manières d'être qui lui appartiennent comme le chaud et le froid, la tempête, le tonnerre et tous les météores appartiennent à la nature de l'air. Quels que soient les désagréments que puissent avoir pour nous ces intempéries, elles sont nécessaires, ayant des causes déterminées par lesquelles nous nous appliquons à en connaître la nature, et quand l'âme a la connaissance vraie de ces choses, elle en jouit tout autant que de la connaissance des choses qui donnent à nos sens de l'agrément. »

placer du point de vue de Dieu, que nous, êtres finis, continuons à utiliser dans la vie courante le vocabulaire de la morale, du libre arbitre, de la responsabilité, et par là même celui du bien et du mal. Spinoza a abordé lui-même le problème soulevé par la persistance dans la vie de tous les jours, et même dans celle du sage, de ce vocabulaire pourtant inadéquat : pourquoi, en effet, maintenir un langage qui renvoie aux illusions les plus funestes en même temps qu'aux passions tristes ? Spinoza répond à cette question délicate dans la préface de la partie IV de l'*Éthique* : après avoir rappelé que le vocabulaire du bien et du mal est en soi ou en vérité inadéquat, donc en principe à bannir pour le sage, Spinoza précise pourquoi il faut malgré tout le conserver dans la vie ordinaire :

« **Bien qu'il en soit ainsi, cependant, il nous faut conserver ces vocables (inadéquats). Désirant, en effet, former une idée de l'homme qui soit comme un modèle de la nature humaine placé devant nos yeux, il nous sera utile de conserver ces vocables dans le sens que j'ai dit. J'entendrai donc par bon, dans ce qui va suivre, ce que nous savons avec certitude être un moyen de nous rapprocher de plus en plus du modèle de la nature humaine que nous nous proposons. Par mauvais, au contraire, ce que nous savons avec certitude nous empêcher de nous en rapprocher. Nous dirons en outre les hommes plus ou moins parfaits suivant qu'ils se rapprocheront plus ou moins de ce même modèle** », le modèle en question étant bien entendu celui du sage qui se rapproche au maximum du point de vue de Dieu (de la connaissance du troisième genre).

Fort bien. Mais pourquoi faut-il conserver de telles formules alors qu'avec ces catégories fallacieuses du bien et du mal, de la morale commune et des ignorants, ce sont aussi les catégories du possible, du libre arbitre et de l'idéal opposé au réel qui s'engouffrent dans la porte ainsi entrouverte ? Pourquoi au juste faut-il revenir au langage du sens commun, retrouver la morale commune ? Qu'est-ce qui explique au juste que l'on ne puisse jamais éradiquer l'illusion des possibles, du libre arbitre, la distinction du bien et du mal, ni, du coup, la résurgence des passions tristes ? Pourquoi l'être humain, y compris le sage qui devrait pourtant pouvoir s'en passer, est-il en permanence contraint de sombrer dans les contradictions d'un vocabulaire sans cesse inadéquat ?

De deux choses l'une, en effet :

– Ou bien le point de vue de Dieu est bien celui de la vérité et il est réel, démontré par la fameuse preuve ontologique (il n'est pas seulement une simple idée régulatrice, comme chez Kant, ou un simple objet de foi, comme chez un croyant ordinaire), et alors il est tout à fait insensé de continuer à parler de possible, de bien et de mal, de libre arbitre, de céder aux passions tristes puisque je sais que c'est faux, erroné, voire « délirant ». Même si je ne peux pas m'en empêcher parce que je ne suis pas omniscient, même si je sais que je ne parviendrai jamais à une parfaite connaissance du troisième genre, je sais au moins une chose, c'est que le langage des possibles et du jugement moral est faux, plein d'illusions, et qu'il entraîne avec lui le fléau des passions tristes. Comme je sais que tout cela est non seulement illusoire mais qui plus est mauvais (nuisible) pour moi, je devrais m'en abstenir, et c'est du reste un tel renoncement aux illusions qui définit très exactement le périmètre de la sagesse qui est condition de la joie.

– Ou bien, étant donné que je n'arrive pas à éliminer cette fichue illusion des possibles et que je me vois sans cesse forcé de retomber dans le langage du délire, du libre arbitre, du bien et le mal[1], donc contraint d'utiliser en permanence des formules à double sens[2] et que je persiste à céder de temps en temps à des passions tristes, l'idée pourrait bien me venir après tout, du moins si j'accepte de réfléchir, c'est-à-dire de penser ma propre pensée, que c'est peut-être mon point de vue d'humain fini qui est le bon et que celui que j'imagine être celui de Dieu n'a ni réalité ni vérité, qu'il est seulement une « idée régulatrice », un simple objet de foi, un idéal de la raison situé à l'infini, inaccessible à jamais, à vrai dire impensable, irreprésentable (non schématisable dirait Kant[3]) et que, du coup, ce n'est

1. C'est ainsi que Spinoza explique que le repentir et la honte sont des passions tristes, certes, et dénuées de sens du point de vue de la sagesse et de la vérité, mais qu'elles n'en restent pas moins tout à fait utiles et même précieuses dès lors qu'il s'agit de maintenir les gens ordinaires dans le droit chemin (*cf. Éthique*, IV, 54, sc. et IV, 58, sc.). Pour ceux qui en restent au premier genre de connaissance, au monde de l'illusion et de l'ignorance, une bonne vieille morale commune fera l'affaire, et pour ceux qui sont dans l'amour intellectuel de Dieu, dans la vraie sagesse et dans la pure raison, de toute façon tout va bien : leur degré de perfection garantit qu'ils ne seront point méchants et qu'ils vivront dans la joie.

2. Mes amis spinozistes sont friands de formules sublimes : « Toute vie humaine est désir, tout désir est de joie, toute joie est d'amour », etc., etc. Dit comme ça, ça donne envie. Qui pourrait être contre ? On se prendrait à y croire. On aurait tort : ces paroles sont à double sens, le sens philosophique n'ayant qu'un rapport très lointain avec le sens commun, le désir n'ayant, comme les jeunes soixante-huitards qui buvaient les paroles de Deleuze vont le découvrir avec effroi, qu'un lien infiniment ténu et fragile avec l'amour auquel ils songeaient. La vérité est que le malheureux sage, privé de sexe pour l'éternité, vit plutôt dans la tension négative et permanente en direction d'un idéal d'autant plus culpabilisant qu'il est radicalement inaccessible, en quoi la fameuse joie spinoziste, que certains voudraient très « corporelle », s'avère en réalité tout intellectuelle, fort peu sensible, encore moins sensuelle.

3. Schématiser un concept, c'est lui faire correspondre dans le temps et dans l'espace une intuition, une représentation sensible concrète, seul

peut-être pas moi qui délire quand je m'indigne, quand je juge, quand je m'inquiète parce que mon enfant est malade et que je pense qu'il y a plusieurs solutions possibles pour le tirer d'affaire et que je me demande laquelle est la bonne, etc., mais que c'est le point de vue de Dieu et du rationalisme absolu adossés à l'argument ontologique qui sont délirants, et que lorsque je fais de ces points de vue des réalités absolues, je tombe lourdement dans l'irrationalisme, dans les pièges que Kant, Husserl, Heidegger ou Popper déconstruiront comme des archétypes d'illusions métaphysiques.

Toute l'*Éthique* tend ainsi vers une sagesse qui n'aurait de sens que d'un point de vue, celui de Dieu, du grand metteur en scène, posé dogmatiquement comme plus vrai que celui de l'Homme, alors même qu'il n'a aucun titre à le relativiser puisque c'est l'être humain qui a posé le divin et non l'inverse. Où le spinozisme apparaît peut-être comme un système grandiose, mais, au sens propre, délirant, hors réalité humaine. Du point de vue de Spinoza, celui qui en reste au fini délire, du point de vue de la réflexion et du rationalisme critiques, c'est le spinozisme qui délire, c'est lui qui nous a quittés, lui qui se meut dans une sphère idéelle où le

---

moyen de lui donner non seulement une vérité, mais aussi un sens, en quoi par définition même l'idée de Dieu est évidemment non schématisable et par là même dénuée de sens en ce qu'elle est, pour reprendre le vocabulaire de Descartes, certes concevable, mais néanmoins non compréhensible. Je peux bien définir l'entendement divin comme un entendement infini et omniscient, mais cela ne me donne pour autant aucune représentation concrète de ce à quoi il pourrait ressembler dans mon propre esprit. Essayez donc de voir le monde comme le verrait un dieu omniscient, vous m'en direz des nouvelles... En ce sens, la métaphysique dogmatique peut se définir au mieux comme un discours non représentable ou non schématisable par le sujet fini.

malheureux individu qui se laisse berner est obligé en permanence de dire des choses insensées que personne ne pense ni ne pensera jamais dans le monde réel. Le spinoziste a un intérêt rationnel puissant pour certains idéaux auxquels il ne peut pourtant jamais adhérer parce qu'il essaie de penser comme s'il était Dieu, alors qu'il n'est pas Dieu. Comme le type qui déclare avoir été sur un bateau qui a fait naufrage sans aucun survivant, le malheureux spinoziste fait tout son possible pour faire abstraction de lui-même, et cette abstraction de soi, de l'humain comme tel, possède quelque chose d'autant plus pathétique qu'elle est d'essence totalitaire : la totalité, en l'occurrence l'absolu métaphysique du *Deus sive natura*, prétend l'emporter sur l'être fini et Dieu sur l'Homme. D'où l'importance, à mes yeux, de lui opposer une résistance elle aussi résolue, comme j'ai tenté ici de le faire.

Pourquoi le prétendu « rationalisme absolu » est en réalité irrationnel, non scientifique et contradictoire

En général, quand on accepte de jouer le jeu rationnel du discours argumentatif, par exemple dans une plaidoirie, un débat philosophique, éthique ou politique, on évite par principe de se contredire ouvertement. Dans les dialogues de Platon, déjà, c'est en mettant ses interlocuteurs en contradiction avec eux-mêmes que Socrate tente de les disqualifier ou, à tout le moins, de les faire réfléchir davantage. Or il faut bien voir qu'il existe trois types de contradictions bien différents, des contradictions qui chacune posent des problèmes logiques et philosophiques spécifiques.

On distinguera d'abord des contradictions qui portent sur le sens des phrases ou des mots eux-mêmes (on les appelle dans le jargon des logiciens des contradictions

« syntaxico-sémantiques »). Ce sont les plus faciles à repérer. Par exemple, parler d'un « cercle carré » est par définition contradictoire et chacun peut le percevoir aisément. On peut ensuite rencontrer dans les discours des contradictions non plus seulement dans les termes ou à l'intérieur des phrases, mais dans l'enchaînement des propositions, dans ces raisonnements qu'on appelle des « syllogismes ». Exemple : Socrate est un homme ; or les hommes sont mortels ; donc Socrate est immortel. Là encore, il n'est pas difficile de voir que son interlocuteur se contredit. Ces deux premières contradictions sont en général celles qu'étudie la logique classique.

Mais il nous faut repérer encore un troisième type de contradictions, des contradictions que les logiciens appellent « performatives » ou « pragmatiques », mais que j'appellerai plus simplement « réflexives » parce qu'elles portent sur la façon dont nous regardons ce que nous disons, donc sur notre capacité d'autoréflexion. Elles sont parfois évidentes, mais parfois aussi, comme dans les discours sceptiques ou déterministes, beaucoup moins faciles à remarquer que les deux premières, car elles peuvent prendre des formes très sophistiquées. Elles ne portent, en effet, ni sur les termes utilisés, ni même sur la formation ou l'enchaînement des propositions, mais sur le rapport entre *l'énoncé* (ce qui est dit) et *l'énonciation* (celui qui le dit). Ces contradictions performatives ou réflexives peuvent être à leur tour de deux types. Elles peuvent d'abord être empiriques, simplement factuelles, et dans ces conditions, elles sont assez faciles à repérer, comme c'est le cas dans l'exemple que j'ai déjà donné : « J'étais sur un bateau qui a fait naufrage et il n'y a eu aucun survivant. » On comprend assez aisément que quelque chose cloche dans la phrase, mais ce qui cloche, c'est en réalité simplement le fait que c'est moi qui la prononce. Si un autre que moi énonçait la même phrase en disant : « Il était sur un bateau qui a fait naufrage et il n'y a pas eu de survivant », il n'y aurait plus de contradiction, en quoi la contradiction provient simplement du fait que je me suis oublié en parlant, que j'ai manqué d'autoréflexion.

Mais ces contradictions réflexives peuvent aussi être transcendantales, a priori, non empiriques, et c'est le cas quand elles nient les conditions générales de toute argumentation possible. Exemples : « Je n'existe pas ! », « Vous n'existez pas ! », « J'affirme par la présente que je n'ai aucune prétention à la vérité », « Je vous assure en toute liberté que je ne suis pas libre et que le déterminisme me contraint à vous dire ce que je vous dis »... C'est à ce dernier type de contradictions que le rationalisme critique, dont j'exposerai les principes au prochain chapitre, s'est plus particulièrement intéressé, la métaphysique dogmatique, dont le spinozisme constitue l'apogée, lui apparaissant à juste titre comme un discours qui nie celui qui l'énonce – ce qui est tout à fait compréhensible dès lors comprend, comme je l'ai montré dans ce qui précède, qu'il exige de nous que nous nous placions du point de vue de Dieu, c'est-à-dire d'un point de vue qui est très exactement la négation du nôtre. Par conséquent, si je prétends avec Spinoza que le sage doit se placer de ce point de vue pour parvenir à une juste compréhension du monde ainsi qu'à la sagesse véritable, alors j'énonce une exigence impossible à réaliser parce qu'elle nie le caractère essentiellement fini de celui qui la formule, à savoir un être humain qui ne pourra jamais voir le réel avec omniscience, du point de vue de la fin du film, parce que, tout simplement, cette fin n'existe pas – ce qui oblige à conserver des vocables inadéquats, ceux du bien et du mal, des passions tristes et du libre arbitre, sans jamais pouvoir les éradiquer, en quoi le dogmatisme de la métaphysique est bel et bien totalitaire, négation de l'humanité de l'Homme.

7) La mort n'est (presque plus) rien pour le sage

Enfin, cerise sur le gâteau de cette doctrine du salut d'essence métaphysique, la mort n'est (presque) rien pour le sage puisqu'il vit dans la vérité de Dieu et que la vérité est éternelle. À ce titre, il est censé mourir « beaucoup moins » que l'ignorant, ce qui autorise l'*Éthique* à se clore sur une thèse selon laquelle nous **« sentons et nous expérimentons que nous sommes éternels »** (*Éthique*, V, 23, sc.). En effet, si je parviens à m'élever jusqu'à la compréhension de la nécessité qui régit le cours du monde, donc au niveau de la connaissance du troisième genre, alors je comprends que la mort ne concernera finalement que mes « parties extensives », c'est-à-dire mon corps matériel situé dans l'espace, mais pas mon essence (mon degré de puissance) qui existe en soi, c'est-à-dire en Dieu de toute éternité, et qui continuera par conséquent à exister pour l'éternité. Voici comment Deleuze, évoquant la question du sens de la vie (de la vie bonne pour les mortels), a commenté cette assertion dans un de ses cours sur Spinoza :

« L'idée de Spinoza, c'est que, finalement, sera la plus grande partie de moi-même ce que j'aurai fait durant mon existence comme étant la plus grande partie de moi-même. Alors, si je prends une partie mortelle, si je fais d'une partie mortelle la plus grande partie de

moi-même, eh bien, à la limite, je meurs tout entier en mourant, et je meurs avec désespoir. »

Deleuze ne fait ici que paraphraser Spinoza, en particulier ce passage de l'*Éthique* (V, 38) :

« **Plus nombreux sont les objets que l'esprit comprend par le second et le troisième genres de connaissance, moins il est rendu passif par les affects qui sont mauvais et moins il craint la mort.** »

Ou encore, ce scolie de la même proposition 38 :

« **La mort est d'autant moins nuisible que la connaissance claire et distincte en l'esprit est plus vaste et que, par suite, cet esprit a plus d'amour pour Dieu. En outre, puisque de la connaissance du troisième genre provient la plus haute satisfaction qui puisse être donnée, l'esprit humain a le pouvoir de faire qu'il soit de sa nature que, proportionnellement à cette part de lui-même qui subsiste, la part dont nous avons montré qu'elle périt avec le corps soit insignifiante.** »

C'est en ce sens que, selon Spinoza, « **nous sentons et nous expérimentons que nous sommes éternels** ».

Le fait de savoir que promesse lui est faite, s'il entre dans la vie philosophique, de découvrir qu'il est éternel à titre de « degré de puissance » ou de « partie intensive de Dieu » est censé dissiper chez le sage authentique toute appréhension face à la mort, ce qui lui permettra d'entrer dès maintenant dans la joie du salut. Finalement, malgré tout ce qui sépare les deux philosophes, Spinoza rejoint ici Platon, non, bien sûr, qu'il reprenne sa théorie des âmes immortelles (chez Spinoza, l'âme et le corps ne font qu'un), mais parce que, comme Platon, il tient la sagesse pour le seul et unique moyen de communier avec le sentiment d'éternité, sentiment qui seul nous met sur la voie du salut véritable. Voilà pourquoi, chez Spinoza comme chez Platon (et même chez Aristote[1]), celui qui a consacré toute sa vie au monde sensible, à la connaissance du premier genre, meurt tout à fait, tandis que celui qui est déjà dans l'éternité des idées et de la raison ne meurt presque pas, parce que son âme (chez Platon), son degré de puissance (chez Spinoza) ont rejoint l'éternité.

Oserai-je avouer qu'hélas je ne sens ni n'expérimente rien de tel ? Mais comme dit l'adage populaire, « les promesses rendent les fous joyeux »...

1. « Dieu nous l'a donnée [la partie supérieure de l'homme, l'intellect] comme un génie, et c'est le principe que nous avons dit logé au sommet de notre corps, et qui nous élève de la terre vers notre parenté céleste, car nous sommes une plante du ciel, non de la terre, nous pouvons l'affirmer en toute vérité. Car Dieu a suspendu notre tête et notre racine à l'endroit où l'âme fut primitivement engendrée et a ainsi dressé tout notre corps vers le ciel. Or quand un homme s'est livré tout entier à ses passions ou à ses ambitions et applique tous ses efforts à les satisfaire, toutes ses pensées deviennent nécessairement mortelles, et rien ne lui fait défaut pour devenir entièrement mortel, autant que cela est possible, puisque c'est à cela qu'il s'est exercé. Mais lorsqu'un homme s'est donné tout entier à l'amour de la science et à la vraie sagesse et que, parmi ses facultés, il a surtout exercé celle de penser à des choses immortelles et divines, s'il parvient à atteindre la vérité, il est certain que, dans la mesure où il est donné à la nature humaine de participer à l'immortalité, il ne lui manque rien pour y parvenir » (Platon, *Timée*, 90 b-c).

« Si l'intellect est quelque chose de divin par comparaison avec l'homme, la vie selon l'intellect est également divine comparée à la vie humaine. Il ne faut donc pas écouter ceux qui conseillent à l'homme, parce qu'il est homme, de borner sa pensée aux choses humaines, et parce qu'il est mortel, aux choses mortelles, mais l'homme doit, dans la mesure du possible, s'immortaliser et tout faire pour vivre selon la partie la plus noble qui est en lui [...], ce qui est propre à chaque chose est par nature ce qu'il y a de plus excellent et de plus agréable pour cette chose. Et pour l'homme, par suite, ce sera la vie selon l'intellect, s'il est vrai que l'intellect est au plus haut degré l'homme même. Cette vie-là est donc aussi la plus heureuse » (Aristote, *Éthique à Nicomaque*, X, 7).

La critique d'un ancien spinoziste : André Comte-Sponville contre Spinoza

Voici ce qu'en pense et ce qu'en dit maintenant avec beaucoup de force et de lucidité André Comte-Sponville[1], qui sait de quoi il parle attendu qu'il fut longtemps fasciné par la pensée de Spinoza et qu'il en fut et reste un des lecteurs les plus avisés :

« Au sage spinoziste qui "ne cesse jamais d'être" et dont la part mortelle est devenue "sans importance", par rapport à celle qui est supposée "demeurer" après la mort, Montaigne eût opposé l'universalité de la mort, sagesse ou pas, la vanité de tout, sagesse comprise, enfin ce que j'ai appelé la "sagesse du vent"... Disons qu'au bout du compte, je veux dire après soixante-six ans de vie et presque cinquante ans de philosophie, cette sagesse du vent m'a paru sonner plus vrai que l'*ataraxia* (littéralement : l'absence de trouble) épicurienne ou que l'*acquiescentia in se ipso* (*Éthique*, III, 25, et IV, 52, sc.) ou le *vix animo movetur* (*Éthique*, V, dernier scolie) de Spinoza. En termes spinozistes, on pourrait dire que je ne crois plus que "la puissance de l'âme se définisse par la connaissance seule" (*Éthique*, V, prop. 20, sc.), autrement dit "par la seule intelligence" (*Éthique*, V, préface), ni que "la partie de nous qui se définit par la connaissance claire soit toujours la meilleure partie de nous-mêmes" (*Éthique*, V, Appendice, chap. 32), ni enfin que l'amour intellectuel de Dieu ou de la nature soit l'amour suprême. L'amour parental, si peu intellectuel, si peu serein, si

1. Dans la conférence que nous avons déjà citée, un discours dans lequel il prend ses distances avec le spinozisme de sa jeunesse.

passionnel, si anxieux, si banal, si fort et si douloureux parfois m'importe davantage. [...] Pourquoi faudrait-il fuir l'angoisse, "n'aimer qu'une chose éternelle et infinie" (Dieu ou la nature, *cf. Traité de la réforme de l'entendement*, § 3) ou même l'aimer plus que tout le reste ? Et qui peut croire que la connaissance claire y suffit ? Au fond, ce que je reproche à Spinoza, comme d'ailleurs à Épicure, c'est d'avoir évacué le tragique, ou plutôt de vouloir l'évacuer, non pas certes de la condition humaine, où sa place est bien marquée, mais de la sagesse – ce qui revient à fantasmer une sagesse inhumaine ou impossible quand seule une sagesse tragique, c'est-à-dire consciente de ses limites et de son propre échec, peut nous convenir. »

Une sagesse « inhumaine » : on ne saurait mieux dire tant le fond ultime de la philosophie de Spinoza consiste, en effet, à inviter l'être humain à se prendre pour ce qu'il n'est pas, à penser du point de vue d'un Être suprême et omniscient dont l'existence est postulée sur la base d'un argument ontologique dérisoire, ce qui, comme Kant l'avait compris avant Nietzsche et Heidegger, relève du délire métaphysique et n'a, à proprement parler, aucun sens : aucun sens, en effet, puisque je ne puis jamais me représenter (« schématiser », dirait Kant) le monde comme le ferait un entendement infini, omniscient, un entendement dont Spinoza ne parvient d'ailleurs à poser l'existence qu'à partir d'un sophisme enfantin. Pourtant, comme y insiste André, c'est bien à cela qu'Épicure et Spinoza nous invitent tous les deux, et presque dans les mêmes termes, lorsqu'ils nous parlent de « mourir aussi peu que possible », lorsqu'ils nous disent que la « mort n'est rien pour nous » à condition de « vivre comme un Dieu », ce qui, comme le souligne encore Comte-Sponville, est plus proche du ridicule, voire de l'hôpital psychiatrique, que d'une sagesse possiblement humaine. De là aussi la distance qu'il faut prendre selon lui, s'agissant de l'idée mille fois ressassée par les spinozistes selon laquelle la philosophie serait « méditation de la vie et non de la mort[1] » :

« Souvenez-vous de la fin de la *Lettre à Ménécée* : si tu médites mes leçons jour et nuit, explique Épicure, "jamais, ni en état de veille ni en songe, tu ne seras sérieusement troublé, mais tu vivras comme un dieu parmi les hommes. Car il ne ressemble en rien à un vivant mortel, l'homme vivant dans les biens immortels". Cela, à 18 ans, m'exaltait presqu'autant que l'*Éthique.* Mais qui peut y croire, à l'âge mûr ? Comment un être humain pourrait-il ne "ressembler en rien à un vivant mortel" ? Lequel d'entre nous pourrait se vanter, ou même envisager sans se couvrir de ridicule, de vivre "comme un dieu parmi les hommes" ? »

Comment penser sérieusement que **« l'accroissement de notre connaissance [puisse] faire que la partie de notre âme périssant avec le corps "n'ait aucune importance (*nullius sit momenti*) relativement à celle qui demeure" (*Éthique*, V, prop. 38, sc.). [...] Car enfin, la part de nous qui mourra en même temps que notre corps, c'est justement la part que nous sommes (nos désirs, nos souvenirs, nos émotions, nos volontés, notre imagination, notre sensibilité, notre pensée en tant qu'elle est autre chose que la vérité, bref, notre conscience et même notre inconscient), alors que la part de notre âme qui est censée ne pas mourir à la mort du corps (mais comment est-ce possible si "l'âme**

1. « L'homme libre ne pense à rien moins qu'à la mort et sa sagesse est une méditation non de la mort mais de la vie » (*Éthique*, IV, prop. 67).

et le corps sont une seule et même chose" ?), disons ce qu'il y a en nous de connaissance et de vérité, peut bien être vécu parfois, mais n'est pas nous. Comment pourrait-elle nous consoler de mourir ou, a fortiori, d'avoir perdu ceux que nous aimons ? »

Spinoza et Épicure nous proposent de parvenir, en coïncidant autant qu'il est possible avec le divin, à l'absence totale de trouble, à la sérénité intérieure parfaite, une idée qu'aimait Comte-Sponville dans sa jeunesse. Voici maintenant ce qu'il en pense (et je ne puis faire mieux que le citer là encore, tant il dit à la perfection ce que je pense moi-même) :

« Je trouve que c'est mettre sa propre sérénité ou son propre confort intérieur bien haut et l'émotion ou l'humanité bien bas. Que la sérénité, toutes choses égales par ailleurs, vaille mieux que l'anxiété, nul ne le conteste. Mais parmi ces "toutes choses", égales ou pas, plusieurs (qui ne sont pas des choses mais des vertus) m'importent davantage : l'amour, la justice, le courage, la compassion, la générosité, la simplicité, la douceur, la lucidité, l'humour... Vivre sans trouble ? C'est une ambition que je n'ai plus. Sans émotions ? J'y verrais plutôt une faute ou une dénégation. [...] Pourquoi faudrait-il, pour augmenter notre puissance d'exister et d'agir [...], diminuer en proportion notre puissance, car c'en est une aussi, d'être ému ou troublé, de pâtir et de souffrir. Pouvoir pâtir ou souffrir pour le corps est une puissance dont l'absence nous vouerait à la mort, non une faiblesse. Il en va donc de même de notre âme puisque "l'âme et le corps sont une seule et même chose" et c'est pourquoi je ne crois pas, contrairement à Spinoza, que "la puissance de l'âme se définisse par la connaissance seule" (*Éthique*, V, prop. 20, sc.), ni son impuissance par la seule privation de connaissance (*ibid.*). **L'amour et la sexualité, là-dessus, m'en ont plus appris que la lecture de l'*Éthique*. »**

Voilà pourquoi Spinoza, comme d'ailleurs Épicure, essayant de nous convaincre que la sagesse se confond avec l'absence de trouble, en vient à minorer « **le rôle des "appétits sensuels" (*Éthique*, V, sc. du corollaire de la prop. 50)** », de sorte « **qu'il donne de la sagesse, donc aussi de la vie humaine, une vision tronquée, trompeuse, illusoire** », car, continue l'ami André, la vie la meilleure n'est ni « **la moins mortelle, la moins émue, ni la moins troublée. En un mot : la vie la meilleure est la vie la plus humaine, non la plus divine (*Éthique*, IV, prop. 45, sc.) ni la plus riche en "connaissance claire et distincte". Bref, force m'est de reconnaître que le "modèle de la nature humaine" que je me propose désormais n'est plus celui de "l'homme libre" spinoziste, celui qui "vivrait suivant le seul commandement de la raison" (*Éthique*, IV, préface et démonstration de le prop. 67)** ».

À la sagesse inhumaine, trompeuse et illusoire de Spinoza, André en vient à préférer celle de Montaigne, cette « sagesse du vent » qu'on trouve si heureusement formulée dans ce passage des *Essais* (II, 2) :

« Tant sage qu'il voudra, mais enfin c'est un homme : qu'est-il plus caduc, plus misérable et plus de néant ? La sagesse ne force pas nos conditions naturelles. [...] Mais quoi, nous sommes partout vent. Et le vent encore, plus sagement que nous, s'aime à bruire, à s'agiter et se contente en ses propres offices sans désirer la stabilité, la solidité, qualités non siennes. »

Un spinoziste pur et dur objectera à Comte-Sponville que seul le spinozisme permet de se réconcilier avec le réel. C'est par exemple ce que défend Robert Misrahi (toujours dans la préface à sa traduction de l'*Éthique*) :

« Pour que la philosophie soit la joie la plus extrême, il faut évidemment qu'elle soit une philosophie moniste de ce monde-ci et une recherche explicite de la joie en ce monde, mais à un niveau non empirique. Seule une telle philosophie peut conduire à l'adhésion amoureuse et intellectuelle au monde et conduire le sujet à une félicité qui vaille comme un salut. »

Adhésion amoureuse et intellectuelle au réel, autrement dit : *amor fati*. Il s'agit d'aimer le réel, de s'y résigner en toute circonstance, de lui dire « oui », parce qu'on a enfin compris qu'il est nécessaire et, comme tel, parfait, même si tout en lui ne l'est pas, car il n'y a rien d'autre, aucun possible, aucune alternative. Monisme radical, donc réconciliation avec ce qui est. Question : que vaut cette phrase et pour qui vaut-elle ? À quel moment et dans quelles circonstances ? Comment celui qui voit, dans un camp d'extermination, ceux qu'il aime se faire torturer devant lui avant que ne vienne son tour pourrait-il sérieusement être sage au sens de cette adhésion amoureuse au réel ? Comment pourrait-il adhérer amoureusement et intellectuellement au monde, et que vaut la philosophie qui plaide pour cette pseudo-sagesse ? Comment ne pas reconnaître que dans certains cas, cette injonction à aimer le réel sous toutes ses formes est absurde, indécente, obscène ? Comment ne pas voir que cette pseudo-sagesse n'est bonne ni en théorie (l'argument ontologique est une blague), ni applicable en pratique parce que inaccessible par essence à ces malheureux « modes finis » que sont les humains, en quoi le spinozisme sombre dans le pire des nihilismes : celui qui consiste à fabriquer un idéal volontairement si éloigné du réel qu'il ne vise au final qu'à culpabiliser indéfiniment les humains. Le spinozisme, comme le stoïcisme, est une philosophie pour beau temps : il nous dit comment aimer le monde quand il est aimable, mais pas comment l'aimer quand il ne l'est pas. Seul un très grand psychotique pourrait vraiment vivre, je veux dire autrement qu'en paroles, dans la sagesse de Spinoza.

Voilà pourquoi je n'ai encore jamais rencontré dans la vie réelle un seul sage spinoziste et je suis certain que je n'en rencontrerai jamais parce que, comme le dit si bien Comte-Sponville, mais en aggravant le cas de Spinoza, aucun humain ne vit dans la connaissance du troisième genre, dans l'amour intellectuel de Dieu qui ne reste, hélas (en réalité, c'est fort heureux), qu'une simple idée de la raison, c'est-à-dire une construction métaphysique non représentable (non « schématisable »), sans aucune traduction possible dans la réalité humaine. Alors que le spinozisme prétend être un réalisme absolu, un monisme achevé, une philosophie de l'immanence radicale, de la réconciliation avec ce qui est, un hymne à l'amour du monde tel qu'il va, il apparaît en réalité comme l'idéal le plus inaccessible et le plus culpabilisant qui soit dans toute l'histoire de la philosophie : il nous invite à nous identifier à un point de vue, celui de Dieu et de l'omniscience, avec lequel il est en réalité totalement impossible de coïncider !

L'éthique de Spinoza sans sa métaphysique ou la métaphysique de Spinoza sans son éthique ?

C'est la grande tentation de certains lecteurs de Spinoza. André Comte-Sponville rejette sans regrets la sagesse « trompeuse, inhumaine et illusoire », mais un matérialiste radical éprouverait volontiers la tentation de conserver certains aspects de la théorie, par exemple le déterminisme absolu et la critique du libre arbitre, tandis que Frédéric Lenoir avoue un penchant pour la stratégie inverse, celle qui consiste à estomper le déterminisme pour ne garder qu'une version affadie de la sagesse de l'amour et du bonheur. Où l'on voit comment, au sein même de l'illusion métaphysique, les intérêts qui animent secrètement la raison dogmatique, l'intérêt théorique pour les explications causales et l'intérêt éthique pour la lutte contre les passions tristes cherchent sans cesse à l'emporter l'un sur l'autre alors qu'en réalité ils sont inséparables. Je pense en effet avoir suffisamment montré dans ce qui précède que ces deux attitudes sont rejetées d'avance par tout ce système de Spinoza, un métaphysicien dont la cohérence *more geometrico* était le premier souci et qui n'aurait certainement jamais accepté que l'on sépare théorie et pratique, métaphysique et sagesse dans une doctrine dont il ne cesse de vanter la puissance systématique. Il en va chez lui comme chez les stoïciens : théorie et morale, métaphysique et sagesse sont inséparables de sorte qu'à les dissocier, on tomberait à ses yeux dans l'incohérence. En d'autres termes, il me semble qu'étant donné les définitions nouvelles, non spinozistes, qu'André Comte-Sponville propose aujourd'hui de la sagesse, il devrait préférer le rationalisme critique au rationalisme dogmatique et, réciproquement, Frédéric Lenoir ne devrait en aucun cas rejeter le rationalisme dogmatique s'il veut continuer à fonder solidement le bonheur éternel qu'il prétend offrir à ses lecteurs, le rejet des passions tristes n'étant possible qu'en s'appuyant sur le déterminisme radical de Spinoza.

De quelle sagesse se réclamer alors, si celle de Spinoza s'avère à proprement parler délirante, dénuée de sens, trompeuse et « inhumaine » ? Nous avons vu comment Comte-Sponville se tournait volontiers vers Montaigne, vers une sagesse plus humble et plus fragile ou, comme il dit, plus « tendre ». Quoi qu'il en soit de ce débat, quels que soient les arguments échangés, une chose à tout le moins est claire et je pense qu'on l'aura comprise : c'est que du point de vue du déterminisme absolu qui est celui des sagesses anciennes, le projet de lutter contre la logique naturelle des âges de la vie n'a aucun sens. D'abord parce qu'on ne lutte pas contre le destin, ensuite parce que la sagesse consiste à l'accepter, pas à vouloir transformer le réel, encore moins à se révolter contre lui. Le spiritualisme laïc pour lequel je plaide ici propose, comme on va voir maintenant, très exactement le contraire.

Chapitre 2

Le spiritualisme laïc

Perfectibilité, longévité, amour

« La résignation est un suicide quotidien. »

Balzac

La sagesse nous « apprend-elle » vraiment, comme le prétendent nos nouveaux marchands de bonheur, à dire « oui » à la divine nature comme au cours du monde tel qu'il va au motif qu'ils seraient régis par un déterminisme absolu et que notre libre arbitre ne serait qu'une illusion génératrice de passions tristes ? On aura compris que je pense à tous égards l'inverse. Il n'est pourtant pas question ici d'opinion personnelle, de parti pris subjectif, ce qui n'aurait guère d'intérêt, mais d'une argumentation philosophique enracinée dans une vision du monde résolument opposée aux sagesses de la résignation, une spiritualité laïque née de la synthèse des deux âges de l'humanisme : le premier âge, bien sûr, c'est celui des Lumières, qui sut pour la première fois dans l'histoire de l'humanité théoriser les idées de liberté, de perfectibilité et de progrès en même temps qu'il proposait une révolution morale et politique ancrée dans l'universalisme, celui des vérités de la science moderne, bien sûr, mais aussi des droits de l'Homme, de la démocratie et de l'idée républicaine. Le deuxième âge n'abolit pas le premier, il vient plutôt le compléter, mais de manière si significative qu'il en modifie profondément le sens : prenant son essor au XIXe siècle, s'épanouissant au XXe et plus encore au XXIe, il est lié à ce que j'ai appelé dans un autre livre (ce fut son titre) la « révolution de l'amour », la naissance dans notre vieille Europe de la famille moderne, inséparable de la fin du mariage arrangé (ou mariage de raison) et de la naissance des unions fondées sur la passion amoureuse.

Pour comprendre comment une synthèse de ces deux âges de l'humanisme peut fonder une nouvelle spiritualité, pour saisir en quoi, à l'opposé du stoïcisme et du spinozisme, elle suppose qu'on ne se soumette pas en toute circonstance, comme le petit chien attaché au chariot de Sénèque, à l'ordre naturel du monde comme du cours de l'histoire afin de lui dire toujours « oui » quels qu'en soient « les hauts et les bas », pour saisir aussi comment les idées d'éducation tout au long de la vie, de partage et de transmission des valeurs et des connaissances donnent du sens au projet d'augmenter la durée de la vie humaine en bonne santé, il est indispensable de situer cette vision du monde nouvelle au sein de l'histoire des grandes réponses apportées à la question de la vie heureuse, de la vie bonne pour les mortels. Il faut comprendre d'où nous venons pour savoir où nous en sommes et mettre en perspective nos débats sur la finitude et la brièveté de la vie.

Ce sont des thèmes que j'ai évoqués dans certains de mes livres, mais la présentation que je puis en donner aujourd'hui n'est pas une simple répétition. Je crois pouvoir en effet exposer maintenant de manière enfin systémique le message essentiel des grandes visions du monde qui ont scandé l'histoire des réflexions sur la sagesse, le sens et la définition de la vie heureuse. Comme vous allez le voir, non seulement elles sont toutes liées à un certain rapport à la finitude humaine, donc à la durée de la vie, mais de manière au plus haut point significative, les réponses qu'elles apportent plaident en faveur d'un nouvel humanisme en ce sens qu'elles vont clairement du moins humain au plus humain, du plus transcendant au plus immanent à l'humanité.

Voyons cela de plus près.

Une présentation systémique des cinq grandes réponses à la question de la vie bonne pour les mortels

La première réponse, comme nous l'avons vu en partie, mais sans en tirer encore toutes les leçons pour la compréhension de cette histoire, est celle de ces sagesses anciennes selon lesquelles travailler à un allongement de la vie n'aurait guère de sens. On pourrait la définir comme « cosmologique » au sens où la vie heureuse se définit comme la mise en harmonie de soi avec l'harmonie de l'univers, avec l'harmonie naturelle du cosmos, cet ordre du monde qui transcende un être humain appelé à s'inscrire en lui. Et comme le cosmos est éternel, en s'y ajustant comme un fragment de puzzle s'ajointe au tableau d'ensemble, en se mettant pour ainsi dire « en harmonie avec l'harmonie », on devient en quelque façon soi-même un fragment d'éternité, ce qui est une première manière de définir la sagesse et le sens de la vie en même temps que le salut, la mise en harmonie de soi avec l'ordre cosmique permettant de nous « sauver » en quelque façon la mort. Dans cette perspective « eudémoniste » (centrée sur la quête du bonheur), ce qui compte, c'est de vivre bien, de trouver la vie bonne, pas de chercher désespérément à vivre plus longtemps. Comme nous l'avons vu en évoquant le petit dialogue de Cicéron sur la vieillesse, le sage est celui qui accepte de vivre « avec son âge » afin d'aborder autant qu'il est possible avec sérénité ces moments naturels de l'existence que sont la vieillesse et la mort.

La deuxième réponse est celle des grandes religions. Elle nous invite à nous mettre en harmonie non plus avec le cosmos, mais avec les commandements divins, une harmonie qui peut nous ouvrir les portes d'une immortalité plus personnelle que celle, anonyme et aveugle, promise par les cosmologies anciennes. Dans cette perspective, la question de la longévité n'a pas davantage de sens. Chercher à vivre plus longtemps sur cette Terre est non seulement contraire à la nature des choses telles que Dieu les a créées, mais qui plus est, c'est tout à fait vain puisque c'est dans un ailleurs radical, dans un au-delà de l'existence terrestre, que l'immortalité et la vie bienheureuse nous sont promises. L'essentiel est donc de travailler à les mériter, et dans le christianisme, c'est par l'amour, par *agapè*, qu'on peut parvenir à vaincre la mort comme l'Évangile de Jean nous l'enseigne par l'épisode de la résurrection de Lazare, dont la leçon, sur le plan spirituel, est bien que l'amour est plus fort que la mort. Donc, ici encore, la longévité n'est pas vraiment un sujet et, du reste, il est assez clair que l'Église catholique est à tous égards hostile à tout ce qui peut s'approcher du projet transhumaniste.

La troisième réponse est celle du premier âge de l'humanisme. Elle consiste à mettre sa vie et sa pensée en harmonie non plus avec le cosmos ou le divin, mais avec le reste de l'humanité. On la voit poindre dans la fameuse formule du droit moderne selon laquelle « ma liberté doit [ou devrait...] s'arrêter là où commence celle d'autrui », une injonction qui n'est au fond rien d'autre que la traduction sur le plan juridico-politique de la morale républicaine et universaliste des droits de l'Homme et du respect de l'autre. On ajoutera que, dans cette perspective, qui est pour l'essentiel celle de l'humanisme hérité des Lumières, de cette *res publica* que les philosophes allemands désignent par le mot *Öffentilichkeit* (la « publicité » au sens de l'« espace public »), il convient non seulement de mettre sa vie en harmonie avec celle des autres, mais d'apporter autant qu'il est possible, par son action libre et chacun à sa mesure, sa contribution à l'histoire du progrès humain, ou comme on dit si bien : sa pierre à l'édifice. Cet apport peut alors nous ouvrir les portes d'une certaine forme d'éternité, celle qui réside dans la mémoire des hommes et qui s'inscrit volontiers de manière symbolique, la pierre répondant à la pierre, dans le marbre ou le granit des monuments publics. Ce qui importe ici est donc moins la longévité individuelle que celle de l'espèce. Malgré tout, l'idée de travailler à l'allongement de la vie commence à prendre du sens dans la mesure où les idées de progrès et de liberté entendue comme la possibilité d'un arrachement à la nature et à une histoire dont les révolutionnaires français disent qu'elle « n'est plus notre code » font leur apparition. On assiste alors à une rupture radicale avec le modèle ancien de la stabilité intangible et répétitive des cycles de la nature, et cette rupture donne du sens aux notions de perfectibilité infinie et d'éducation tout au long de la vie, donc à l'idée qu'une vie plus longue pourrait peut-être nous permettre de nous améliorer, de mieux nous réaliser afin de transmettre un monde meilleur aux générations futures.

La quatrième réponse est celle des grands déconstructeurs, celle des « philosophes du soupçon », Schopenhauer déjà, mais plus encore Nietzsche, Marx, Freud et Heidegger. Il s'agit de déconstruire les illusions aliénantes de la métaphysique, de la religion et même du rationalisme des Lumières, dont il faut certes conserver l'élan initial, l'esprit critique, mais, afin d'aller plus loin, le renforcer encore et lui donner une nouvelle vie. Comme y insiste Nietzsche, il faut « **porter plus loin la bannière des Lumières**[1] », un drapeau sur lequel figure en bonne place le nom de Voltaire, à la liberté d'esprit duquel Nietzsche se doit de rendre hommage. S'il y a critique du premier âge de l'humanisme (et a fortiori de la métaphysique et des religions), c'est donc en quelque façon en son nom, car c'est lui qui a ouvert la boîte de Pandore, celle qui contenait l'esprit critique et le projet de la déconstruction des illusions. Les philosophies du soupçon nous invitent donc à poursuivre la tâche qui consiste à se libérer des différents visages de l'aliénation. Le souci de soi qui est l'aboutissement de ce projet de parvenir à l'authenticité, à être vraiment soi-même en tant qu'individu libre, doit parfois passer par le détour du collectif, par l'idée révolutionnaire, comme c'est le cas chez Marx, mais au final, chez tous ces grands déconstructeurs, le but est bien en dernière instance, comme on le voit au mieux chez Freud, de se mettre en harmonie, non plus avec le cosmos, le divin

1. *Cf. Humain, trop humain*, § 26.

ou l'humanité, mais avec soi-même, les autres étant pour ainsi dire les personnages secondaires du projet. En quoi l'idéal de « désaliénation » préfigure l'individualisme narcissique qui caractérise au plus haut point l'époque actuelle, un rejet des transcendances passées qui conduit les individus vers cette « bonheurisation » du monde, cette quête du bien-être individuel et du bonheur personnel que promeuvent la psychologie positive, les théories du développement personnel et, pour une part aussi, l'écologie.

Au final, il est en effet logique que la lutte contre l'aliénation sous toutes ses formes, la quête de l'authenticité et l'emphase mise sur ce fameux « souci de soi » dont Foucault, en héritier des grands déconstructeurs allemands, fait l'apologie, incitent les idéologies du bonheur à proposer à nos nouveaux Narcisse un retour aux sagesses anciennes. Dans un article du *Nouvel Observateur* en date du 21 février 1972 et déjà consacré aux liens entre psychanalyse et redécouverte de la pratique ancestrale du yoga, un psychanalyste note ainsi que **« dans les deux disciplines, il y a désinvestissement du monde extérieur et réinvestissement du monde intérieur, en yoga comme en analyse, il y a intériorisation, nombrilisation, amour de soi, narcissisme »**. Dans le même sens, la psychologie positive nous invite à penser que le bonheur ne dépend pas de l'état du monde extérieur, mais seulement de notre capacité à **« entrer en amitié avec nous-mêmes »**, selon une formule que l'un de ses principaux représentants en France, Christophe André, affectionne particulièrement. C'est ainsi que dans son livre, *Imparfaits, libres et heureux* (Odile Jacob, 2006), dont le sous-titre trace clairement le programme (*Pratiques de l'estime de soi*), on trouve un chapitre tout à fait significatif de cette nouvelle vision de la vie heureuse selon laquelle le bonheur résiderait dans la mise en harmonie « amicale » de soi avec soi.

« Être son meilleur ami », voilà le secret, explique Christophe André, et c'est d'ailleurs le thème principal du passage de son livre qui nous invite très sérieusement à nous comporter vis-à-vis de nous-mêmes comme si nous nous aimions autant que si nous étions nos propres parents ! Je préfère ici laisser la parole à Christophe André lui-même, de peur qu'on m'accuse de caricaturer son propos : « **Il faudrait que cet amour envers nous-mêmes soit de la même nature que celui des parents envers leurs enfants : sans conditions et infiniment bienveillant. Certaines thérapies explorent aujourd'hui cette piste de l'autoparentage avec des premiers résultats prometteurs.** » S'aimer soi-même comme on aime ses enfants ? Tel est bien, selon Christophe André, l'idéal de cette psychologie positive qui fleurit sur les décombres de la déconstruction. L'apologie du souci de soi qui en est la conséquence représente un idéal dont je dois avouer, pour avoir moi-même des enfants, qu'il me semble plus proche de la pathologie lourde que de la sagesse et de la santé mentale – mais ce n'est bien sûr que mon point de vue de père de famille. À vrai dire, le jour où je parviendrais à m'aimer comme j'aime mes filles, je pense que je serais bon pour l'internement d'office. Quoi qu'il en soit, la question de la longévité n'a, ici encore, guère de sens, l'essentiel étant, retour aux sagesses anciennes oblige, de vivre bien, de s'accepter comme on est et de « lâcher prise » face à l'inéluctabilité de la vieillesse et de la mort, certainement pas de lutter en faveur d'une vie plus longue au mépris de l'ordre naturel des choses.

Vers une cinquième réponse, celle d'un spiritualisme laïc synthèse des deux âges de l'humanisme

Aussi paradoxal que cela puisse paraître, c'est sur fond de ces philosophies de la table rase, du soupçon et de la déconstruction qui, au nom du souci de soi et de la désaliénation, nous ramènent vers la quête du bonheur et la nostalgie des sagesses anciennes, que nous commençons à entrevoir aujourd'hui la possibilité d'une reconstruction, voire d'un réenchantement du monde autour d'une nouvelle figure de la transcendance et du sacré. Il ne s'agit évidemment plus d'une transcendance verticale, tombée du ciel, comme celles des cosmologies anciennes et des religions, mais d'une transcendance qu'on pourrait dire « horizontale », incarnée dans l'humanité, un sacré désormais à visage humain directement issu de l'érosion des fondements métaphysiques et religieux, mais aussi économiques et biologiques, de la famille traditionnelle. C'est paradoxalement cette liquidation des principes du monde ancien, en particulier du mariage de raison arrangé par les parents et les villages, puis leur remplacement par la logique des unions fondées sur les sentiments et la passion amoureuse, qui va conduire à ce que j'ai appelé la « sacralisation », voire la « divinisation » de l'humain – en quoi, à l'encontre de ce que martèlent aujourd'hui nos pessimistes, la rupture avec l'univers des traditions, loin de nous plonger dans l'ère du vide et la déréliction, fait émerger de nouvelles valeurs et de nouveaux horizons de sens autour desquels un projet philosophique et politique encore inédit devient possible, un projet qui ne se réduit pas à une quête du bonheur personnel, encore moins à un retour aux sagesses du cosmos.

Pour dire les choses plus clairement encore : avec la déconstruction des autorités et des valeurs traditionnelles, ce ne sont plus les entités extérieures et supérieures à l'individu qui donnent du sens, ce ne sont plus elles qui permettent « verticalement » de définir la vie bonne par rapport à un cosmos, un Dieu, voire une grande cause nationaliste ou révolutionnaire tombés du ciel, mais c'est dans l'humanité elle-même que les idéaux de sagesse et de salut ont fini par s'incarner. Le cosmos des Grecs, le divin des grandes religions et même les idéaux patriotiques ou révolutionnaires du premier âge de l'humanisme, nous renvoyaient à des transcendances placées au-dessus de l'individu, à des transcendances qui prenaient l'être humain de haut et qui le plus souvent l'envoyaient vers des guerres d'extermination – guerres de religions, guerres de conquêtes. Du reste, il est clair que dans ces guerres, qu'elles fussent nationalistes ou révolutionnaires, les individus étaient considérés comme une masse corvéable à merci, comme de la chair à canon. La transcendance qui émerge aujourd'hui, et que j'appelle « horizontale », est pour ainsi dire descendue du ciel pour s'incarner dans l'humanité, dans la figure de l'être humain aimé, ou possiblement aimé[1]. C'est à mes yeux non un déclin, comme ont tendance à le penser ceux qui ne voient dans la modernité qu'ère du vide et déréliction, mais un formidable progrès, la notion de « spiritualisme laïc » décrivant la philosophie qui en prend acte.

1. À la différence de Levinas, c'est à une phénoménologie de l'amour comme lieu de la sortie de soi que j'invite ici mon lecteur.

Pour la comprendre, pour saisir en quoi, aussi paradoxal que cela puisse paraître, la grande déconstruction non seulement ne détruit pas toutes les transcendances, mais en fait apparaître de nouvelles, et ce tant dans la vie privée que dans la vie publique et politique, il faut comprendre ce qui distingue les différents types de transcendances que je viens d'évoquer, celle qui émerge aujourd'hui sur les décombres du monde ancien n'étant, pour être « seulement » humaine, ni moins sensée ni moins puissante que les précédentes, bien au contraire. Bien qu'il me semble indispensable de conserver certains aspects essentiels du premier âge de l'humanisme, celui des Lumières et de l'universalisme républicain, en particulier son souci de la liberté, de la perfectibilité et d'une histoire orientée vers le mieux, il n'est pas question d'opérer un simple retour en arrière, un retour à Kant et au rationalisme du XVIIIe siècle. Par rapport à l'humanisme républicain, le spiritualisme laïc lié au deuxième âge de l'humanisme change la donne, il dépasse, englobe et modifie considérablement le premier. Mais avant d'en donner une description plus approfondie et de relier cette nouvelle spiritualité laïque à la question de la longévité, quelques réflexions s'imposent sur le sens de cette histoire dont nous venons de retracer les grandes articulations.

Pourquoi les traits caractéristiques de cette histoire sont philosophiquement fascinants...

De fait, ils sont au plus haut point dignes d'intérêt. Bien que sous une forme inédite, ils conduisent à réhabiliter une notion qu'on croyait morte et enterrée depuis la fin du communisme, celle d'un « sens de l'histoire ».

Je voudrais d'abord revenir sur le point le plus frappant, à savoir le fait que les réponses apportées à la question de la vie heureuse vont du moins humain au plus humain, du plus transcendant au plus immanent à l'humanité, voire à l'individu singulier : le cosmos était pensé par les Grecs comme à proprement parler « inhumain », radicalement extérieur et supérieur aux hommes ; le Dieu des grands monothéismes, bien que transcendant lui aussi, avait néanmoins déjà figure plus humaine : il parlait, il s'adressait à nous comme aurait pu le faire un père de famille et, dans le christianisme, il prenait même la forme d'un « homme-Dieu », Jésus, un être si humain qu'il se laisse crucifier, « **scandale pour les Juifs, folie pour les Grecs** » dira saint Paul ; avec l'humanisme républicain et les Lumières, c'est dans l'humanité elle-même que le principe du salut commence à s'incarner : la Nation et la Révolution humanisent le sacré, elles reposent sur des collectifs humains, tandis qu'avec la quatrième réponse, celle qui surgit des grandes déconstructions, ce sont les idéologies matérialistes du « souci de soi », de la désaliénation et par suite de l'immanence radicale à l'individu qui deviennent dominantes. Chaque fois est mis en jeu un rapport au sens de la vie, à ce qui donne un cap et une destination à l'existence humaine en lien avec la notion d'harmonie : l'harmonie avec le cosmos, avec Dieu, avec l'humanité, avec soi-même…

On soulignera ensuite que toutes ces réponses sont directement liées, comme l'avait compris Schopenhauer, à la conscience de notre condition de mortels, donc à la question du salut entendu comme une tentative de vaincre autant qu'il est possible notre finitude ou à tout le moins de lui donner un sens. Que ce soit par l'accord avec un cosmos éternel, avec un Dieu qui nous promet l'immortalité, une humanité dont le progrès est censé être infini ou sa propre personne dans la perspective d'un retour aux Anciens et d'une acceptation de l'ordre naturel des âges de la vie, une doctrine du salut affleure dans toutes ces visions du monde.

On observera aussi que ses moments principaux constituent toujours pour nous des horizons de sens possibles. Les philosophies anciennes, à la différence de ce qui a lieu dans l'histoire des sciences, ne sont pas jetées au rebut dans les poubelles de l'histoire, anéanties par les plus récentes. Même si nous ne les partageons plus, même si nous les critiquons parfois, elles n'en conservent pas moins une signification, à l'image des œuvres d'art du passé dont personne ne songerait à déclarer qu'elles sont rendues caduques par les plus modernes. Si l'on se passionne pour l'écologie, on pourra se reconnaître dans l'idée d'une mise en harmonie de soi avec l'harmonie de la nature ; si l'on est croyant, on aimera la théologie qui offre des trésors de sagesse et de consolation ; l'humanisme du premier âge, malgré une certaine platitude, permet encore aujourd'hui de donner du sens à l'idée républicaine comme à la notion de progrès tandis que l'idéal de désaliénation visé par les déconstructeurs ouvre au souci de soi et à une quête du bonheur dont on comprend aisément comment ils peuvent séduire le grand public. Quant à la révolution de l'amour, elle s'impose à nous avec une telle force que nul ne peut nier qu'une existence totalement privée d'amour n'aurait plus guère de sens.

L'histoire de ces grandes visions philosophiques du monde possède pour cette raison un charme que celle des théories scientifiques périmées n'offrira jamais, car toutes ces doctrines morales et spirituelles, même les plus anciennes, nous donnent encore quelque chose à penser et ce d'autant plus qu'elles font débat. De fait, il existe à chaque époque des contre-cultures et des contre-philosophies. Rien n'est jamais homogène dans cette histoire. Face à la cosmologie grecque de Platon, d'Aristote ou des stoïciens, il y a le matérialisme des atomistes ou la critique de la vérité chez les sophistes ; face à l'idéalisme de Descartes, de Kant ou de Hegel, il y a des sceptiques, des empiristes et des matérialistes ; face aux libéraux, des socialistes et des communistes ; face aux étatistes, des anarchistes ; face aux métaphysiciens et aux croyants, des déconstructeurs... Aujourd'hui encore, même si le matérialisme et les théories du bonheur forment l'idéologie dominante, pour ne pas dire la pensée unique en Occident, il existe des visions du monde spiritualistes. C'est le cas de celle que je défendrai ici. Attendu que l'humanité est une au fil de son histoire, qu'il n'y a pas plusieurs humanités radicalement séparées les unes des autres, chaque époque ancienne sait déjà quelque chose des futures tandis que les nouvelles gardent le souvenir des précédentes, chacune ayant ses opposants plus ou moins radicaux.

Enfin, il est très remarquable que toutes les réponses reposent en quelque façon sur l'idée d'harmonie. Que ce soit avec le cosmos, le divin, l'humanité, soi-même ou ceux que nous aimons ou pourrions aimer, toujours l'harmonie apparaît comme un guide, comme une boussole, de sorte que la volonté d'en finir avec elle dans la musique atonale me semble largement vouée à l'échec. Pour des raisons de fond, je suis convaincu qu'on écoutera toujours Bach, Schubert, Beethoven, Ravel, Debussy, voire Elvis Presley, Dalida ou les Beatles, davantage que les œuvres de musique sérielle qui prétendaient en finir avec l'harmonie au nom de la dissonance, une tentative de rupture qui n'a en réalité jamais réussi à rencontrer le public[1].

Plaidoyer pour une spiritualité laïque, synthèse des deux âges de l'humanisme qui, loin de le renier tout entier, prend en compte l'héritage du premier humanisme mais aussi de la déconstruction.

Aujourd'hui, pour beaucoup d'entre nous, le « sacré » entendu comme le lieu du sacrilège et du sacrifice possible, comme ce pour quoi nous pourrions prendre les armes, risquer nos vies, voire les donner, ne se situe plus nulle part ailleurs que dans la transcendance de personnes de chair et de sang, à commencer par celles que nous aimons ou pourrions à tout le moins aimer. Pour employer un vocabulaire hégélien, le deuxième humanisme est avant tout un humanisme de l'amour qui nous propose une *Aufhebung* du premier, un « dépassement qui conserve et innove » à la fois : sans rejeter les Lumières, le rationalisme, l'idée républicaine ou la critique kantienne des illusions de la métaphysique dogmatique, la spiritualité du deuxième humanisme les englobe pour aller plus loin, notamment parce qu'elle prend paradoxalement en compte les apports de la déconstruction des « idoles » par les penseurs du soupçon. Une « restauration » qui mettrait entre parenthèses les aventures de l'art et de la philosophie au XXe siècle serait à mes yeux dénuée de

1. Je vous renvoie sur ce point à la conférence du pianiste et compositeur Jérôme Ducros prononcée au Collège de France sur l'échec de la musique atonale dans le cours de Karol Beffa. Elle est aisément accessible sur la Toile et elle vaut vraiment le détour.

sens – ce pour quoi, malgré ma sympathie pour les aspects les plus fondamentaux des Lumières, la nostalgie actuelle de la IIIe République ne me convainc guère. Les restaurations politiques me semblent manquer cruellement de sens historique, et c'est ce qui les voue toujours à l'échec : si une position a été dépassée dans l'histoire, c'est qu'il y avait des raisons pour que ce dépassement ait lieu de sorte que vouloir raviver le passé tel qu'il fut ne saurait jamais réussir, quels que soient par ailleurs les éléments du monde ancien qu'on souhaiterait à juste titre conserver. S'agissant de l'école, par exemple, je partage nombre d'aspirations légitimes des néorépublicains qui s'opposent aux dérives « pédagogistes » actuelles. Reste que, même dans ce cas de figure, ne tenir aucun compte, au nom de l'« élitisme républicain », des exigences et des réalités de la démocratisation de l'enseignement comme de l'apparition de nouveaux publics n'est ni possible ni souhaitable. Dans un autre registre, il est assez évident que le progressisme de Jules Ferry s'accompagnait d'un racisme colonial qui, fort heureusement, n'est plus de mise aujourd'hui, en quoi ce n'est pas en occultant les raisons de la disparition d'une position ancienne qu'on peut parvenir à faire revivre ce qui ne revivra jamais.

Mais il y a plus, les nostalgiques de la Nation et de la Révolution me semblent passer à côté de ce que nous vivons aujourd'hui au sein de ce deuxième âge de l'humanisme. Loin de liquider le sacré et les grands desseins en politique au nom d'un retour à la famille et à la sphère privée, la « révolution de l'amour » affecte le collectif. Aussi paradoxal que cela puisse sembler à première vue, elle s'exprime avec une très grande force tout autant dans la sphère publique que dans la sphère privée par un souci sans cesse croissant des générations futures, l'histoire des individus impactant de plein fouet celle du collectif. Aujourd'hui, du moins dans la vieille Europe de l'Ouest, la grande question politique n'est plus celle du sacrifice de soi dans les guerres nationalistes ou révolutionnaires, mais celle du monde que nous prendrons, nous les adultes, la responsabilité de laisser à ceux que nous aimons le plus, à nos enfants, non pas égoïstement *mes* enfants, mais les nôtres, donc à l'humanité qui vient dans son entier – c'est la question de la dette : allons-nous leur laisser égoïstement une ardoise qui rendra leur vie plus difficile ? C'est bien sûr celle de l'écologie : allons-nous leur laisser un monde habitable ? Mais c'est aussi celle de la guerre où nous sommes engagés malgré nous contre le fondamentalisme religieux, celle encore de l'avenir de la protection sociale au sein d'une mondialisation qui risque sans cesse de l'éroder, celle de l'école et de la formation qu'il convient de repenser de fond en comble dans un monde où nos enfants, pour trouver un rôle à leur mesure dans la société, devront être complémentaires et non victimes de l'intelligence artificielle et de la robotique. Bref ce sont toutes les questions politiques les plus essentielles qui vont se réorganiser, par-delà les foyers de sens anciens que furent la Révolution à gauche et la Nation à droite, dans cette optique nouvelle dont il faut bien comprendre qu'elle est directement liée à cette sacralisation de l'humain inséparable de la naissance de la famille moderne.

Le type idéal du spiritualisme laïc

Je voudrais donc exposer ici en détail et en profondeur cette cinquième réponse, celle de ce spiritualisme laïc qui caractérise le deuxième âge de l'humanisme que j'ai désigné comme un « humanisme de l'altérité et de l'amour[1] ». Pour présenter correctement le type idéal, c'est-à-dire les caractéristiques fondamentales de ce dernier modèle, il faut le faire de la même manière que pour les autres grandes visions du monde qui l'ont précédé et dont il faut maintenant bien comprendre qu'elles apportaient des réponses aux six interrogations essentielles de toute philosophie. On y trouvait en effet toujours : 1) une théorie de la connaissance (question de la vérité) ; 2) une vision morale du monde et une théorie politique (question du bien et du mal, du juste et de l'injuste) ; 3) une doctrine du salut (une sotériologie), de la vie heureuse, donc du sens de la vie et de la sagesse, c'est-à-dire une spiritualité (religieuse ou laïque) ; 4) une réflexion sur la définition et les critères du beau (donc, une théorie esthétique) ; 5) une réflexion sur les sciences positives (une épistémologie) ; et enfin, 6) une mise en perspective de notre relation complexe aux trois dimensions du temps (passé, présent, futur), donc en quelque façon à la question de la longévité ou de la brièveté de la vie.

Or dans chacune des grandes visions du monde qui portent ces réponses, ces six éléments sont inséparables : ils forment à proprement parler un système, et ce dans les deux sens du terme, horizontal et vertical, synchronique et diachronique. En horizontal : théorie de la connaissance, éthique, sotériologie, esthétique, rapport aux sciences positives et rapport au temps s'enchaînent de manière cohérente au sein de chaque modèle ; en vertical ou en diachronie (dans l'histoire des idées), il est

1. Voir aussi, pour une présentation moins subjective, le livre d'Éric Deschavanne, *Le Deuxième Humanisme. Introduction à la pensée de Luc Ferry* (Germina, 2010).

clair, et nous avons pu voir combien c'était essentiel, que l'on va du plus transcendant par rapport à l'humanité (le cosmos, Dieu) au plus immanent ou, pour mieux dire, au plus humain (la Nation et la Révolution dans le premier humanisme, le souci de soi dans les philosophies de la déconstruction et du bonheur, la révolution de l'amour dans le spiritualisme laïc) : dans tous les cas de figure, à partir de la troisième réponse, on commence à entrer dans le monde humain, par-delà cosmologie et théologie – d'où le fait que les dernières réponses prennent déjà plus ou moins la forme de spiritualités laïques, de définitions de la sagesse et de la vie heureuse qui ne sont plus cosmologiques ou religieuses.

Il est essentiel de bien comprendre ces liens, de saisir par la réflexion (la pensée de la pensée) comment ils font système afin que la dernière réponse, celle pour laquelle je plaide ici, puisse être présentée elle aussi avec le même niveau de rigueur, d'exigence philosophique et de cohérence. Voilà pourquoi je vous propose de les réexaminer une dernière fois, mais maintenant d'un point de vue systémique, afin de saisir correctement la logique d'ensemble qui seule explique leur véritable force de séduction.

I. Le modèle cosmologique des sagesses anciennes

Il atteint sa perfection la plus haute dans l'école stoïcienne, mais on en retrouve des traits marquants dans toutes les « sagesses du monde[1] », que ce soit dans

1. Je reprends l'expression au beau livre de Rémi Brague qui porte ce titre.

l'*Odyssée* d'Homère, la *Théogonie* d'Hésiode, ou chez Platon et Aristote. Exposons brièvement les six traits pour en dévoiler la cohérence réflexive globale.

1) La théorie de la connaissance prend la forme de la *theôria*, un terme dont l'étymologie vient à la fois du mot *theion*, qui désigne le divin, et du verbe *oraô*, qui veut dire « voir », ce qui signifie que, pour les philosophes grecs de la tradition des sagesses du monde (des sagesses cosmologiques), le réel est déjà en soi et pour soi harmonieux et divin (*theion*), la raison humaine n'ayant plus qu'à « voir » (*oraô*), à découvrir et contempler une harmonie qu'elle n'a pas à introduire elle-même dans le réel puisqu'elle y est déjà présente de toute éternité. La connaissance est donc ici pensée comme un analogue de la vision, comme une forme de contemplation guidée par les « yeux de l'esprit ». À l'exact opposé de la lecture moderniste que Foucault en a donnée dans son *Histoire de la sexualité*, le « souci de soi » grec n'a rien de narcissique. Il désigne au contraire une pratique de l'introspection qui n'a pas d'autre but que de préparer une sortie de soi, une réflexion destinée à aiguiser notre faculté « théorique » en consultant notre raison qui seule peut nous permettre de « voir » la transcendance radicale de la divine harmonie du cosmos. Contrairement à ce que prétend Foucault, le souci de soi grec n'a donc rien à voir avec la quête du plaisir et du bien-être caractéristique de l'individualisme contemporain. C'est même tout l'inverse puisqu'il a pour finalité véritable d'entrer en relation non pas avec soi-même, mais au contraire avec l'ordre cosmique transcendant au sein duquel il s'agit de trouver sa place – comme Ulysse à Ithaque.

Comme l'écrit fort justement Pierre Hadot dans un excellent article consacré aux erreurs de Foucault sur le sens réel du souci de soi grec[1], « **Sénèque ne trouve pas sa joie dans "Sénèque", mais en transcendant Sénèque, en découvrant qu'il a en lui une raison, partie de la Raison universelle, intérieure à tous les hommes et au cosmos lui-même** ». De là la critique radicale qu'Hadot adresse à l'interprétation foucaldienne de la *theôria* grecque, une critique qui vaut la peine d'être sérieusement méditée tant elle montre combien le narcissisme contemporain, dont Foucault se retrouve prisonnier en tant que disciple de la déconstruction nietzschéenne, est en réalité aux antipodes du rapport grec à la transcendance de l'harmonie cosmique : « **D'un point de vue historique,** écrit Hadot, **il est difficile d'admettre avec Foucault que la pratique philosophique des stoïciens et des platoniciens n'ait été qu'un rapport à soi, une culture de soi, un plaisir pris à soi-même. Le contenu psychique de ces exercices me semble tout autre. Le sentiment d'appartenance à un Tout me semble en être l'élément essentiel : appartenance au Tout de la communauté humaine, appartenance au Tout cosmique. [...] Il est par exemple inexact de parler "d'écriture de soi" comme le fait Foucault. Non seulement on ne s'écrit pas soi-même, mais l'écriture ne constitue pas le soi : comme les autres exercices spirituels, elle fait au contraire changer le moi de niveau, elle l'universalise. L'intériorisation est dépassement de soi et universalisation.** » Si je mentionne ici l'erreur commise par Foucault sur la nature de la *theôria* grecque, c'est parce qu'elle est hélas très répandue alors qu'elle fausse

1. *Exercices spirituels et philosophie antique*, Albin Michel, 2002, p. 305 *sqq*.

à la racine la compréhension des autres aspects des sagesses cosmologiques, ce qui rend leur interprétation fallacieuse de A à Z.

2) Sur le plan moral et politique, en effet, nous sommes, là encore, aux antipodes du narcissisme contemporain, nous sommes dans ce que j'ai appelé le « cosmologico-éthique », c'est-à-dire l'idée que le juste est ce qui est ajusté au cosmos, à l'ordre harmonieux du monde. Et comme cet ordre est extérieur et supérieur à l'humanité, qu'il est en outre à la fois clos et hiérarchisé, il implique l'idée d'une hiérarchie naturelle des êtres. Les sagesses du monde penchent donc tout naturellement sur le plan politique vers une conception aristocratique de l'organisation sociale, elles plaident pour la division de la société en classes enracinées dans la nature des êtres humains, les meilleurs devant commander aux inférieurs, comme on le voit par exemple dans la *République* de Platon – ce qui implique notamment, ainsi que l'explique Aristote dans *La Politique*, une légitimation de l'esclavage par nature (et non seulement par la guerre).

3) Troisième élément : le salut réside, ce qui consonne de manière parfaite avec l'éthique et la politique aristocratiques, dans l'harmonisation de soi avec l'harmonie cosmique. Comme je l'ai suggéré plus haut, nous sommes comme des fragments d'un gigantesque puzzle, des petits morceaux de réel qui cherchent à s'ajointer au tableau d'ensemble, au cosmos, et comme ce dernier est éternel, en nous y ajustant, nous sommes en quelque façon sauvés de la mort en tant que nous devenons nous-mêmes des fragments d'éternité.

4) Quatrième trait : le beau, à l'image du juste et du salut, s'inscrit dans l'optique de ce que j'ai appelé ailleurs le « cosmologico-esthétique[1] » : l'œuvre d'art est d'abord et avant tout pensée comme un petit monde, un microcosmos qui doit reproduire en petit les caractéristiques du Grand Tout, à commencer bien évidemment par l'harmonie. De là les proportions parfaites des statues grecques, mais aussi la symétrie admirable qui domine jusque dans le détail l'architecture des temples et des palais.

5) Quant à la science cosmologique, à la fois physique et mathématique, elle se déploie nécessairement au sein de ce monde clos, hiérarchisé et finalisé qui est comme par avance l'opposé de l'univers infini de Galilée et Newton. Cette infinité de l'univers moderne suscitera d'ailleurs l'effroi du libertin de Pascal, saisi qu'il est par l'angoisse devant l'effondrement du cosmos grec et le « **silence de ces espaces infinis** » qui caractérise désormais l'univers. Comme l'a bien montré, là aussi, Pierre Hadot, ce qui différencie la cosmologie ancienne de la science moderne, c'est qu'elle n'est

1. Pour en prendre la mesure, voyez, par exemple, ce qu'écrit Platon dans le *Gorgias*. Socrate s'adresse à son interlocuteur Gorgias et lui dit : **« Tu peux, à ton choix, envisager l'exemple des peintres, celui des architectes, des constructeurs de bateaux et de tous les autres professionnels : chacun d'eux se propose un certain ordre [*cosmos*] quand il met à sa place chacune des choses qu'il a à placer, et il contraint l'une à être ce qui convient à l'autre, à s'ajuster à elle, jusqu'à ce que l'ensemble constitue une œuvre qui réalise un ordre et un arrangement [*cosmos*]. »** L'œuvre d'art est donc ce microcosmos, cet arrangement harmonieux que réalise l'artiste ou l'artisan. Et au fond, que l'on fabrique un bateau ou une statue, on accomplit le même travail : il s'agit toujours de produire un ordre qui sera lui-même un reflet de l'ordre général du monde, un reflet du cosmos.

jamais axiologiquement neutre : elle est au contraire à la fois liée en amont à la *théôria* et à l'éthique, mais en aval à la doctrine du salut.

6) Enfin, *last but not least*, s'agissant du rapport au temps : les sagesses anciennes, qu'il s'agisse du stoïcisme, de l'épicurisme, du bouddhisme ou du taoïsme, privilégient toujours le futur antérieur, un temps de verbe qui seul permet de nous préparer à la réconciliation avec le présent contre les assauts du passé et du futur, un présent que les sagesses anciennes nous invitent à « savourer » et à habiter sur le modèle du *Carpe diem* d'Horace. C'est en se préparant à la mort et plus généralement à toutes les difficultés de la vie qu'on parvient à les adoucir, car prévoir, c'est aussi prévenir. Futur antérieur, donc : « Quand la catastrophe aura eu lieu, je m'y serai préparé », dit le sage. Ce temps de verbe apparaît ainsi comme la condition du *Carpe diem*. La formule, souvent citée hors de son contexte, est tirée des *Odes* (I, 11, 8) d'Horace, et le vers complet est le suivant : « ***Carpe diem quam minimum credula postero*** » (sous-entendu : *diei* = le jour), ce qu'on peut traduire par « Cueille le jour [littéralement, le verbe *carpo* signifie « brouter »] et sois un minimum préoccupée [*credula* : le mot est au féminin car le poème, comme les conseils qu'il contient, s'adresse à une jeune femme, une certaine Leuconoé] par le lendemain [par le jour qui suit] ». Horace, qui s'intéressait à la fois à l'épicurisme et au stoïcisme, reprend là un thème qu'on trouve également présent dans ces deux traditions philosophiques par ailleurs fort opposées entre elles. En fait, il inspire toute la philosophie grecque et il est déjà clairement mis en scène dans l'*Odyssée* d'Homère. Il s'agit du fameux

message philosophique selon lequel le sage est celui qui parvient à vivre au présent, qui est capable d'*amor fati*, d'amour du *fatum*, de ce qui est là, du destin qui est présent sous nos yeux, devant nous, ici et maintenant.

Pourquoi cette attitude est-elle sage, pourquoi est-elle indispensable pour parvenir à la vie heureuse ? Les Grecs pensaient que deux maux pèsent sur la vie humaine : le passé et le futur. Le passé, quand il a été heureux, nous tire en arrière, par un sentiment très puissant que les romantiques allemands exploreront à nouveau au début du XIXe siècle : la nostalgie – la nostalgie du passé, des temps heureux, de notre enfance, de notre jeunesse, du bon vieux temps... Mais quand il a été malheureux, il nous tire tout autant en arrière par d'autres passions, celles que Spinoza désignera comme les « passions tristes » : les remords, les regrets, les culpabilités qui nous réveillent la nuit. Et quand on parvient à s'arracher au passé, on est aussitôt pris par une autre illusion, celle du futur, de l'espérance, de l'idée que « ça ira mieux après ». Comme le dit Sénèque, qui en fait l'un des thèmes principaux de ses *Lettres à Lucilius*, c'est un mirage : on s'imagine à tort que « ça s'arrangera », quand on aura changé de ceci ou de cela, de métier, de maison, d'amis, de mari, de femme, de tout ce que vous voudrez. C'est la grande illusion, car en fait, tout dépend de notre état d'être intérieur, de sorte que les mirages du passé et du futur nous empêchent de vivre au présent, de nous centrer sur notre vie intérieure plutôt que d'entrer dans une course aux avoirs.

Comme on voit, c'est par une étrange faculté, que Kant appelait *Überlegung* (« réflexion », ou « pensée de la pensée », faculté qui, selon Kant, permet l'écriture d'une œuvre de philosophie), que nous pouvons dévoiler les liens qui unissent de manière systémique les principaux traits caractéristiques d'une vision du monde, en l'occurrence de ces cosmologies anciennes que la déconstruction des idoles, le souci de soi et la « bonheurisation » du monde remettent aujourd'hui au goût du jour, en les séparant toutefois de la transcendance cosmique qui leur donnait pourtant leur véritable signification.

II. Le modèle théologique

Pour nous, Européens, il prend son envol avec le judaïsme et trouve son apogée, du moins sur le plan historique et politique, dans le christianisme.

1) À l'évidence, la théorie de la connaissance n'y passe plus au premier chef, comme c'était le cas chez Platon, Aristote ou les stoïciens, par la raison « théorique », mais par la foi. Même si la raison, comme le dit explicitement saint Paul dans ses lettres aux Corinthiens, demeure essentielle dans la compréhension du monde comme dans la lecture et l'interprétation des textes sacrés, elle n'en devient pas moins, au sens propre du terme, *secondaire* par rapport à la foi. Selon le mot fameux de saint Pierre Damien, un moine qui vécut au XIe siècle et que le pape Léon XII déclara docteur de l'Église au début du XIXe siècle, la philosophie est désormais « servante de la religion », de sorte que si la *théôria* n'est pas exclue de la compréhension du Message, c'est malgré tout par la foi qu'on parvient aux vérités les plus hautes, celles de la Révélation.

2) Sur le plan moral, c'est le théologico-éthique qui vient prendre la place du cosmologico-éthique, les

enseignements divins, à l'image des Dix Commandements, devant pour l'essentiel dicter notre conduite dans ce bas monde, tant dans la vie privée que dans la vie publique. Même dans nos sociétés laïques, pour ne rien dire des théocraties, les législations contraires à l'enseignement des trois religions du livre, qu'il s'agisse autrefois du divorce, de l'avortement, ou aujourd'hui de l'euthanasie, du mariage gay ou de la PMA, suscitent des résistances et des réticences encore nombreuses et parfois véhémentes de la part de croyants attachés à la théologie morale, au théologico-éthique. Pour autant, c'est avec la parabole des talents que l'idée d'égalité entre les êtres prend son essor en s'opposant au monde aristocratique. La dignité d'un être humain n'y dépend plus de la nature, mais de ce qu'il fait des talents qu'on lui a donnés, donc de sa liberté et de son travail. Comme le dira Tocqueville, le christianisme sera la véritable origine de l'idée républicaine et de la Déclaration des droits de l'Homme, l'égalité des créatures devant Dieu se transformant tout simplement en égalité des citoyens devant la loi.

3) Troisième élément : le salut, le sens de la vie et la sagesse se situent désormais dans la mise en harmonie de soi, non plus avec l'ordre harmonieux du cosmos, mais avec les commandements divins, cette harmonie étant censée nous ouvrir les voies de ce que la théologie chrétienne appelle la « mort de la mort ».

4) Dans le domaine de l'esthétique, le Moyen Âge sera la grande période des arts religieux, d'œuvres qui évoquent ou représentent les scènes majeures des textes sacrés et mettent en valeur les splendeurs du divin.

5) Pendant longtemps, l'Église catholique, et à vrai dire les autres religions tout autant, seront hostiles aux enseignements de la science moderne. Aujourd'hui encore, de nombreux croyants, notamment dans les milieux protestants américains et chez les musulmans fondamentalistes, rejettent la théorie de l'évolution. L'encyclique *Fides et ratio*, de Jean-Paul II, par un retour à Thomas d'Aquin, accepte pourtant l'idée que si un peu de science éloigne de Dieu, beaucoup de science nous y ramènera toujours, attendu qu'il ne peut pas y avoir de contradiction entre les deux vérités, celle de la raison et celle de la révélation. Il n'en reste pas moins que pendant des siècles, l'Église a mis la science sous tutelle. Giordano Bruno fut condamné au bûcher, Galilée y échappa de justesse et Descartes fit tout son possible pour cacher son rationalisme aux autorités, ce qui le conduisit à renoncer à la publication d'un certain nombre d'ouvrages qui lui auraient sans doute valu de lourdes condamnations. Aujourd'hui encore, quoi qu'en disent certains ouvrages de vulgarisation, Dieu et la science ne font pas toujours bon ménage, spécialement en matière de bioéthique, les religions se montrant le plus souvent hostiles aux retombées « techniques », notamment sur le plan médical, des biotechnologies – ce dont témoigne entre autres leur hostilité radicale au projet transhumaniste.

6) Enfin, sixième trait, la temporalité des religions est d'abord et avant tout celle du passé, celle de la tradition, puisque le Message vient du fond des âges, de la Révélation divine originelle, et qu'il s'agit d'abord et avant tout de le préserver, de le conserver et de le transmettre intact aux générations futures, sans jamais chercher à innover, ni à être à tout prix « moderne ». Mais

c'est aussi vers le futur que se tournent les théologies puisque, à la différence des sagesses cosmologiques, elles accordent une place éminente à la notion d'espérance, en l'occurrence en l'espoir d'une autre vie après la mort, en quoi elles s'opposent de manière tout à fait radicale au « présentisme » des Anciens.

III. Le modèle républicain du premier humanisme

Avec la troisième réponse, celle du premier humanisme (ou humanisme laïc et républicain), inséparable de la grande révolution scientifique galiléo-newtonienne, nous entrons dans un autre monde, un univers intellectuel qui rompt tout autant avec le cosmologico-éthique qu'avec le théologico-éthique.

1) La théorie de la connaissance ne passe évidemment plus par la foi, pas davantage par cette vision ou contemplation du monde qu'inventa la *théôria* grecque. Avec Kant, le philosophe le plus représentatif des Lumières et le plus grand admirateur de Newton, on assiste à une définition inédite de la connaissance. Pour la première fois dans l'histoire de la pensée, elle est considérée, non comme une « vue de l'esprit », mais comme une *praxis*, comme un travail intellectuel. Cette révolution copernicienne va se traduire sur le plan linguistique, le vocabulaire de l'« idée » et de l'« évidence » laissant peu à peu la place à celui du concept, un passage qui possède une signification d'une profondeur abyssale. Voici pourquoi : « idée », du grec *eidos*, vient du verbe grec *oraô*, qui veut dire « voir », comme « évidence » vient du verbe latin *video*, qui lui aussi

veut dire « voir ». Au contraire, le mot « concept » est issu du latin *con-cipere*, qui veut dire « mettre ensemble ». En allemand, le mot *Begriff*, qui traduit le latin *concipere*, vient du verbe *begreifen*, qui signifie lui aussi « mettre ensemble, saisir ensemble », c'est-à-dire « relier », « synthétiser » au sens étymologique du terme : littéralement « poser ensemble ».

Expliquons ce qui se cache derrière cette rupture lexicale. Le modèle du premier humanisme, qui s'expose au mieux dans la *Critique de la raison pure* de Kant, défend, à l'opposé du modèle grec, une conception de la connaissance selon laquelle c'est à la pensée humaine, en particulier à la recherche scientifique, qu'il revient d'introduire de l'ordre dans un univers chaotique qui n'en est pas doté au départ. Comme le dira Bachelard dans le sillage de Kant, aux yeux du scientifique moderne, **« rien n'est donné, tout est construit »**. Il n'y a donc plus de *théôria* au sens grec du terme, plus de vision ou de contemplation possibles, mais une pratique, celle des sciences expérimentales, qui consiste à relier, à mettre ensemble (*concipere*, *begreifen*) les événements afin d'élaborer des lois scientifiques. Par exemple, le savant va expliquer le monde en *reliant activement* des causes et des effets grâce à un principe rationnel, le principe de raison ou de causalité. Et ce type de liaison vaut pour les sciences de la nature comme pour les sciences historiques qui tentent, elles aussi, d'expliquer de manière causale les événements, par exemple de trouver les causes d'une guerre, d'une crise économique, d'une catastrophe humanitaire, etc. La connaissance n'est plus une simple vision du monde, mais une pratique liant des phénomènes qui s'exprimera au mieux dans la méthode expérimentale.

Pour donner un exemple concret, attesté dans l'histoire des sciences, de cette activité intellectuelle guidée par le principe de causalité, on peut penser à la façon dont Claude Bernard découvre la fonction glycogénique du foie. Il s'interroge sur la provenance du sucre dans le sang des lapins. Il procède alors, comme tout scientifique « moderne », non par une vision ou contemplation de l'organisme de ces animaux, mais en recherchant la bonne liaison entre l'effet qu'il constate (la présence de sucre) et la cause qu'il cherche à « isoler » (d'où vient ce glucose ?). Il procède donc en « isolant » différentes variables causales susceptibles d'expliquer cet effet. Il se demande d'abord si ce sucre ne viendrait pas des aliments (première cause possible), par exemple des carottes ingérées par le lapin. À moins, deuxième hypothèse, qu'il ne vienne d'un organe interne au lapin (deuxième variable, deuxième cause possible). Comment choisir entre ces deux explications ? Le savant isole les deux variables – l'hypothèse des carottes d'un côté, l'hypothèse interne ou organique de l'autre. Il met dans une cage des lapins auxquels il ne donne aucun aliment sucré. Dans une autre cage, il place des lapins auxquels il donne des aliments extrêmement sucrés. Ensuite, en leur faisant à tous une prise de sang, il s'apercevra que le taux de sucre est le même, que les lapins soient ou non au régime. D'où le choix de la seconde hypothèse : le sucre proviendrait du lapin lui-même. C'est ainsi que Claude Bernard découvre finalement la fonction glycogénique du foie.

Le savant a ainsi *relié* des phénomènes entre eux grâce à ce que Kant appelle le « schème » de la causalité, c'est-à-dire son utilisation dans le temps sous forme de pratique concrète, de méthode expérimentale. En introduisant de la liaison entre des événements grâce à un connecteur logique (la catégorie de la causalité), le savant dépasse la simple observation, il produit de l'intelligibilité par sa pratique, par son travail intellectuel. Il ne s'agit donc plus simplement de « voir » le monde, de chercher des évidences comme le pense encore Descartes en le contemplant dans la *théôria*, mais d'en produire activement l'intelligibilité à l'aide de connecteurs logiques qui sont situés a priori dans notre esprit (ce que Kant appelle les « catégories de l'entendement »). Elles sont en quelque sorte à la science ce que les règles d'un jeu comme le jeu d'échecs sont aux parties réellement jouées. La rupture avec le monde ancien est donc ici consommée[1]. Le monde n'est plus un cocon douillet, ni une maison chaleureuse. Simple réservoir d'objets formés de matière brute, inanimée et inorganisée, la nature n'a plus aucune signification particulière, plus rien de respectable en soi, elle est désacralisée, dédivinisée. C'est ce que Max Weber appellera le « désenchantement du monde ». Du coup, elle n'est plus non plus un modèle moral et politique auquel s'accorder, un guide pour la vie des hommes. L'idée selon laquelle la vie bonne résiderait dans un accord avec

1. Comme l'écrit Alexandre Koyré dans le livre majeur qu'il consacra à cette rupture radicale, *Du monde clos à l'univers infini* (PUF, 1962), un ouvrage qui décrit la révolution scientifique des XVIIe et XVIIIe siècles, cette révolution engendre tout simplement « **la destruction de l'idée de cosmos [...], la destruction du monde conçu comme un tout fini et bien ordonné, dans lequel la structure spatiale incarnait une hiérarchie des valeurs et de perfection. [...] Elle lui a substitué un Univers indéfini, et même infini, ne comportant plus aucune hiérarchie naturelle et uni seulement par l'identité des lois qui le régissent dans toutes ses parties ainsi que par celle de ses composants ultimes placés, tous, au même niveau ontologique. [...] La chose, maintenant, est oubliée, mais les esprits de l'époque furent littéralement bouleversés par l'émergence de cette nouvelle vision du monde** ».

elle, avec le cosmos, s'est volatilisée, de sorte que c'est le cœur le plus intime des représentations anciennes, le sens le plus profond qu'elles permettaient de donner à l'existence humaine qui d'un seul coup s'effondre avec l'émergence de la science moderne.

2) L'éthique humaniste, qu'elle soit utilitariste (plutôt anglo-saxonne et libérale) ou républicaine (plutôt française et allemande, étatiste et kantienne), va donc mettre un terme au cosmologico-éthico-politique, mais aussi au théologico-éthico-politique, la science et l'esprit critique se montrant souvent hostiles aux dogmes religieux, surtout tels qu'ils étaient affirmés comme indiscutables, parfois sous peine de mort, au Moyen Âge. Cette rupture sera à l'origine intellectuelle des régimes fondés sur l'humanisme juridique, sur les droits de l'Homme : ce ne sont plus ni le cosmos ni des textes sacrés qui donnent le *la*, mais bel et bien l'être humain comme tel, avec sa raison et sa volonté qui s'expriment au sein d'un parlement profane, nouvelle source de la loi. C'est ainsi à la naissance des grandes morales laïques qu'on assiste : l'utilitarisme anglo-saxon, mais aussi le républicanisme dont la morale kantienne fournit le modèle le plus élaboré, des visions morales du monde qui ne se fondent plus ni sur une cosmologie, ni sur une théologie. La fin du cosmologico-éthique lié à l'idée d'une hiérarchie naturelle des êtres signe au passage celle du monde aristocratique et la naissance de l'univers démocratique de l'égale dignité des êtres humains, un univers humaniste qui rendra peu à peu impossible la persistance de pratiques telles que celle de l'esclavage. Bien entendu, il y a encore des hiérarchies naturelles en termes de talent, mais plus a priori en termes de dignité, seul le mérite lié à l'idée

de liberté (au travail, à l'effort et au mérite), et non de nature (les talents, les dons naturels) permettant en principe de hiérarchiser les êtres dans le domaine moral et politique. Comme je l'ai signalé plus haut, et comme Tocqueville l'avait compris, la Révolution française fut à cet égard le lieu d'une double sécularisation du christianisme : la Déclaration des droits de l'Homme sécularisa l'universalisme catholique (un mot qui vient du grec *kata holon*, « pour tous ») ; quant à l'égalité des créatures devant Dieu, elle la transcrivit en égalité des citoyens devant la loi : fin des privilèges et nuit du 4 Août.

3) On comprend maintenant pour quelles raisons de fond le salut ne peut plus se situer ailleurs que dans la mise en harmonie de soi avec l'humanité, voire dans la capacité à apporter une contribution au progrès humain. Bien entendu, on peut rester croyant, mais c'est désormais seulement à titre privé que la foi peut et doit s'exprimer. Ce premier âge de l'humanisme, scientifique et républicain, reste malgré tout encore prisonnier d'une vision du monde étroite, liée à l'idée nationale : d'une part, parce que malgré leur prétention à l'universalité, les droits de l'Homme demeurent avant tout des droits du citoyen d'une nation particulière, mais aussi parce que l'idée que le propre de l'Homme réside dans sa liberté, dans sa capacité de s'arracher à la nature pour entrer dans l'histoire, fait que l'Homme occidental regarde les sociétés traditionnelles, orientées vers la conservation du passé, et à ce titre pratiquement « sans histoire », comme des sociétés arriérées, primitives, sous-développées, ce qui justifie à ses yeux la colonisation, voire le racisme colonial. Nous y reviendrons, car sur ces deux points fondamentaux, le deuxième âge de l'humanisme (le

spiritualisme laïc) pour lequel je plaide ici prendra clairement ses distances avec le premier.

4) Du côté de l'art, le cosmologico- et le théologico-esthétiques font place à une esthétique nouvelle, elle aussi radicalement humaniste, une esthétique dont le premier visage s'épanouit de manière admirable dans la peinture hollandaise du XVIIe siècle, une forme artistique inédite qui ne représente plus les splendeurs du cosmos ou du divin, de la mythologie ou de la Bible, mais celles de l'humain comme tel dans ses activités quotidiennes les plus profanes : scènes de genre dans des cabarets, fêtes de village, portraits d'anonymes, intérieurs de maisons bourgeoises où des enfants jouent dans une cuisine...

5) La recherche scientifique devient adulte, enfin libérée qu'elle est de toute tutelle théologique, ce qui lui permet de se revendiquer comme objective, axiologiquement neutre. N'étant soumise ni au cosmos, ni à un dieu censé délivrer par l'intermédiaire de ses clercs des vérités indiscutables, refusant les arguments d'autorité au nom du droit à l'esprit critique, la révolution scientifique du XVIIIe siècle peut enfin ouvrir l'espace d'un premier âge de ce qu'on appellera plus tard la « mondialisation » : qu'il s'agisse de la théorie de la gravitation universelle ou de l'héliocentrisme, les vérités qu'elle met au jour vont en effet traverser les classes sociales et les frontières afin de valoir aux yeux du monde entier, pour l'humanité tout entière. La science moderne apparaît de ce point de vue comme le premier discours à proprement parler « mondial », car malgré sa prétention à l'universalité, le catholicisme reste une religion locale vu de la Chine ou de l'Inde.

6) Quant au rapport au temps, il se caractérise désormais par une rupture radicale avec les sociétés traditionnelles organisées autour de la temporalité du passé, de la tradition et des coutumes. Il faut bien sûr connaître l'histoire, mais d'abord et avant tout pour « du passé faire table rase » si l'on est révolutionnaire, et si l'on est « seulement » réformiste, il faut, sinon l'abolir, du moins l'améliorer, le transformer sans cesse. Avec l'idée de progrès en étendard, c'est un futurisme qui l'emporte sur toutes les autres dimensions du temps, une sacralisation de l'avenir supposé meilleur, voire radieux, une conviction que le réformisme et a fortiori l'idée révolutionnaire vont illustrer avec plus ou moins de bonheur (et de malheur...) tout au long du XIXᵉ et du XXᵉ siècle.

IV. Le modèle de la déconstruction

Les grandes philosophies du soupçon vont ouvrir une nouvelle étape dans l'histoire des conceptions de la vie heureuse, de la vie bonne pour les mortels, une vision du monde nouvelle qui va elle aussi se répercuter dans les six sphères que nous avons évoquées pour les précédentes.

1) Que ce soit chez Marx, Nietzsche ou Freud, voire déjà chez Schopenhauer et plus tard chez Heidegger, la théorie de la connaissance prend la forme d'une généalogie[1], d'une déconstruction du monde des appa-

1. C'est dans le paragraphe 289 de *Par-delà le bien et le mal* (1886), un passage crucial de son œuvre, que Nietzsche dresse le portrait du

rences au nom du dévoilement des arrière-mondes. Dans tous les cas de figure, il s'agit de déconstruire le visible au nom de l'invisible, le manifeste au nom du latent, le conscient au nom de l'inconscient, les idéologies aliénantes au nom des infrastructures souterraines qui les sous-tendent. La logique généalogique de la déconstruction des illusions de la métaphysique et de la religion conduit ainsi à ce fameux « crépuscule des idoles » dont nous parle Nietzsche, à cette érosion, au nom d'un matérialisme radical, des transcendances passées qui caractérise la philosophie contemporaine dont Nietzsche peut être à mon sens considéré comme le penseur le plus profond et le plus radical.

2) La déconstruction engendre naturellement une éthique qui a pour finalité principale la lutte contre toutes les formes d'aliénation. C'est ce que j'ai appelé ailleurs l'« éthique de l'authenticité », une vision morale du monde orientée autour de ce que Foucault, en bon

---

philosophe authentique, tout à la fois généalogiste et solitaire, un génie qui, parce qu'il ne se laisse pas abuser par les illusions, est par définition seul, nécessairement en avance sur son temps, en marge de son époque : **« Le solitaire doute même qu'un philosophe puisse avoir des opinions véritables et ultimes. Il se demande s'il n'y a pas nécessairement en lui, derrière chaque caverne, une autre qui s'ouvre plus profonde encore. Et en dessous de chaque surface, un monde souterrain plus vaste, plus étranger, plus riche. Et sous tous les fonds, sous toutes les fondations, un tréfonds plus profond encore. Toute philosophie est une façade. Tel est le jugement du solitaire. Toute philosophie dissimule une autre philosophie. Toute opinion est une cachette. Toute parole peut être un masque. »** Le philosophe authentique est donc un marginal puisqu'il pratique la généalogie, qu'il dévoile les arrière-mondes, les intérêts cachés, inavoués et souvent inavouables, qui se cachent derrière les « idoles », les valeurs prétendument supérieures et les convictions en apparence les plus pures et les plus sublimes. En quoi cette vision du monde annonce l'avant-gardisme du XXe siècle.

disciple de Nietzsche, appellera, comme nous l'avons déjà dit, le « souci de soi ». Bien avant Heidegger, Nietzsche explique dans un passage célèbre de son œuvre qu'il faut « philosopher au marteau » afin de « déconstruire » les illusions de la philosophie classique et de la religion. Heidegger, malgré tout ce qui l'oppose à Nietzsche par ailleurs, lui emboîtera le pas sur ce point, son projet prenant tout entier l'allure de ce qu'il appelle lui-même « déconstruction de la métaphysique » (*Abbau der Metaphysik*). Son principal disciple, Jacques Derrida, qui deviendra aux États-Unis le pape du féminisme différentialiste et du politiquement correct, l'ancêtre du « wokisme » actuel, popularisera le thème dans les universités américaines. Il y expliquera comment il faut « déconstruire » ce qu'il appelle le « phallo-logo-centrisme ». Décortiquons le jargon derridien : déconstruire le « phallus », c'est d'abord s'attaquer à la domination du « mâle blanc hétérosexuel » sur les femmes, les homosexuels et les « racisés », en quoi la déconstruction va devenir le *flagship* du féminisme radical, des LGBT autant que des idéologies décoloniales ; déconstruire le « logos », c'est s'attaquer au visage que lui ont donné le capitalisme et le monde de la technique dans l'économie moderne, à savoir celui de la rentabilité à tout prix associée à un projet total, sinon totalitaire, de domination du monde humain autant que naturel ; quant à la « centralité », il s'agit bien entendu de la prétention de l'Occident, masculin, blanc et capitaliste, à coloniser le reste du monde. En quoi la « déconstruction du phallo-logo-centrisme » contient en condensé tous les ingrédients du « wokisme » et de la « *cancel culture* » qu'on retrouve aujourd'hui chez les fondamentalistes verts, les « antifa », Extinction Rebellion, les indigénistes et les islamo-gauchistes : anticapitalisme radical, écologie décoloniale, écoféminisme, dénonciation de l'universalisme comme *colorblind* (« aveugle aux couleurs ») et de l'idée républicaine comme un nouveau visage du racisme colonial, bref, le cœur du cœur de l'intersectionnalité (ou « convergence des luttes »).

3) Cette nouvelle éthique centrée autour des notions antirépublicaines de discrimination positive et de droit à la différence prépare une doctrine du salut liée au projet ultime d'une harmonisation de soi-même avec soi-même, un nouvel idéal censé nous conduire à un bonheur durable, à une « éternité de joie » comme dit Spinoza, qui devient à ce titre une des références majeures des déconstructeurs, que ce soit chez Nietzsche lui-même, ou chez certains de ses grands disciples comme Gilles Deleuze ou Clément Rosset, qui associent dans leurs œuvres spinozisme et nietzschéisme – ce qui explique que l'éthique et la doctrine du salut se nourrissent si volontiers des sagesses anciennes.

4) Dans le domaine de l'esthétique, la déconstruction de la tonalité et de la perspective donne naissance aux avant-gardes, à l'art moderne, puis contemporain. Ce n'est pas un hasard si Apollinaire, déjà, dans son livre consacré aux peintres cubistes, fait de Nietzsche la figure tutélaire du modernisme : « **L'art des peintres nouveaux,** écrit-il, **prend l'univers infini comme idéal et c'est à cet idéal que l'on doit une nouvelle mesure de la perfection qui permet à l'artiste peintre de donner à l'objet les proportions conformes au degré de plasticité où il souhaite l'amener. Nietzsche avait deviné la possibilité d'un tel art. Il avait fait, par la bouche de Dionysos, le procès de l'art grec.** » L'art grec dont

Apollinaire dit que Nietzsche le critique au nom du dionysiaque, c'est bien sûr l'art apollinien, un art « classique » de la conscience claire, de l'identité, de l'ordre et du visible, bref, de la figuration, le dionysiaque symbolisant au contraire le chaos, la brisure, l'inconscient, la différence et l'ivresse, bref, tout ce que la déconstruction des transcendances et de l'harmonie prétend désormais libérer. De là, la critique de la tonalité en musique et de la représentation figurative en peinture. Dans *Le Gai Savoir*, Nietzsche définissait ainsi ce « nouvel infini » auquel Apollinaire fait allusion : « **L'esprit de l'homme ne peut s'empêcher de se voir selon sa propre perspective et ne peut voir que selon elle. Nous ne pouvons voir qu'avec nos yeux. J'espère cependant que nous sommes aujourd'hui loin de la ridicule prétention de décréter que notre petit coin est le seul d'où l'on ait le droit d'avoir une perspective. Tout au contraire le monde, pour nous, est redevenu infini en ce sens que nous ne pouvons pas lui refuser la possibilité de prêter à une infinité d'interprétations. Nous sommes repris du grand frisson.** » Le sens de la « découverte » nietzschéenne est clair : il s'agit de libérer la pensée des illusions inhérentes au point de vue unique, à l'idée qu'il existerait une vérité absolue, un ordre harmonieux à imiter dans l'art. Le perspectivisme, la multiplicité infinie des points de vue, ne saurait, comme dans les définitions classiques de la beauté en termes d'harmonie, être réduit à l'identité d'un point de vue unifiant et systématique. Le « perspectivisme » de Nietzsche marque ainsi la fin de la perspective classique, comme on le voit dans les toiles des cubistes où les points de vue différents se chevauchent dans la brisure des objets et des visages.

Pour autant, il ne s'agit pas, ni dans la philosophie, ni dans l'art, d'abandonner le projet d'atteindre la vérité, mais il s'agit désormais d'une autre vérité que celle de la métaphysique classique et idéaliste. Certes, le réel est désormais pensé, non comme harmonie et conscience claire, mais comme différence, brisure, inconscient, multiplicité radicale des forces et des points de vue irréductibles au « système » de la figuration ou de la tonalité. Reste qu'il n'est pas question de renoncer à le saisir dans l'art, et Nietzsche, en une formule qui annonce le cubisme avec sa façon de représenter les objets et les visages de différents points de vue qu'aucun point de fuite ne prétend désormais unifier, nous exhorte à voir le monde « **avec le plus grand nombre d'yeux possible** ». Par le rapprochement qu'il opère entre les avant-gardes et la philosophie de Nietzsche, Apollinaire suggère que le projet des « peintres nouveaux » est indissociable d'une certaine conception de la subjectivité de l'être humain. C'en est fini de l'ère des cogitos cartésiens, des « je pense » clos sur eux-mêmes sous le primat d'une fausse transparence. Comme l'écrit Schönberg dans une lettre à Kandinsky : « **Toute recherche tendant à produire un effet traditionnel est plus ou moins marquée par l'intervention de la conscience. Mais l'art appartient à l'inconscient.** » C'est cette pensée de l'inconscient qu'il faut désormais mettre en parallèle avec l'émergence d'une nouvelle représentation du réel dans l'art, un réel brisé, chaotique, et en ce sens plus vrai que le réel enjolivé par des siècles de métaphysique et de religion.

5) Dans le sillage de Schopenhauer et de la critique nietzschéenne de la « volonté de vérité », la généalogie s'applique aussi, au nom d'un relativisme

absolu, à la recherche scientifique comme à toutes les formes de rationalisme. La seule vérité qui émerge de la déconstruction, c'est un « perspectivisme » radical selon lequel il n'y a, comme le dit encore Nietzsche, « **pas de faits, mais seulement des interprétations** ». Et il ajoute, afin d'en finir une bonne fois pour toutes avec l'idée classique de vérité comme « adéquation entre l'intellect et le réel », que « **tout jugement n'est qu'un symptôme** », un masque qui cache des arrière-mondes, ce qui vaut pour les jugements moraux tout autant que pour les lois scientifiques. Comme le dira Lacan dans le sillage de Nietzsche, aux yeux des déconstructeurs et des généalogistes, « **il n'y a pas de métalangage** », pas de transcendance, ni de la vérité, ni des valeurs par rapport à l'immanence radicale à soi, c'est-à-dire à son inconscient.

6) Dans ces conditions, le rapport à la temporalité prend la forme d'un retour au présentisme des Anciens, d'une sacralisation du présent, comme l'indique assez la doctrine nietzschéenne de l'*amor fati* et de l'*innocence du devenir* que nous avons déjà évoquée, une doctrine dont Pierre Hadot a bien montré dans son livre sur Marc Aurèle (*La Citadelle intérieure*, 1992) combien elle était en phase avec certains aspects des sagesses anciennes, en particulier de la pensée stoïcienne et, ajouterai-je, du bouddhisme.

V. Le spiritualisme laïc

Munis de cette réflexion systémique sur les six éléments fondamentaux constitutifs des grandes visions du monde qui ont scandé l'histoire de la pensée – une histoire que j'ai tenté de résumer ici en ayant bien évidemment conscience qu'il faudrait lui consacrer une bibliothèque entière pour lui rendre justice –, nous allons pouvoir exposer maintenant la façon dont ils s'articulent dans la cinquième, dans le spiritualisme laïc qui caractérise le deuxième âge de l'humanisme, ce qui nous permettra de comprendre au passage les raisons pour lesquelles travailler à l'allongement de la vie pourrait avoir du sens.

Dans les années 1970, lorsque étudiant je découvrais, grâce aux cours géniaux (et je pèse mes mots) de Jacques Rivelaygue[1] et Alexis Philonenko, à la fois l'œuvre de Heidegger et la *Critique de la faculté de juger* de Kant, j'avais conçu le projet de fonder ce que j'appelais alors un « humanisme non métaphysique », une critique de la métaphysique qui n'aurait pas risqué de conduire, comme celles de Nietzsche et de Heidegger, vers un irrationalisme ou un immoralisme[2], voire vers le politiquement correct que je viens d'évoquer à propos de la vague du « wokisme » qu'on voyait déjà poindre dans les universités américaines sous l'influence de la Pensée 68. Il s'agissait pour moi de faire évoluer les valeurs républicaines de l'humanisme des Lumières, son rationalisme critique sur le plan théorique comme, sur les plans moral et politique, son idéal de liberté, de perfectibilité et

1. J'ai publié ses cours chez Grasset. Le titre, il est vrai peu attrayant (*Leçons de métaphysique allemande*), ne doit cependant pas arrêter le lecteur : il n'existe aucun équivalent à mes yeux, sur les plans tant pédagogique que philosophique.

2. C'est l'idée que je développais dès la fondation du Collège de philosophie, une idée que j'exposais déjà dans un entretien accordé à la revue *Esprit* en avril 1982. J'y indiquais la nécessité de retrouver un usage légitime de la raison après la déconstruction de ses usages métaphysiques illusoires et illégitimes.

d'autonomie. Bref, pour l'essentiel, je me reconnaissais dans le projet d'une reformulation des valeurs du premier âge de l'humanisme à condition toutefois d'y intégrer ce que la déconstruction des illusions de la métaphysique avait pu, malgré ses errements souvent désastreux, apporter de juste et de profond. Il m'apparaissait évident qu'il fallait en tenir compte, en particulier dans la déconstruction du rationalisme dogmatique de Spinoza, de Hegel et de Marx.

À l'époque, et jusqu'au début des années 1990, mon projet se situait avant tout sur les plans de la connaissance et de l'éthique, la question de la spiritualité (de la vie bonne, du salut, de la sagesse ou du sens de la vie) n'entrait pas encore pour moi en ligne de compte. Elle me paraissait (à tort, je le comprends aujourd'hui) relever pour l'essentiel du religieux, et la notion de spiritualité laïque ne m'était pas encore apparue comme digne d'intérêt. Le débat que j'eus un peu plus tard avec André Comte-Sponville, un débat publié dans *La Sagesse des Modernes* (1998), puis avec Marcel Gauchet, dans un livre intitulé de manière significative *Le Religieux après la religion* (2004), témoigne de ma prise de conscience de cette lacune. Je commençais alors à développer l'idée d'un spiritualisme laïc, d'une transcendance non religieuse et de la possibilité d'un rapport non dogmatique à l'Absolu et au sacré, sans parvenir, cela dit au passage, à convaincre mon camarade Gauchet, qui regardait mes thèses avec cette ironie sceptique dont il a le secret. L'idée que je commençais à développer, et qui me tient toujours autant à cœur, notamment à partir de certains aspects de la *Critique de la faculté de juger*, c'est qu'il existe un usage légitime possible (ce que Kant appelait un « usage régulateur » guidant le « jugement réfléchissant ») des idées de la métaphysique après leur déconstruction. Que le lecteur qui ne connaît pas Kant ne s'effraie pas, il s'agit là d'une analyse que tout le monde peut comprendre, même sans passer par la lecture, en effet ardue, des trois *Critiques*. Et comme je vais le montrer maintenant, elle a des prolongements au plus haut point significatifs dans les six secteurs du spiritualisme laïc dont je vous propose maintenant de découvrir la structure systémique.

1) Théorie : autoréflexion et critique de la métaphysique dogmatique

En voici une première illustration aussi simple qu'essentielle : bien que l'idée cartésienne du cogito, du sujet autonome, auteur de ses pensées et de ses actes, totalement transparent à lui-même et dénué de toute espèce d'inconscient, soit illusoire, comme le montrent à la suite de Kant les grands déconstructeurs, de Schopenhauer à Freud en passant par Nietzsche et Heidegger, il n'en reste pas moins que l'idéal de l'autonomie d'un sujet qui récupère autant qu'il est possible ce qui lui échappe et le détermine à son insu, reste un « idéal régulateur » indispensable dans nos vies. Par exemple, ainsi que l'avait compris cet héritier de Kant que fut Karl-Otto Appel, il est omniprésent dans toutes nos argumentations, attendu qu'il est rigoureusement impossible d'argumenter dans quelque dialogue que ce soit sans se considérer implicitement comme l'auteur de ses propos et de ses convictions. Je n'ai encore jamais rencontré dans un débat quelqu'un, fût-il psychanalyste, qui m'ait déclaré que ce n'était pas vraiment lui qui me parlait, mais son inconscient qui dictait ses propos à son insu, voire ses parents, sa famille et son histoire qui s'exprimaient à travers lui sans qu'il assume ses convictions théoriques, morales ou politiques. Du reste, sans cet idéal d'autonomie qui nous pousse à nous considérer comme les auteurs de nos paroles et de nos actes, personne n'entreprendrait jamais de faire le travail sur soi que recommandent la psychanalyse, et plus généralement les sciences humaines contemporaines, un travail qui vise à saisir ce qui dans notre passé, dans notre inconscient historique, social, familial ou personnel, nous détermine, nous prive de liberté et nous rend ainsi plus ou moins aveugles à nous-mêmes, voire pathologiquement abîmés.

Même chose pour l'idéal métaphysique de l'omniscience divine (de la connaissance du troisième genre de Spinoza, du savoir absolu de Hegel ou de la science de l'histoire de Marx) : bien qu'il s'agisse à l'évidence d'illusions métaphysiques au sens propre du terme délirantes, situées hors de toute expérience humaine possible, il n'en reste pas moins que, sans cette idée de « science achevée » comprise comme un idéal régulateur, on voit mal pourquoi la recherche scientifique pourrait même seulement se mettre en marche[1]. Bien entendu, le savant authentique ne pense plus, comme Spinoza, Hegel ou Marx, qu'il est possible de se placer du point de vue de l'omniscience et de la fin de l'histoire pour penser le monde, la politique ou l'éthique. Contrairement au prétendu sage spinoziste, les chercheurs ne se prennent pas pour Dieu, mais chaque progrès scientifique n'en fonctionne pas moins comme un symbole,

1. Comme le montre Kant, dans l'*Appendice à la dialectique transcendantale*, sur le rôle régulateur des idées de la raison, mais aussi dans son introduction à la *Critique de la faculté de juger*.

une approximation asymptotique de ce savoir absolu qui serait celui d'un Être suprême omniscient ou, pour mieux dire, comme un début de réalisation partielle de cette idée régulatrice (ce que Kant appelait une « présentation symbolique » – *symbolische Darstellung* – d'une idée métaphysique déconstruite, celle d'omniscience ou d'entendement divin).

De là le fait que je n'ai jamais pu être heideggérien, et ce pas seulement pour les raisons politiques évidentes liées à son engagement dans le nazisme, mais parce que, malgré toute mon admiration pour la puissance de son travail de déconstruction de la métaphysique, il m'est apparu d'emblée, dès le début des années 1970, que les heideggériens étaient incapables de penser le statut de la métaphysique, de la raison et de l'éthique, *après leur déconstruction*, de comprendre que les idéaux de liberté, de transparence à soi, d'autonomie du sujet, voire de savoir absolu ou de science achevée, pouvaient et devaient conserver un sens (sinon une vérité) à titre d'idées régulatrices pour le travail de compréhension de soi comme d'explication du monde.

Cela étant posé, c'est bien à partir de la déconstruction kantienne, puis heideggérienne, du rationalisme dogmatique de Spinoza, Hegel et Marx, que la différence abyssale qui séparait à mes yeux le rationalisme critique du rationalisme dogmatique me semblait impossible à occulter. De là mon rejet, non seulement du spinozisme, mais tout autant du matérialisme historique de Marx, un rejet qui, là aussi, ne s'enracinait pas seulement dans la constatation des effets totalitaires du marxisme, mais d'abord et avant tout dans le constat que ces philosophies matérialistes de l'immanence radicale reposaient de part en part sur une structure métaphysique dogmatique et pour tout dire délirante (chez Spinoza et Hegel, l'illusion du savoir absolu, chez Marx, l'idéal totalitaire d'une société de transparence parfaite, sans contradiction aucune, la science de l'histoire enfin achevée sous l'égide d'une dictature du prolétariat elle-même conduite par un « guide génial », etc.). De là aussi les deux traits fondamentaux qui vont caractériser à mes yeux ce rationalisme critique par rapport au rationalisme dogmatique : l'autoréflexion (la pensée de la pensée) et, sur le plan spirituel, s'agissant du rapport au sacré, c'est-à-dire au sacrifice et sacrilège, un nouveau visage, non métaphysique, non dogmatique et non illusoire, de la transcendance.

Le point est si fondamental pour comprendre la spiritualité nouvelle qui en est inséparable que je prie mon lecteur de prendre le temps de s'y arrêter afin de bien comprendre ce qui suit.

L'autoréflexion contre le scientisme du premier humanisme

Dans la perspective qui est aujourd'hui la mienne, la théorie de la connaissance, sans renoncer pour autant à l'apport du rationalisme des Lumières, y ajoute la notion d'autoréflexion que Kant était à l'époque le premier et le seul à entrevoir, une notion qui va se développer dans le sillage de sa philosophie pour en venir à caractériser ce que Horkheimer et Adorno ont désigné comme la « théorie critique », une vision de la connaissance qui caractérise les sciences historiques (les sciences dites « humaines »), des disciplines dont on notera que l'apparition est de manière significative chronologiquement postérieure à celle des sciences naturelles, donc à la révolution scientifique des Lumières et du premier humanisme. Dans ce dernier, en effet, si l'on fait exception de Kant et de la philosophie critique dont Adorno dira à juste titre qu'elle est déjà par avance « posthégélienne » et « postmétaphysique », la connaissance est le plus souvent caractérisée par une absence totale d'autoréflexion, par une conception non pas scientifique, mais scientiste, encore autoritaire et dogmatique, du travail intellectuel.

Sûr de lui et dominateur à l'égard de son principal objet, la nature, le scientisme prétend naïvement, sans le moindre esprit d'autocritique, rimer avec émancipation et bonheur des hommes. Il leur fait promesse de les affranchir de la superstition, de l'obscurantisme religieux des siècles passés, de les conduire vers le progrès et le bonheur en leur assurant d'un même mouvement les moyens de se rendre, selon la fameuse formule cartésienne, « comme maîtres et possesseurs » d'une nature utilisable et corvéable à merci. Ni autocritique, donc, ni souci écologique, la nature n'étant là que pour les fins de l'homme, que pour être dominée sans limites ni scrupule. Pour n'en donner qu'un exemple parmi tant d'autres, je pense à cet éloge de la vivisection auquel se livre Claude Bernard dans sa fameuse *Introduction à l'étude de la médecine expérimentale* (1865), un éloge adossé à l'idée typique du premier humanisme selon laquelle la science autorise et justifie tout, ou peu s'en faut, l'opposition entre les « gens du monde », qui n'y entendent rien, et les scientifiques purs et durs étant significative de ce scientisme dogmatique dont fait preuve l'argumentation de Claude Bernard :

« **Il faut nécessairement,** affirme-t-il, **après avoir disséqué sur le mort, disséquer sur le vif, à l'exemple de Galien qui pratiqua des expériences admirables et utiles qui consistent à blesser, à détruire ou à enlever une partie afin de juger de son usage par le trouble que sa soustraction produit. [...] A-t-on le droit de faire des expériences et des vivisections sur les animaux ? Quant à moi je pense qu'on a ce droit d'une manière absolue et entière. [...] Faudra-t-il se laisser émouvoir par les cris de sensibilité qu'ont pu pousser les gens du monde ou par les objections qu'ont pu faire les hommes étrangers aux idées scientifiques ? Je comprends parfaitement que les gens du monde qui sont motivés par des idées tout à fait différentes de celles qui animent le physiologiste jugent tout autrement que lui de la vivisection. Nous avons dit quelque part dans cette introduction que c'est l'idée qui donne aux faits leur valeur et leur signification. Des faits identiques matériellement peuvent avoir une signification morale opposée suivant les idées auxquelles ils se rattachent. Le lâche assassin, le héros et le guerrier plongent également le poignard dans le sein de leur semblable. Qu'est-ce qui les distingue, si ce n'est l'idée qui dirige leur bras ? La différence des idées explique tout. Le physiologiste n'est pas un homme du monde, c'est un savant, c'est un homme qui est saisi par une idée qu'il poursuit. Il n'entend pas les cris des animaux, il ne voit pas le sang qui coule, il ne voit que son idée et n'aperçoit que des organes. D'après ce qui précède, nous considérons comme oiseuses ou absurdes les discussions sur la vivisection.** »

La nature, y compris vivante et animale, n'a ici aucun droit, elle n'est rien d'autre qu'un stock d'objets sans valeur ni signification, de sorte que le scientifique n'a tout simplement aucun devoir envers elle. La sacralisation de la science passe ainsi au premier plan dans cet héritage intellectuel du cartésianisme qui refuse de réfléchir sur lui-même, de pratiquer l'esprit d'autocritique s'agissant de son propre projet. Le savant ne doit s'intéresser qu'au progrès et ce quoi qu'il en coûte, jamais à ses enjeux éthiques, ni aux intérêts politiques ou économiques qui peuvent le guider, voire le biaiser au sein des sociétés dans lesquelles il se déploie en le mettant au service de fins qui, elles, n'ont le cas échéant rien de positif pour l'humanité (la bombe atomique étant l'exemple type de l'exploit davantage technique que moral).

Le XXe siècle finissant sera le lieu d'une véritable révolution par rapport au scientisme du XIXe siècle. La puissance débridée, incontrôlée ou incontrôlable, des usages et des effets de la science moderne commence à inquiéter, à susciter des interrogations. Du coup, les sciences expérimentales vont commencer à faire l'objet d'une critique externe, sociale, mais bientôt, et c'est une excellente chose, elles vont s'approprier cette critique pour devenir autoréflexives comme en témoignera la création des comités d'éthique. Peu à peu, les sciences positives vont ainsi s'émanciper du scientisme dogmatique des origines. Si les visages traditionnels de la science et de la démocratie républicaine sont aujourd'hui fragilisés, ce n'est donc pas toujours par « irrationalisme », par retour vers certaines formes d'obscurantisme (même si, de fait, le phénomène existe aussi comme on le voit encore aujourd'hui à propos de la vaccination ou dans le fondamentalisme vert), mais paradoxalement par fidélité à ce que l'esprit critique des Lumières pouvait déjà avoir d'autoréflexif, mais qui avait été mis de côté par le scientisme, et qui retrouve de nouveaux droits. Comme l'avait vu Horkheimer, l'un des fondateurs de l'École de Francfort dont je traduisais pour cette raison les œuvres en français dans les années 1980, les théories scientifiques devaient inévitablement adopter un jour ou l'autre la forme d'une « théorie critique », une théorie qui devait en quelque façon prendre modèle sur les sciences historiques afin de réfléchir à l'inconscient social d'un scientisme qui se croit d'autant plus pur et désintéressé qu'il tend à occulter les intérêts qui l'animent[1]. Tel est

1. Voici ce que dit à ce sujet Max Horkheimer dans un bref essai que j'ai traduit voilà bien des années déjà, *La Théorie critique hier et aujourd'hui* (*Kritische Theorie gestern und heute*), un texte de 1970, dans lequel Horkheimer, parvenu à la fin de sa vie, raconte l'histoire intellectuelle de l'École de Francfort. Il évoque le souvenir de son vieil ami Adorno, qui vient de mourir, puis indique les raisons pour lesquelles ils ont fondé ensemble cette fameuse théorie critique, ainsi que la manière dont leur pensée a évolué au fil du temps.

Je vous en cite ce passage tout à fait significatif : **« Comment naquit la théorie critique ? Je voudrais tout d'abord vous faire comprendre la différence entre la théorie traditionnelle et la théorie critique. Qu'est-ce que la théorie traditionnelle ? Qu'est-ce que la théorie au sens de la science, de la science positive, la physique, les mathématiques ? Permettez-moi de vous donner une définition très simplifiée de la science. La science, c'est la mise en ordre de faits de notre conscience telle qu'elle permet finalement d'attendre chaque fois à tel endroit exact de tel espace et du temps ce qui doit exactement y être attendu. Cela vaut même pour les sciences humaines, lorsqu'un historien affirme quelque chose avec une prétention à la scientificité, on doit alors être en mesure d'en trouver la confirmation dans les archives. L'exactitude est en ce sens le but de la science. Toutefois – et c'est ici qu'apparaît le premier thème de la théorie critique –, la science elle-même ne sait pas pourquoi elle met en ordre les faits justement dans telle direction, ni pourquoi elle se concentre sur certains objets et non sur d'autres. Ce qui manque à la science, c'est la réflexion sur soi, l'autoréflexion, la connaissance des mobiles sociaux qui la poussent dans une certaine direction, par exemple à s'occuper de la Lune, et non pas du bien-être des hommes. La science manque d'autoréflexion, c'est-à-dire qu'elle ne réfléchit pas sur ses finalités, sur ses**

à mon sens le premier trait qui sépare le rationalisme critique du rationalisme dogmatique si caractéristique du premier humanisme.

De là aussi le formidable essor, tout au long du XXe siècle, de sciences historiques qui nous promettent, en maîtrisant sans cesse davantage notre passé, de mieux nous connaître nous-mêmes et de pouvoir ainsi affronter plus librement l'avenir. Elles s'enracinent alors dans la conviction que l'histoire, en pesant sur nos vies lorsque nous l'ignorons, est par excellence le lieu de l'hétéronomie la plus liberticide, des déterminismes les plus puissants. Dans ces conditions, l'idéal régulateur du sujet autonome, responsable de ses actes et de ses pensées, l'exigence de penser par soi-même autant qu'il est possible ne sauraient faire l'économie d'un détour par la connaissance historique, ne fût-ce que pour mieux se libérer des pesanteurs du passé et aborder le temps présent avec moins de préjugés. En quoi, bien que toujours liée à l'idée de neutralité axiologique, la science contemporaine renoue, mais sur un tout autre mode bien sûr, avec l'idée ancienne d'une vocation éthique de la connaissance. Les sciences historiques ajoutent ainsi aux travaux purement théoriques, ne visant que la connaissance objective, un idéal d'émancipation humaine adossé à la conviction morale que l'histoire et le passé pèsent d'autant plus sur nos vies que nous les ignorons. Cela ne doit évidemment pas influer sur l'objectivité du travail scientifique, mais l'idée s'y ajoute que connaître le passé qui nous détermine, c'est s'éviter de le revivre sur le mode du retour du refoulé.

---

choix, sur les raisons pour lesquelles elle est animée dans telle direction et pas dans telle autre. »

2) Morale et politique : l'universalisation des droits de l'Homme et la critique du racisme colonial

La sacralisation dogmatique de l'idée républicaine qui s'est aujourd'hui emparée des esprits et qui s'étend désormais de l'extrême droite à l'extrême gauche en passant par les différents visages du centre nous interdit de voir cette vérité déplaisante qu'il existe un lien étroit entre le racisme colonial et les fondements philosophiques du premier humanisme laïc et républicain. Pas de malentendu : le reconnaître n'implique en rien qu'on cède si peu que ce soit à l'effroyable mode du « wokisme », de la « *cancel culture* » et du politiquement correct que Derrida et Foucault ont exporté aux États-Unis avant qu'elle ne nous revienne comme un boomerang, augmentée encore par la puissance du grand satellite américain. Simplement, la vérité oblige à avouer qu'un lien essentiel existe entre le racisme colonial et la métaphysique dogmatique du premier humanisme, et que ce lien n'est pas simplement lié à cet « esprit du temps » qu'une illusion rétrospective[1]

1. Était-il alors possible de penser autrement ? Oui, et la preuve porte un nom : Clemenceau. En juillet 1885, il répond au discours du grand Jules : s'appuyant sur « **la thèse de M. Ferry, déclare-t-il, on voit le gouvernement français exerçant son droit sur les races inférieures en allant guerroyer contre elles et les convertissant de force aux bienfaits de la civilisation. Races supérieures ! Races inférieures ! C'est bientôt dit. Pour ma part, j'en rabats singulièrement depuis que j'ai vu des savants allemands démontrer scientifiquement [...] que le Français est d'une race inférieure à l'Allemand ! [...] Regardez l'histoire de la conquête de ces peuples que vous dites barbares et vous y verrez la violence, tous les crimes déchaînés, l'oppression, le sang coulant à flots, le faible opprimé, tyrannisé par le vainqueur ! Voilà l'histoire de votre civilisation ! Combien de crimes atroces, effroyables, ont été commis au nom de la justice et de la civilisation. Je ne dis rien des**

nous ferait méconnaître et oublier. Il s'agit hélas d'un motif de fond.

La déconstruction du racisme colonial

Le premier âge de l'humanisme repose en effet sur une certaine idée du Progrès et de l'Histoire avec un grand H. Il tient que le but de l'existence humaine n'est pas tant de conserver que d'innover sans cesse afin de contribuer à l'évolution générale, d'apporter, comme on dit, sa « pierre à l'édifice » à l'instar de ces « savants et bâtisseurs » dont l'école de mon enfance faisait quotidiennement le vibrant éloge. Or, par contraste, l'Africain ou le Tonkinois de Jules Ferry paraissent n'être jamais entrés dans l'histoire. La tribu « primitive », comme on disait dans mon enfance encore, semble ignorer l'innovation. Aux yeux des premiers colonisateurs, qui se voulaient progressistes, elle s'apparente donc davantage à une société animale, à une espèce de fourmilière ou de termitière humaine, qu'à une société civilisée. Du reste, elle ignore l'écriture, marque suprême à ses yeux de « la »

vices que l'Européen apporte avec lui : de l'alcool, de l'opium qu'il répand, qu'il impose s'il lui plaît. Et c'est un pareil système que vous essayez de justifier en France, dans la patrie des droits de l'Homme ?! Je ne comprends pas que nous n'ayons pas été unanimes ici à nous lever d'un bond pour protester violemment contre vos paroles ! Non il n'y a pas de droit des nations dites supérieures contre les nations inférieures [...] » (30 juillet 1885). Anticolonialiste et dreyfusard de la première heure, Clemenceau annonce la venue d'un autre républicanisme, un républicanisme antiraciste et anticolonialiste qui finira, mais seulement après la Seconde Guerre mondiale, par l'emporter sur celui de Ferry. L'air du temps était au racisme colonial, voire au racisme tout court, et le premier humanisme, tout entier orienté vers la gloire nationale et les politiques de puissance, s'en accommodait fort bien.

civilisation. Où l'on voit que c'est bien le cœur même de la première idée républicaine qui est ici en cause. Car son principe le plus fondamental réside dans l'idée que l'Homme, à la différence de l'animal, peut par sa liberté s'arracher à la nature. La preuve ? Lui seul possède une histoire. Les animaux n'en ont point, ou si peu que cela ne donne lieu chez eux ni à écriture, ni à récit, ni à culture, ni à politique. Guidés par l'instinct naturel, ils savent presque tout faire tout de suite, comme ces petites tortues marines qui, à peine sorties de l'œuf, courent vers l'océan sans la moindre assistance des parents – là où le petit d'homme reste volontiers à la maison jusqu'à la fin de l'adolescence, sinon davantage.

Comment, dans ces conditions, le républicain attaché à l'esprit des Lumières ne serait-il pas enclin à tenir les sociétés sans histoire pour à peine supérieures à celles qui peuplent le monde animal ? Si le propre de l'Homme est d'entrer dans l'histoire pour y construire son destin, si son essence même le pousse à innover et inventer sans cesse, comment comprendre que les peuples premiers s'organisent autour de la préservation des coutumes et du passé, qu'ils ignorent apparemment toute politique orientée vers l'avenir et rejettent ce que les nations « civilisées » tiennent au contraire pour l'essentiel, à savoir les processus historiques innovants, les réformes, voire les révolutions ? Bref, si « l'homme africain n'est pas entré dans l'histoire », comme l'a dit un de nos anciens présidents, alors, en effet, comment ne pas le considérer, fût-ce à titre provisoire, comme un être encore légèrement infra-humain, une espèce de « sous-homme » ou de « sur-animal », selon que l'on considère les causes de son « arriération » (de sa non-entrée dans l'historicité) comme accidentelles ou essentielles ?

Pour un Européen du XIXᵉ siècle, il n'est en effet que deux explications possibles à ce qu'il tient pour une incapacité de l'« homme tribal » au progrès. Si c'est par accident que le « primitif » reste hors histoire, alors on l'élèvera au sens noble : on lui apportera du dehors les Lumières de la civilisation. « Nos ancêtres les Gaulois », dit l'instituteur républicain à l'Africain qu'il veut emmener vers une civilisation universelle, celle de la France, bien sûr. Colonisation rime ici avec éducation, comme en témoigne à lui seul le nom de Jules Ferry. Mais si l'on tient le « sauvage » pour « arriéré » *par nature*, ce qui est le racisme même, alors on se bornera à l'élever au sens agricole, non comme l'élève d'une classe de collège, mais comme on élève du bétail pour en faire son esclave. Le républicain optera plutôt pour la première hypothèse (encore que Jules Ferry et Paul Bert, en parlant sans cesse de « races inférieures » et de « races supérieures », penchent tout autant vers la seconde[1]) : il rejette plutôt le racisme naturaliste et se contente, si j'ose dire, du racisme colonial, historiciste. Reste que, *de facto*, il ne peut s'empêcher de remarquer avec une condescendance

1. Il faut citer ici les propos tenus par Ferry à la Chambre en juillet 1885 : « **Messieurs, s'écrie-t-il, il faut parler plus haut et plus vrai ! Il faut dire ouvertement qu'en effet, les races supérieures ont un droit vis-à-vis des races inférieures. [...] Il y a pour les races supérieures un droit parce qu'il y a un devoir pour elles [...], le devoir de civiliser les races inférieures.** » Ces déclarations font écho à celles de Paul Bert, ministre sous Gambetta en 1881, républicain lui aussi et cofondateur de l'école laïque. Bert répète sur tous les tons, arguments « scientifiques » à l'appui, que « **les Nègres sont bien moins intelligents que les Chinois, et surtout que les Blancs** », de sorte qu'il « **faut placer l'indigène en position de s'assimiler ou de disparaître** » (*sic* !).

légèrement attristée, que le « sauvage » n'est quand même pas tout à fait « comme nous », pas vraiment « civilisé ». Le malheureux n'est pas entré dans l'histoire, non pas bien sûr celle des espèces, où l'Africain semble bien être premier, mais celle de l'invention volontaire d'un futur collectif qui passe par des innovations constantes et s'affranchit du respect immobile des coutumes traditionnelles. Du reste, sans l'apport éducatif du colonisateur, ainsi continue notre républicain à l'ancienne, le « primitif » ne sait ni lire ni écrire. Il ne dispose donc pas de la possibilité même du récit, c'est-à-dire de cette relation historique au passé qui, pour être authentique, suppose des documents écrits, des livres et des archives. Il n'a d'ailleurs ni bibliothèques ni écoles. Il faut par conséquent humaniser cet homme, l'éduquer comme on éduque un enfant, afin qu'ayant acquis quelques lettres il puisse entrer dans l'historicité véritable, celle du « Progrès » à l'occidentale, une dimension de civilisation hors de laquelle il n'est point de communauté humaine. De là, cela dit au passage, les diatribes de Lévi-Strauss, peu sensées mais significatives dans ce contexte, contre la sacralisation de l'apprentissage de la lecture dans l'école de la IIIe République[1].

1. Comme dans ce passage de *Tristes tropiques* (1955) : « **Après avoir éliminé tous les critères possibles pour distinguer la barbarie de la civilisation, on aimerait au moins retenir celui-là : peuples avec ou sans écriture. Pourtant, rien de ce que nous savons de l'écriture et de son rôle dans l'évolution ne justifie une telle conception. Depuis l'Égypte jusqu'à la Chine au moment où l'écriture fait son début, elle paraît favoriser l'exploitation des hommes. [...] Regardons plus près de nous : l'action systématique des États européens en faveur de l'instruction obligatoire qui se développe au cours du XIXe siècle va de pair avec l'extension du service militaire et la prolétarisation. La lutte contre l'analphabétisme se confond ainsi avec le renforcement du contrôle des citoyens par le**

Où l'on mesure en même temps combien le regard postcolonial et, à certains égards, postnationaliste qui va caractériser le deuxième âge de l'humanisme allait donner sur le plan moral à l'universalisme républicain une dimension nouvelle, à vrai dire une dimension enfin réellement universelle. Le spiritualisme laïc du deuxième humanisme, ici postkantien[1] autant que postnietzschéen, postrépublicain autant que post-soixante-huitard, ne sera plus seulement un humanisme de la science et de la raison, mais aussi de la solidarité et même de la fraternité – ce qui le conduit, par une reconnaissance nouvelle de l'altérité, à rompre avec l'impérialisme colonial qui caractérisait, malgré ses prétentions à l'universalisme, le premier humanisme républicain.

Pouvoir. Car il faut que tous sachent lire et écrire pour que ce dernier puisse dire : nul n'est censé ignorer la loi ! Du plan national, l'entreprise est passée sur le plan international grâce à cette complicité qui s'est nouée entre de jeunes États confrontés aux problèmes qui furent les nôtres il y a un ou deux siècles, et une société internationale de nantis inquiète de la menace que représentent pour la stabilité les réactions de peuples mal entraînés par la parole écrite à penser en formules modifiables à volonté et à donner prise aux efforts d'édification. En accédant au savoir entassé dans les bibliothèques, ces peuples se rendent vulnérables aux mensonges que les documents imprimés propagent en proportion encore plus grande [...]. » Si Lévi-Strauss était encore de ce monde, j'aurais aimé pouvoir calmer ses angoisses en lui faisant part des dernières statistiques du ministère de l'Éducation nationale sur la montée de l'illettrisme, le déclin de la maîtrise de la langue et, plus généralement, la crise de la lecture. Cela lui aurait sans doute fait chaud au cœur de savoir que nos enfants semblent sans cesse davantage protégés, pour ne pas dire carrément vaccinés, contre les « mensonges propagés par les documents écrits »...

1. Les propos de Kant sur les races humaines, sur les « nègres » et les « Palestiniens », qui figurent dans des textes que j'ai traduits dans « La Pléiade », témoignent hélas de son appartenance au premier humanisme.

Une double universalisation des droits de l'Homme, à distance du racisme colonial de la IIIe République

Bien entendu, le cinquième modèle que je développe ici conserve du premier humanisme l'idéal de perfectibilité, d'historicité et de liberté que l'autoréflexion vient certes corriger, mais aussi renforcer. Ce qui lui permet de s'engager sur le plan moral dans la voie d'une universalisation enfin achevée des droits de l'Homme. En effet, ceux de 1789 et de 1848 étaient encore largement liés à cette idée de Nation que l'humanitaire moderne ne va certes pas rejeter, mais considérer néanmoins comme un cadre insuffisant dès lors qu'il s'agit de protéger des populations civiles mises en danger par la guerre, voire par leur propre État-nation. Avec l'humanitaire, on quitte en effet le nationalisme[1] des premières Déclarations comme le montre Henry Dunant dans son livre *Un souvenir de Solferino* (1862). On y voit un Dunant fasciné par ce fait singulier, à l'époque encore inimaginable, que les civils engagés dans l'action caritative ne font plus de différence entre les nationalités des belligérants. Une fois qu'ils sont à terre, mis hors de combat, elle ne leur importe plus. Qu'il s'agisse des soldats ennemis (des Autrichiens) ou des Français alliés aux Italiens, une fois désarmés, ils redeviennent

1. Les néorépublicains et les souverainistes, qui veulent réactiver les valeurs du premier humanisme, ont des arguments forts pour plaider en faveur du cadre national. C'est en effet le cadre de la démocratie mais aussi celui de la solidarité (budgets nationaux), ce qui n'est pas rien et suppose qu'on y regarde à deux fois avant d'aller plus loin. Pour moi qui ai fait la meilleure part de mes études en Allemagne, qui ai vécu aux États-Unis et qui ai aussi adopté une de mes filles en Colombie, le cadre national n'en est pas moins trop étroit. Il ne s'agit pas de le supprimer mais, là encore, d'une *Aufhebung*, d'un dépassement qui conserve.

de simples humains, la plupart du temps des gamins qui n'ont pas 20 ans et dont les familles attendent des nouvelles vouées le plus souvent à être désolantes. L'action humanitaire moderne va alors se caractériser par cette supranationalité que Dunant admire chez ces femmes italiennes qui viennent lui apporter leur concours :

« Que de jeunes gens de 18 à 20 ans, venus tristement jusque-là du fond de la Germanie ou des provinces orientales du vaste empire d'Autriche ! Et quelques-uns peut-être, forcément, rudement, auront à endurer, outre des douleurs corporelles avec le chagrin de la captivité, la malveillance provenant de la haine vouée par les Milanais à leur race, à leurs chefs et à leur Souverain. [...] Pauvres mères, en Allemagne, en Autriche, en Hongrie, en Bohême, comment ne pas songer à vos angoisses lorsque vous apprenez que vos fils blessés sont prisonniers dans ce pays ennemi ! Mais les femmes de Castiglione, voyant que je ne fais aucune distinction de nationalité, suivent mon exemple en témoignant de la même bienveillance à tous ces hommes d'origines si diverses et qui leur sont tous également étrangers. "*Tutti fratelli*", répétaient-elles avec émotion. Honneur à ces femmes compatissantes, à ces jeunes filles de Castiglione ! Rien ne les a rebutées, lassées ou découragées, et leur dévouement modeste n'a voulu compter ni avec les fatigues, ni avec les dégoûts, ni avec les sacrifices. »

Il faudrait citer en entier l'ouvrage de Dunant, dont chaque page montre en quel sens l'humanitaire moderne élargit l'idée des droits de l'Homme tout en restant fidèle à son inspiration initiale, comment il dépasse le cadre de la citoyenneté, donc de la nationalité à laquelle les premières déclarations étaient encore attachées. On voit aussi dans ce livre singulier comment cet élargissement est lié à la naissance de la famille moderne au sein de laquelle l'amour des proches conduit, non pas vers un repli égoïste sur la sphère privée, mais au contraire vers un élargissement de l'horizon moral, vers une sympathie nouvelle et plus large pour le prochain. De là le fait que c'est désormais la lutte contre l'indifférence qui va caractériser l'humanitaire moderne. Comme me l'avait dit un jour Robert Badinter à l'issue d'une conférence que je venais de donner sur l'histoire des droits de l'Homme, il ne s'agit plus aujourd'hui d'appliquer seulement la formule **« Ne fais pas à autrui ce que tu ne voudrais pas qu'on te fît »**, mais de l'élargir de sorte qu'elle devienne enfin : **« Ne laisse pas faire à autrui ce que tu ne voudrais pas qu'on te fît ! »** Robert Badinter avait dit là l'essentiel…

On demandera peut-être ce qu'il y a ici de véritablement nouveau dans ce deuxième âge de l'humanisme par rapport à celui des Lumières ? Je répondrai volontiers que c'est justement cette lutte contre l'indifférence. Elle devient centrale dans l'action humanitaire en même temps que le souci de l'altérité s'échappe peu à peu du seul cadre national des droits de l'Homme des premières générations. Elle est du reste inséparable de ce souci des générations futures que j'ai déjà évoqué, les enfants de la patrie faisant place à ceux que l'on aime, aux enfants de la famille. Les nationalistes et les révolutionnaires à l'ancienne y verront sans doute un effroyable déclin. Ils craindront, parfois il est vrai à juste titre, une confusion entre morale et politique. J'y vois plutôt un magnifique progrès. Je n'arrive pas à trouver admirable les 20 millions de morts de l'absurde guerre de 14, pas davantage les 60 millions de celle de 39-40, encore moins si possible les 120 millions de victimes du communisme ; quant à la guerre du nationalisme russe contre l'Ukraine, elle nous apparaît comme un archaïsme désolant, un retour en arrière presque incompréhensible tant nous pensions en avoir fini avec les conflits engendrés par la folie nationaliste.

3) Spiritualité : la révolution de l'amour ou la naissance d'une nouvelle figure de la transcendance et du sacré

Comme je l'ai montré dans mon livre *La Révolution de l'amour* (2010), en m'inspirant des travaux du génial Philippe Ariès, l'invention de la famille moderne fondée sur le mariage d'amour aura trois conséquences qui vont marquer comme jamais nos vies d'Occidentaux modernes : d'abord, bien sûr, l'invention du divorce, inséparable de la fondation de la famille sur un amour/passion dont l'expérience nous montre chaque jour qu'il n'est pas forcément éternel ; ensuite un amour croissant des enfants nés d'unions fondées sur le sentiment, en vérité une véritable sacralisation de l'enfance largement inconnue, voire méprisée par les hommes du Moyen Âge ; enfin, à l'encontre de ce qu'on a souvent dit bêtement, non pas un repli sur soi, mais plutôt un formidable élargissement de l'horizon dont l'humanitaire moderne n'est qu'un signe parmi d'autres. La vérité, comme je l'ai suggéré plus haut, c'est que les grandes questions politiques sont désormais toutes plus ou moins liées à cette « révolution de l'amour », la sacralisation de l'enfance engendrant naturellement un souci inédit des générations futures pour lesquelles nous serions prêts à faire bien des sacrifices que nous ne sommes plus prêts à faire pour les nationalismes à l'ancienne ou a fortiori pour la révolution. C'est dans ce contexte, que nous vivons, du moins en Occident et singulièrement dans la vieille Europe, une véritable révolution dans l'ordre du sacré, une mutation fondamentale dont les politiques et les intellectuels qui restent englués dans le monde ancien, dans l'opposition entre libéraux et socialistes, entre nationalistes et européistes, n'ont pas encore pris la mesure.

Permettez-moi d'y revenir encore un instant pour éviter un malentendu trop fréquent : le sacré n'est pas seulement l'opposé du profane, ce n'est pas, ou pas seulement, le religieux, c'est d'abord et avant tout ce pour quoi on peut se sacrifier, donner sa vie ; c'est le lieu du sacrifice possible et du sacrilège, de ce pour quoi on pourrait mourir ou tuer. C'est en ce sens que le sacré est le principal motif de guerre dans une histoire humaine qui en a connu trois visages essentiels : Dieu, la Patrie, la Révolution, des entités qui furent pendant longtemps, et dans certaines régions du monde encore aujourd'hui, les trois grandes idoles de l'humanité, les trois grandes figures du sacré et par là même les trois plus grands motifs de guerre. Aujourd'hui, du moins dans l'Occident démocratique, c'est bel et bien dans l'humanité elle-même que le sacré, sous l'effet conjugué de la révolution de l'amour et de la grande déconstruction des traditions, a élu domicile, non pas justement en un sens religieux, mais simplement comme le lieu laïc du sacrifice et du sacrilège, de ce qui pourrait nous faire sortir de nous-mêmes et de notre égoïsme pour défendre et protéger les autres, par les armes s'il le fallait. Dans l'Ukraine d'aujourd'hui, on se bat au moins autant pour sa famille que pour sa nation. En quoi nous vivons en Occident l'émergence d'une problématique spirituelle et politique nouvelle, celle de la sacralisation de l'humain et du souci des générations futures qui repose sur un nouveau visage de notre rapport à la transcendance.

Les trois visages de la transcendance

Comme nous l'avons vu dans le chapitre consacré à Spinoza, ce qui caractérise le rationalisme dogmatique, et plus largement toutes les formes de matérialisme, c'est le rejet radical de la notion même de transcendance. Dieu lui-même n'est plus rien d'autre que la nature (*Deus sive natura*), immanent au monde et, à vrai dire, rien d'autre que le monde lui-même. Nous avons également vu comment, sur ce point sinon sur d'autres, la déconstruction des « idoles » de la métaphysique grâce au fameux marteau de Nietzsche rejoignait paradoxalement le spinozisme – ce dont témoigne la pensée d'un Gilles Deleuze ou d'un Clément Rosset, tous deux indissolublement nietzschéens et spinozistes dans leur philosophie de l'immanence et du rejet absolu de toute forme de transcendance. Ce que ce nouveau matérialisme ne parvient pas à comprendre et que la tradition de la phénoménologie, dont je m'inspire ici, va justement percevoir et mettre en exergue dans le sillage de Kant, c'est qu'il existe plusieurs formes de transcendance et que toutes ne sont pas atteintes par la critique spinoziste ou nietzschéenne des « idoles ». Tâchons de préciser ce point crucial entre tous aussi clairement que possible.

Il y a d'abord, par ordre d'entrée dans l'histoire des idées, la transcendance que mobilisaient les Anciens pour répondre à la question de la vie heureuse en termes de cosmologie. Comme nous l'avons vu, l'ordre harmonieux du cosmos est transcendant par rapport aux êtres humains qui ne l'ont ni créé, ni inventé, mais qui le découvrent comme une donnée extérieure et supérieure à eux. C'est ensuite la transcendance du Dieu des grands monothéismes que nous avons rencontrée, une transcendance qui ne se situe pas seulement par rapport à l'humanité, mais aussi par rapport au monde conçu tout entier comme une créature dont l'existence dépend d'un Créateur extérieur. Mais une troisième forme de transcendance, différente des deux premières, peut encore être pensée à partir de la philosophie transcendantale et de la phénoménologie qui, sur ce point, n'en est à bien des égards que le prolongement. Il s'agit, pour reprendre le vocabulaire de Husserl, d'une « transcendance dans l'immanence » en ce sens que c'est bien « en moi », dans ma pensée ou dans ma sensibilité, que se dévoilent les valeurs, hors de toute référence à des arguments d'autorité ou à une hétéronomie dont l'origine s'enracinerait dans un fondement réel (le cosmos, Dieu ou la nature). De fait, je n'invente ni les vérités mathématiques, ni la beauté d'une œuvre, ni les impératifs éthiques, ni la passion amoureuse : comme on dit si bien, on « tombe amoureux » plus qu'on ne le décide par choix délibéré. L'altérité ou la transcendance de ces quatre valeurs fondamentales est en ce sens bien réelle, nous pouvons en faire une phénoménologie, une description qui part du sentiment irrépressible d'une nécessité, de la conscience d'une impossibilité à penser ou à sentir autrement : je n'y puis rien, 2 + 2 font bien 4 et cela n'est pas affaire de goût, ni de choix subjectif ! Pour autant, cette vérité, si simple soit-elle, échappe à l'autorité d'une fondation extérieure à moi. Je puis sans doute la déduire de certains axiomes initiaux, en l'occurrence ceux de l'arithmétique classique, mais au-delà de ces axiomes, qui par définition sont et restent des propositions non démontrées, aucun fondement réel ne m'est jamais dévoilé.

C'est cette ouverture que l'humanisme non métaphysique qui est au cœur du spiritualisme laïc veut assumer, non par impuissance, mais parce qu'il lui faut par principe et, pour tout dire, par lucidité, accepter, sous peine de retomber dans le discours de la métaphysique classique, de renoncer à chercher dans les gènes ou dans la divinité, dans la nature ou dans l'Être suprême l'explication dernière de notre rapport à des valeurs communes, voire universelles... C'est pourquoi il lui faut aussi penser en d'autres termes, volontairement plus fragiles, plus humains, mais par là même moins illusoires, la problématique de la vie heureuse et, avec elle, celle du sens de la vie pour les mortels.

La vérité, c'est qu'à l'âge de l'individualisme démocratique, à l'ère d'une autonomie revendiquée par tous et dans tous les domaines, les valeurs continuent envers et contre tout de nous apparaître comme supérieures et extérieures à nous alors même que nous refusons les dispositifs théologiques ou matérialistes qui nous permettaient jadis de les enraciner dans l'hétéronomie d'une quelconque fondation ultime, matérialiste ou théologique. Non seulement la moindre vérité scientifique résiste à mon ego et s'impose à lui comme une donnée qu'il doit bien faire prévaloir sur sa subjectivité, mais dans la sphère même de l'esthétique, qu'on dit pourtant volontiers subjective, l'expérience de la transcendance du beau continue d'être aussi frappante que dans les temps anciens : je n'invente pas la beauté d'une suite de Bach, ni celle d'un paysage, je me contente humblement de les découvrir comme si, malgré les sentiments, en effet subjectifs, qu'elles suscitent en moi, elles n'étaient pas pour autant créées par l'arbitraire de ma subjectivité. À preuve le fait que malgré l'adage bien connu « À chacun son goût », des consensus presque universels se forment autour des beautés naturelles comme artistiques. Je n'ai pour ma part jamais entendu personne dire que Mozart ou Bach étaient nuls. A fortiori dans l'ordre de l'éthique, c'est bien parfois contre ma subjectivité, contre mes penchants particuliers, contre mes inclinations naturelles à l'égoïsme que je suis bien forcé d'admettre la transcendance de la loi ou le primat de la justice. De là la persistance, jusqu'au cœur même des sociétés individualistes, d'une référence à l'universel, à la *res publica*, dont on voit mal quelle signification devrait encore y être attachée si la seule et unique vérité se situait dans le narcissisme propre à chaque individualité particulière.

À la différence de la transcendance cosmologique ou théologique, cette transcendance dans l'immanence ne renvoie donc pas à l'idée d'un fondement ultime et vertical, mais plutôt, pour reprendre là encore le vocabulaire de Husserl, à la notion d'horizon : lorsque j'ouvre les yeux sur le monde, les objets me sont toujours donnés sur un fond, et ce fond lui-même, au fur et à mesure que je pénètre l'univers qui m'entoure, ne cesse de se déplacer comme le fait l'horizon pour un navigateur, sans jamais se clore pour constituer un fondement ultime et indépassable. Ainsi, de fond en fond, d'horizon en horizon, je ne parviens jamais à saisir quoi que ce soit que je puisse considérer comme une entité dernière, un Être suprême ou une cause première qui viendrait fonder et garantir l'existence du réel qui m'entoure. En quoi la notion d'horizon, en raison de sa mobilité infinie, renferme de manière métaphorique celle de mystère de l'Être. Comme l'image du cube, dont je ne peux jamais percevoir toutes les faces en même temps, la réalité du monde ne m'est jamais donnée dans la transparence totale et la maîtrise parfaite d'une connaissance du troisième genre ou d'un savoir absolu. Pour le dire autrement : si l'on s'en tient au point de vue de la finitude humaine, si l'on refuse le saut mystique auquel matérialisme et théologie nous invitent chacun à leur façon dans leur quête d'une fondation ultime matérielle ou spirituelle, il faut admettre que la connaissance humaine ne saurait jamais accéder à l'omniscience, qu'elle ne peut jamais coïncider avec le point de vue de Dieu ou de la nature, ni par une « intuition intellectuelle », ni par un quelconque « amour intellectuel de Dieu », un constat qui ne conduit pour autant à aucune forme de relativisme. Bien au contraire, il nous conduit comme je viens de le dire à reconnaître la transcendance phénoménologique, voire l'absoluité des valeurs.

C'est aussi par ce refus de la clôture, par ce rejet de toutes les formes de savoir absolu, que cette transcendance d'un troisième type apparaît bien comme une « transcendance dans l'immanence », comme la seule susceptible de conférer une signification rigoureuse à l'expérience humaine que tente de décrire et prendre en compte le spiritualisme du deuxième âge de l'humanisme. Cette transcendance « horizontale », enracinée dans l'immanence à ce que Husserl appelait la *Lebenswelt*, le « monde vécu », n'a plus rien à craindre des diverses philosophies du soupçon, ni de leur déconstruction « au marteau », précisément parce qu'elle ne vient ni d'en bas (de l'infrastructure économique ou génétique comme dans les différents visages du matérialisme), ni d'en haut (cosmologie, théologie), parce qu'elle n'est plus l'émanation d'une entité autoritaire et verticale, mais d'une très humaine et très immanente conscience d'impossibilité transcendantale d'en nier la réalité supérieure à notre ego, et ce tant dans le domaine de la vérité, que dans ceux de la justice, de la beauté et même de l'amour. Certaines valeurs s'imposent à nous comme des « absolus pratiques[1] », comme des principes non négociables et ce jusques et y compris dans le champ de l'esthétique, le sentiment de la beauté comme le respect de l'être aimé exigeant de nous une « sortie de soi » qui s'impose étrangement « du dehors et du dedans », comme en témoigne la métaphore du cœur, présente dans toutes les langues, dès qu'il s'agit de parler d'émotion esthétique ou d'amour.

Pour résumer, on pourrait dire que cette transcendance dans l'immanence fonde la logique d'ensemble du spiritualisme laïc en ce sens qu'il en possède les trois dimensions essentielles : a) transcendance de la liberté, comme nous l'avons vu dans la critique du spinozisme et du matérialisme, une transcendance dont nous avons montré comment elle fonde un nouveau rapport à la morale en même temps qu'à ce qui donne du sens à nos vies ; b) transcendance dans l'immanence des quatre valeurs fondamentales qui sont comme les boussoles de nos existences et qui nous conduisent, à l'écart du narcissisme, vers la sortie de soi en direction de ces quatre formes de l'altérité que sont la vérité, la justice, la beauté et l'amour ; c) enfin, transcendance de l'historicité liée au fait que l'humain, contrairement à l'animal, n'est pas que naturalité – une transcendance qui fonde le souci de laisser à la postérité, à ceux que nous aimons ou pourrions aimer, c'est-à-dire à nos proches et à l'humanité (et non seulement à la patrie), un monde meilleur que celui que nous avons connu,

1. C'était là encore un point de divergence ou à tout le moins de discussion avec Marcel Gauchet dans notre livre sur le statut du religieux après la religion.

ce qui à nouveau donne du sens au projet d'augmenter la longévité de la vie humaine.

4) Une esthétique post-avant-gardiste

Du « veau au formol » de Damien Hirst au « plug anal » de Paul McCarthy en passant par le « canon à merde » d'Anish Kapoor ou la « composition » de John Cage intitulée tout simplement *4' 33"*, le pianiste s'asseyant durant ce laps de temps devant son piano sans même effleurer les touches, les facéties de l'art contemporain n'en finissent pas d'amuser, d'étonner ou d'irriter[1] un public qui comprend de moins en moins pourquoi des pianos goudronnés, des voitures cabossées, des tableaux blancs sur blanc (ou noirs sur noir), des chapeaux melon remplis de peinture, des tas de sable ou de charbon posés à même le sol sans ordre particulier peuvent sérieusement être considérés comme des œuvres d'art. Avec son urinoir, sa roue de bicyclette et son porte-bouteilles exposés comme des créations géniales, Duchamp avait déjà, dès le début

1. Mario Vargas Llosa le dit sur un ton mi-exaspéré, mi-désespéré, dans *La Civilisation du spectacle* (2012) : « Notre époque a permis qu'un magnat paie 12 millions et demi d'euros pour un requin immergé dans une vitrine emplie de formol et que l'auteur de ce canular, Damien Hirst, soit aujourd'hui considéré, non comme un invraisemblable farceur, mais comme un des grands artistes de notre temps. [...] Où l'on voit que le culot et la provocation suffisent parfois, avec la complicité des mafias qui contrôlent le marché de l'art et des critiques stupides ou complices, pour conférer le statut d'artistes à des illusionnistes qui dissimulent leur indigence et leur vacuité derrière la fumisterie d'une prétendue insolence. Je dis "prétendue" parce que l'urinoir de Duchamp avait au moins le mérite de la provocation. Mais ce qui était auparavant révolutionnaire est devenu simple mode, futilité, gadget, un acide subtil qui dénature l'activité artistique pour en faire une grande guignolade. »

du siècle dernier, presque tout inventé de sorte que les tentatives désespérées pour faire à tout prix ce qui ne l'a pas encore été n'en finissent pas de se répéter au point que l'innovation est devenue tradition, tradition du nouveau, bien sûr[1].

Le peuple ne s'y reconnaît pas. Peu d'ouvriers et de paysans à la Fiac ou dans un concert de musique atonale. En témoignent les anecdotes récurrentes de ces malheureuses femmes de ménage qui ont cru bien faire en nettoyant une baignoire crasseuse, débarrassé une table ou vidé un cendrier plein de mégots sans s'apercevoir qu'il s'agissait d'un « chef-d'œuvre » de Daniel Buren, de Damien Hirst ou de Paul Branca. Les uns adorent, les autres détestent. Peu importe, au fond. Ce qui importe, en revanche, c'est de comprendre enfin ce qui s'est passé pour que nous en arrivions là, de comprendre pourquoi, comme dans *Art*, la géniale pièce de Yasmina Reza, ou dans le film *Intouchables*, des amis proches en viendraient presque aux mains parce que l'un trouve sublime un monochrome blanc que l'autre tient pour une imposture débile et prétentieuse.

La raison en est infiniment profonde, elle va bien au-delà d'une simple affaire de goût, car c'est dans l'art contemporain que le capitalisme a dévoilé au mieux sa véritable logique, son double visage d'innovation et de rupture. L'artiste contemporain s'imagine volontiers en poète maudit, subversif, voire révolutionnaire, mais la

1. Comme l'avait bien compris Octavio Paz, un écrivain dont le goût pour l'art et la culture est difficile à nier, dans les conférences sur le destin de poésie moderne qu'il prononça à Harvard en 1972 : « **Depuis des années, écrivait-il, les subversions mises en scène par l'art moderne sont devenues rituelles, la rébellion est devenue procédé, la transgression cérémonie. Je ne dis pas que nous vivons la fin de l'art, je dis que nous vivons celle de l'art moderne.** »

vérité est qu'il met en scène avec plus ou moins de créativité la logique la plus profonde des sociétés capitalistes, celle de l'innovation et de la rupture avec les traditions. L'artiste est de gauche, mais l'acheteur est de droite, les deux s'inscrivant dans le mouvement de la « révolution permanente » dont Marx et Schumpeter ont montré chacun à leur façon qu'il était l'essence même du capitalisme mondialisé. Le grand capitaine d'industrie s'y reconnaît et y investit, l'art contemporain lui renvoyant son image et confortant cette passion pour la création et l'inédit qui fait de lui aussi une espèce d'artiste moderne dans son domaine, celui des affaires. Il faut être aveugle pour ne pas voir que la déconstruction de la figuration en peinture et de la tonalité en musique fut au siècle dernier le reflet – la « superstructure » aurait dit Marx – de cet impératif d'innovation permanente qui allait s'imposer aux entreprises au sein de la mondialisation libérale. De là le succès paradoxal que l'« art capitaliste » (Schumpeter) rencontre dans le monde bourgeois, chez les élites, y compris de gauche (chez les bobos), mais le désintérêt quasi total qu'il suscite dans le peuple *old school*. De là aussi le fait que le prix des œuvres a remplacé le jugement de goût sur le marché de l'art, les amateurs étant souvent aussi des investisseurs. En général, celui qui ose critiquer les dérives de l'art contemporain se fait traiter de fasciste ou de plouc, comme si le jugement esthétique était immédiatement politique ou sociologique, comme s'il fallait absolument être « distingué » pour aimer la musique atonale ou apprécier l'art conceptuel.

Fort heureusement, et cette précision est cruciale, l'art d'aujourd'hui ne se réduit plus à l'art dit « contemporain ». Il est capable de nous offrir d'autres visages. Je suis convaincu que l'élitisme et, il faut bien l'avouer, le snobisme qui entourent le modernisme commencent à fatiguer pas mal de monde. Qui lit encore les prétendus chefs-d'œuvre du Nouveau Roman ? Qui écoute vraiment les derniers quatuors de Schönberg ? À peu près personne. Les arts plastiques s'en tirent mieux, bien sûr, d'abord parce qu'ils tendent vers le décoratif, ensuite parce que l'État culturel et les marchés les soutiennent et que les prix astronomiques de certaines œuvres en imposent. À vrai dire, ils clouent le bec au béotien qui se contente, face à des sommes qui lui semblent quand même devoir signifier quelque chose, d'avouer humblement, comme si c'était de sa faute, qu'il ne « comprend pas ».

Faut-il pour autant rejeter l'art contemporain comme si son histoire n'était que déréliction, comme si elle n'avait rien apporté de positif ? Bien entendu, cette question ne se posera que pour ceux qui ne se reconnaissent pas dans les facéties que je viens d'évoquer. J'avoue en faire partie et, pourtant, je ne rejetterai pas l'art contemporain davantage que son analogue dans l'histoire de la philosophie, la période des grands déconstructeurs qui va de Schopenhauer et Nietzsche à Heidegger et qui se prolonge dans la Pensée 68, chez leurs épigones français. Oui, il est clair que nous sommes sortis de la grande période de la logique frénétique de la déconstruction « au marteau », comme nous avons quitté la sphère de l'avant-gardisme pur et dur. Pour autant, il ne s'agit évidemment pas de philosopher comme si Nietzsche et Heidegger n'avaient pas existé, et pas davantage de composer comme si Schönberg n'avait pas inventé la musique atonale, Picasso le cubisme ou Kandinsky l'abstraction. Je pense que les déconstructeurs, que ce soit dans l'art ou dans la philosophie, ont eu raison sur un point : en cherchant à critiquer les carcans des traditions et des mondes anciens, ils ont, quelles que soient les impasses dans lesquelles ils ont fini par s'empêtrer, libéré des aspects de l'humanité auxquels les œuvres anciennes ne faisaient pas droit, voire qu'elles s'évertuaient à rejeter – la part du corps, de l'inconscient et de l'irrationnel, voire de la folie qui habite aussi chacun d'entre nous, la part du « primitif » ou de l'enfant qui reste encore présent dans l'adulte, la féminité des hommes ou la virilité des femmes, bref des dimensions de l'humanité que le classicisme et même le romantisme ne prenaient guère en compte. Comme l'explique Kandinsky dans son maître livre, *Du spirituel dans l'art* (1911), l'art abstrait vise avant tout à libérer l'expression de ce qu'il appelle la « pure vie intérieure du moi », une intériorité que les carcans de la figuration et de la perspective classique enfermaient selon lui comme dans une prison. Cent ans après Kandinsky, Soulages ne dira pas autre chose[1] lorsqu'on lui demandera de définir son « travail ».

Pour autant, je pense que nous sortons aujourd'hui de ces « recherches » qui ne visaient qu'à déconstruire ce qui empêchait l'expression de la vie intérieure. Les artistes, les écrivains et les penseurs d'aujourd'hui recherchent à nouveau le sens, le récit et la vérité dans l'écriture et même, osons le mot honni, la beauté dans l'œuvre d'art. Et quand je dis « renouer », il ne s'agit pas de « retours à », pas de restaurations nostalgiques d'un passé perdu, d'un revivalisme qui ranimerait la flamme éteinte du classicisme ou du romantisme. Autant les « recherches » et les « installations » que j'évoquais me semblent accablantes d'inanité, autant j'admire les compositeurs qui ont su, et ce dès le début

1. *Cf. L'Intériorité de la peinture. Entretiens avec Anne-Camille Charliat*, Hermann, 2019.

du XXe siècle, comme Ravel, parfois aussi Bartók et Stravinsky, nous donner, à l'opposé des dodécaphonistes, de merveilleux exemples de beauté moderne, tout à la fois postclassique et postromantique. Ils ont ouvert une voie que d'autres ont suivie dans d'autres domaines – Anselm Kiefer, Gerhard Richter, Li Chevalier ou Gérard Garouste dans celui des arts plastiques, mais tout autant Emmanuel Carrère, Philip Roth, Michel Houellebecq, Milan Kundera ou Yasmina Reza dans l'univers de la littérature. Ils ont compris qu'il ne suffisait pas pour être un artiste authentique de ressasser sans risque et sans talent le geste éculé de l'innovation pour l'innovation.

5) Un rapport inédit aux sciences : rationalisme critique et falsifiabilité

Quel statut accorder à la science et à la technique au sein de cette cinquième vision du monde ? Réponse : celui d'un rationalisme critique bien évidemment situé à l'opposé du rationalisme dogmatique de Spinoza, de Hegel ou de Marx. À l'encontre d'une opinion qui régnait chez les scientifiques eux-mêmes, Karl Popper a montré, en s'inspirant largement de Kant, comment la démarche authentique du savant ne visait pas à vérifier de manière obsessionnelle des hypothèses, mais au contraire à les réfuter ou, comme il le dit, à les « falsifier ». Le mot « falsifier » est un anglicisme qui signifie ici « tester » une hypothèse en cherchant tout ce qui pourrait démontrer qu'elle est fausse. Le savant authentique, à l'opposé du métaphysicien dogmatique qui prétend tout prouver *more geometrico*, est donc celui qui cherche à réfuter des propositions, à commencer par celles qu'il a lui-même formulées et qu'il aurait tendance à tenir spontanément pour vraies ou plausibles. Au lieu de se dire : « Je vais accumuler les expériences pour conforter mes idées », le scientifique véritable est celui qui va imaginer de nouvelles expérimentations, des tests de falsification de l'hypothèse qu'il a lui-même émise. Comble de l'autoréflexion, il s'acharne contre lui-même, il pousse l'esprit critique à son maximum en le retournant contre lui, il cherche à mettre en doute ses propres convictions sans s'arrêter, comme Descartes, à la première évidence venue.

La science telle que la pense le deuxième humanisme ne procède donc ni par chaînes de certitudes, ni par chaînes d'observations, mais, comme le dit le titre d'un livre de Popper, par conjectures et réfutations. Réfutations, nous venons de dire pourquoi, mais aussi conjectures, parce que l'esprit humain, contrairement à ce que prétendaient les empiristes, n'est pas passif. Popper est ici encore un héritier de Kant. Même s'il n'est pas à proprement parler kantien, c'est malgré tout dans l'espace de la philosophie critique qu'il s'inscrit, notamment quand il montre contre Hume et les empiristes que l'esprit n'est pas passif, qu'il n'est pas une simple statue de cire qui attend de recevoir du dehors des impressions. Il y a une spontanéité, une créativité de la pensée humaine qui pose par elle-même des hypothèses dès qu'elle observe le réel dans le but de le comprendre. On notera qu'en phase parfaite avec l'autoréflexion qui caractérise la théorie dans la vision du monde qui est celle de ce deuxième âge de l'humanisme, l'intersubjectivité, le dialogue et la discussion se trouvent ainsi placés au cœur de l'objectivité : la « publicité », entendue ici au sens de l'espace public ouvert par la communauté des savants, devient partie prenante de la théorie de l'objectivité. L'éthique de la discussion s'installe au cœur de toute quête de vérité. L'objectivité n'est plus seulement un rapport à l'objet, comme dans le rationalisme dogmatique, mais c'est aussi une éthique de sujets qui entrent entre eux dans une libre discussion au sein de leur espace public, celui de l'argumentation, de la publication scientifique dans des revues, dans des colloques, dans des académies, bref, dans des lieux de débat où l'intersubjectivité est indispensable à la construction de l'objectivité.

6) Un nouveau rapport au temps et à la longévité : une triple sécularisation du christianisme

Comme j'ai tenté de le mettre en lumière dès l'analyse du premier trait de ce spiritualisme laïc, il est clair qu'il s'agit dans notre rapport aux sciences historiques d'établir à partir du présent une liaison entre la connaissance du passé et l'amélioration de l'avenir. La science historique devient ici la science reine, non pas au sens où il s'agirait, comme dans les religions, de sacraliser la tradition, mais au contraire parce que cette connaissance est émancipatrice en ce sens qu'elle permet d'envisager sérieusement de changer notre futur. En quoi le spiritualisme laïc, à la différence des autres visions du monde, relie les trois dimensions du temps sans en privilégier aucune en particulier. Mais il y a plus. Sur le plan politique et moral, il sécularise le christianisme dans la perspective non plus de l'immortalité de l'âme, mais d'une grande longévité qui seule pourrait permettre à l'humanité de devenir éventuellement moins bête, moins violente et moins folle qu'elle ne le fut encore au XXe siècle (rien n'est certain, bien sûr, il ne s'agit que d'ouvrir une chance, une possibilité). Pour bien saisir ce point crucial, il faut se souvenir de la façon dont le christianisme a apporté dans notre histoire les trois piliers qui feront le socle de la démocratie, de l'humanisme moderne, mais aussi de la spiritualité pourtant laïque que je défends ici.

En premier lieu, comme je l'ai signalé plus haut mais il me faut y revenir ici de façon plus approfondie, il nous a fait passer du monde aristocratique à celui de l'égalité et des droits de l'Homme, d'*Homo hierarchicus* à *Homo æqualis*, il nous a fait sortir de la société de castes déjà théorisée dans la *République* de Platon et plus tard inscrite dans la réalité du monde féodal. Comme le dit Tocqueville dans un passage de *De la démocratie en Amérique* (1835), la grande Déclaration des droits de l'Homme de 1789 n'est au fond rien d'autre qu'une sécularisation de l'idée chrétienne, l'égalité des créatures devant Dieu devenant égalité des citoyens devant la loi. Mais il y a plus encore : la parabole des talents nous léguera l'idée que la dignité morale d'un être humain ne dépend pas de ses dons naturels, mais de ce qu'il en fait, donc de sa liberté et de son travail, mettant ainsi un terme à l'idée aristocratique selon laquelle les meilleurs par nature sont moralement et politiquement supérieurs aux autres. Pour le christianisme, un petit trisomique a la même dignité et la même valeur morales qu'un génie – un thème que l'on retrouvera dans les grandes morales républicaines, à commencer par celle de Kant, selon laquelle les talents naturels pouvant tous être mis autant au service du bien que du mal, ce n'est par conséquent pas eux qui ont une valeur morale intrinsèque mais seulement l'usage qu'on en fait par notre seule volonté.

Enfin, aussi paradoxal que cela puisse paraître, c'est aussi l'idée de laïcité que la théologie chrétienne apportera à l'univers républicain comme on le voit dans l'Évangile selon saint Marc (verset 7), quand le Christ déclare à ceux qui veulent le prendre en défaut parce que ses disciples ne se sont pas lavé les mains avant de passer à table que « **rien de ce qui vient de l'extérieur ne peut nous souiller** ». Comme dans l'épisode de la femme adultère, il renvoie chacun à son « forum intérieur », à sa conscience, ce qui permet de rendre à César ce qui est à César et à Dieu ce qui lui appartient – en quoi le christianisme, à la différence des autres religions, ne commandera aucune juridification de la vie quotidienne, une liberté qui ouvrira la possibilité d'une société laïque. La politique démocratique et républicaine que le spiritualisme laïc lié au deuxième âge de l'humanisme reprend à son compte tout en l'élargissant à l'universel apparaît ainsi sur plusieurs points essentiels comme l'héritier d'une vaste sécularisation du christianisme sur les plans moral et politique. La naissance du mariage d'amour n'est elle aussi à bien des égards qu'une sécularisation de la philosophie chrétienne de l'amour, à ceci près qu'elle engendre comme nous l'avons vu une nouvelle figure du sacré : non plus un dieu aimé plus que l'humain, mais un humain aimé plus que le divin.

Dans ces conditions, c'est aussi sur la question cruciale de l'immortalité que le spiritualisme laïc apparaît comme l'héritier paradoxal du message chrétien, la lutte pour une longévité et une perfectibilité, sinon infinies, du moins sans limite posée a priori, prenant la place de la promesse chrétienne de la mort de la mort et de la résurrection des corps. Il faut plus que jamais écouter la mise en garde que nous adressait Rousseau lorsqu'il se demandait comment vieillir sans devenir « imbécile », sans perdre sa liberté, sans devenir peu à peu incapable de s'arracher à la coquille que nous avons nous-mêmes transformée en cachot. Comment ne pas faire des âges de la vie une prison ? Les rôles préfabriqués sont en nombre presque infini, à disposition dans la société, il n'y a plus qu'à se servir, à les enfiler comme de vieux vêtements, comme des charentaises déjà bien patinées. C'est là ce que Sartre nommait, non l'imbécillité, comme Rousseau, mais la « mauvaise foi[1] ». L'homme de mauvaise foi,

1. Dans *L'Être et le Néant* (1943), Sartre dresse dans le même sens le portrait d'un serveur qui joue son propre rôle, qui joue au garçon de café, qui habite et illustre pour ainsi dire dans ses moindres gestes ce qu'il s'imagine être l'essence du garçon de café, se donnant tous les traits, toutes les manières caractéristiques de sa profession afin d'être parfaitement conforme à ce qu'il s'imagine être son essence, comme un objet fabriqué, par exemple un coupe-papier, possède toutes les caractéristiques qui doivent être les siennes pour être conforme à son concept. Le malheureux fait tout son possible pour faire en sorte que les mots qu'il prononce et son attitude soient en tout point adéquats au rôle social dont il s'est imaginé qu'il doit lui coller à la peau. Voici ce fameux passage : « **Considérons ce garçon de café. Il a le geste vif et appuyé, un peu trop précis, un peu trop rapide, il vient vers les consommateurs d'un pas un peu trop vif, il s'incline avec un peu trop d'empressement, sa voix, ses yeux expriment un intérêt un peu trop plein de sollicitude pour la commande du client. Enfin, le voilà qui revient en essayant d'imiter, dans sa démarche, la rigueur inflexible d'on ne sait quel automate, tout en portant son plateau avec une sorte de témérité de funambule, en le mettant dans un équilibre perpétuellement instable et perpétuellement rompu, qu'il rétablit perpétuellement d'un mouvement léger du bras et de la main. Toute sa conduite nous semble un jeu. Il s'applique à enchaîner ses mouvements comme s'ils étaient des mécanismes se commandant les uns les autres. Sa mimique et sa voix même semblent des mécanismes. [...] Il joue, il s'amuse. Mais à quoi joue-t-il donc ? Il ne faut pas l'observer longtemps pour s'en rendre compte :**

c'est celui qui s'invente tout à la fois une identité et un déterminisme à sa mesure[1]. Mais si nous sommes libres, justement, comme l'affirment de manière assez proche Rousseau et Sartre, l'imbécillité et la mauvaise foi sont-elles inéluctables ?

---

il joue à être un garçon de café. » Pourquoi le garçon de café est-il un peu « trop » empressé ? Ce « trop », qui revient à maintes reprises dans le texte, vient souligner l'idée que le serveur s'efforce de nier sa liberté. Ce « trop » est le lieu même de la mauvaise foi : « mauvaise » parce que en vérité, le garçon sait très bien qu'il n'est pas « que » garçon de café, il sait parfaitement qu'il joue un rôle convenu et c'est pourquoi, d'ailleurs, comme un cabotin, il en fait « trop ». Il s'efforce désespérément de rejoindre son concept, de conformer son existence à ce qu'il prend pour son essence. Voici d'ailleurs la chute de tout ce passage : « **Voilà bien des précautions pour emprisonner l'homme dans ce qu'il est. Comme si nous vivions dans la crainte perpétuelle qu'il y échappe, qu'il ne déborde et n'élude tout à coup sa condition.** » « Déborder », « échapper » : autant de métaphores de l'excès, de l'écart ou du « néant », du « ne pas être ce qu'on est », en quoi réside la possibilité de la liberté. J'aurais beau jouer à être garçon de café jusqu'au bout des ongles et ne ménager aucun effort pour épouser mon rôle, je ne serai jamais garçon de café à 100 %. Tel est le sens du mot « néant » qui figure dans le titre du livre de Sartre, qui procède ici à une critique morale, et pas uniquement théorique, du déterminisme social, économique ou historique. Il veut montrer que derrière le choix théorique du déterminisme se cache un parti pris éthique en défaveur de la liberté et en faveur de la mauvaise foi, de la réification (la mauvaise foi fait de nous des automates, elle nous rapproche des choses en nous éloignant de l'humain – nous allons y revenir). Où l'on retrouve au passage une idée déjà chère à Kant : nos choix philosophiques dissimulent des partis pris éthiques (la raison théorique est toujours plus ou moins guidée par la raison pratique).

1. Ce sont là des essences dont on peut décider par une forme de lâcheté qu'elles précéderont désormais nos existences. Si on en vient à s'y identifier totalement, on perd évidemment sa liberté, on devient alors comme une chose, identique à soi-même, l'existence se conformant parfaitement à l'essence. C'est justement ce que Sartre nomme la « réification » (du mot *res* qui, en latin, signifie « chose »). Il veut dire par là qu'en s'identifiant à une essence, on devient un « gros plein d'être », on perd

Rien ne dit que la grande longévité empruntera nécessairement ces voies funestes. Pourvu qu'on y veille, elle peut plutôt conduire à une forme de sagesse, voire à une vie plus heureuse, à ce que le vieux Kant, justement, dans la *Critique de la faculté de juger*, écrite à l'âge canonique pour l'époque de 66 ans, nommait la « pensée élargie » par opposition à l'esprit borné : c'est dans cet élargissement du regard que seuls l'âge et l'expérience permettent, que se situe peut-être bien le sens de nos vies. Car ouvrir l'horizon, ce n'est pas seulement se donner la possibilité d'une intelligence

---

cet écart par rapport à soi-même, cette transcendance ou cet excès qui, en tant que le lieu même du néant et de la liberté, s'avèrent être le véritable propre de l'Homme, sa différence spécifique d'avec les choses et les animaux. Ce « gros plein d'être » est donc le produit achevé de la mauvaise foi poussée à son terme : il incarne la négation de sa propre liberté et l'acceptation du déterminisme. Mais ce comble de la mauvaise foi peut prendre deux formes différentes, s'incarner dans deux types d'hommes : la figure du bourgeois, qui incarne aux yeux de Sartre le « salaud » par excellence, tandis que le garçon de café, lui, se contente d'être seulement un « lâche ». Pourquoi ? Parce que en acceptant sa propre réification en pleine connaissance de cause, en pleine conscience du fait qu'en vérité, le garçon de café ne se réduit jamais tout à fait à sa qualité de garçon de café, il y a toujours un reste, si bien que l'individu de mauvaise foi sait qu'il est de mauvaise foi. Il choisit donc cette voie en assumant le fait d'être un « lâche » ou un « salaud ». Voici ce qu'écrit Sartre à leur propos : « **Ainsi, au nom de cette volonté de liberté impliquée par la liberté elle-même [que l'homme authentique a conservée], je puis former des jugements sur ceux qui visent à se cacher la totale gratuité de leur existence et sa totale liberté. Les uns qui se cacheront, par esprit de sérieux ou par des excuses déterministes, leur liberté totale, je les appellerai des lâches. Les autres, qui essayeront de montrer que leur existence était nécessaire alors qu'elle est la contingence même de l'apparition de l'homme sur la terre, je les appellerai des salauds. Mais lâches ou salauds ne peuvent être jugés que sur le plan de la stricte authenticité.** » Celui qui conserve son authenticité, son écart, son aptitude à être en excès de soi, celui-là sera donc en droit de juger les autres, lâches ou salauds, lorsqu'ils renient leur liberté fondamentale.

accrue, c'est aussi s'ouvrir une plus grande compréhension du monde, voire une plus grande amitié pour les êtres qui le peuplent. En quoi l'âge peut aussi faire en sorte que les rigidités qu'il nous impose fassent place, parfois, à l'ouverture d'esprit.

On notera encore, et c'est peut-être bien à mes yeux l'essentiel, qu'à la différence de ce qui a lieu dans les idéologies du bonheur, le souci de soi n'est plus ici un souci de soi narcissique qui viserait platement son bien-être personnel, mais un souci de « perfectibilité pour autrui » et d'harmonisation de soi avec ceux que nous aimons ou pourrions aimer. Le point mérite qu'on s'y arrête encore un instant. J'y reviendrai dans ma conclusion.

Chapitre 3

Se résigner à la vieillesse ?

Matériaux pour une philosophie de la longévité

« On devrait vivre la vie à l'envers... Tu commences par mourir, ça élimine ce traumatisme qui nous suit toute la vie. Après tu te réveilles dans une maison de retraite, en allant mieux de jour en jour. Je ne veux pas atteindre l'immortalité grâce à mon œuvre. Je veux atteindre l'immortalité en ne mourant pas. »

Woody Allen

Dès qu'on évoque le mot « transhumanisme », la loi de Godwin[1] tend à s'appliquer de manière quasi automatique. De bonnes âmes, dans les gauches anticapitalistes comme dans les droites illibérales, hurlent à l'eugénisme, pour ne pas dire à l'hitlérisme, fantasmant ce qu'aurait de néolibéral ou d'antireligieux, donc, disons le mot, de « diabolique », le projet d'augmenter la longévité humaine. Il faut dire que le transhumanisme

1. Formulée par Mike Godwin en 1990 après des constatations tout simplement empiriques, elle stipule que « **plus une discussion en ligne dure longtemps, plus la possibilité d'y trouver une comparaison avec Hitler et les nazis s'approche de 1** ».

est un mouvement né aux États-Unis dans les années 1990, ce qui déjà en soi suscite a priori l'hostilité des illibéraux de droite comme de gauche. Pour aggraver encore son cas, il est piloté à coups de milliards de dollars par les fameux Gafami (Google, Apple, Facebook, Amazon, Microsoft, IBM), tout comme par les BATXH chinois (Baidu, Alibaba, Tencent, Xiaomi, Huawei), ces oligopoles, en effet monstrueux, dont c'est peu dire qu'ils ne suscitent guère la sympathie des Européens. Il est du reste parfaitement exact que ces firmes gigantesques sont devenues plus riches et plus puissantes que beaucoup d'États, ce qui ne laisse pas d'inquiéter (à juste titre) quant à leur aptitude à court-circuiter les politiques nationales afin d'étendre leur domination sur le monde.

Pour autant, le projet transhumaniste constitue une entité en soi, un projet philosophique et scientifique qui, oligopoles ou pas, continuera d'exister au sein des laboratoires dédiés aux recherches sur le vieillissement un peu partout dans le vaste monde, y compris bien entendu dans la vieille Europe. En outre, il suscite des interrogations en termes de sagesse et de spiritualité qui méritent qu'on s'y arrête, les sagesses anciennes, on l'aura compris, étant a priori hostiles à tout ce qui pourrait modifier la logique intangible des âges de la vie, la spiritualité laïque des Modernes étant au contraire favorable à la lutte contre le vieillissement. Il vaut donc mieux comprendre de quoi il retourne avant de céder aux réflexes pavloviens qui prévalent en général sur ce sujet, et pour y parvenir, il est préférable d'écarter les caricatures simplistes pour s'en tenir à la réalité d'innovations qui suscitent, comme toutes les innovations d'envergure, des interrogations, mais qui n'ont pour autant aucun rapport avec l'eugénisme du siècle dernier. J'avais dans mon livre *La Révolution transhumaniste* (2016) déjà proposé un type idéal du transhumanisme. Depuis, non seulement le projet s'est enrichi considérablement, mais les critiques nouvelles qu'il a suscitées m'incitent à en présenter une définition systémique plus complète, en précisant notamment ce qui le distingue des fantasmes posthumanistes selon lesquels nous pourrions un jour parvenir à l'immortalité, télécharger notre mémoire et notre personnalité sur une espèce de clef USB, fabriquer un cerveau composé de neurones artificiels engendrant une véritable conscience de soi, voire une nouvelle entité non biologique douée de pensée et d'émotions humaines – autant d'aberrations qui ne relèvent pas du transhumanisme, mais de ce qu'on devrait décrire plutôt comme un « posthumanisme », une déviation fantasmatique à mon sens sans grand intérêt par rapport au projet de fond qu'elle tend à occulter.

Qu'est-ce que le transhumanisme ?

Pour le définir, je retiendrai six idées qui, j'y insiste, n'ont aucun rapport ni avec l'eugénisme du XIXe siècle, ni a fortiori avec le nazisme, ni même, comme je viens de le suggérer, avec les délires posthumanistes selon lesquels on pourrait un jour parvenir à construire une intelligence artificielle forte[1]. Plutôt que de le dénigrer

1. Bien entendu, comme dans tout mouvement de fond, on trouve aussi des grands délirants et des savants Folamour. C'est à la fois inévitable et, bien que minoritaire, c'est forcément ce qui retient l'attention dans le monde médiatique au sein duquel nous sommes plongés, un monde qui prospère sur ces passions démocratiques que sont la peur et l'indignation morale. Ces dérives de surface, en réalité anecdotiques, sont

a priori, je vous proposerai de retenir ce qui me semble essentiel pour saisir le sens véritable du projet, mais il est vrai que pour en prendre la mesure réelle, il faut se donner la peine de lire les auteurs qui animent ce courant, le plus souvent des scientifiques de haut niveau. Il s'agit d'une littérature savante, difficile, presque toujours inaccessible en français, bref, d'informations et de connaissances dont la compréhension demande du temps et de la patience, des exigences en général peu compatibles avec les contraintes qui pèsent sur le monde médiatique. Six idées, donc, que je voudrais présenter simplement ici[1] dans ce que je considère comme leur part de vérité ou, pour mieux dire peut-être, dans ce qu'elles me semblent avoir à tout le moins d'assez solide pour mériter une discussion enfin sérieuse, à distance des anathèmes caricaturaux qui animent trop souvent en France sur ce sujet le débat public.

1) Compléter la médecine thérapeutique par une médecine augmentative ou « mélioratíve »

Lorsque les Chinois ou les Arabes, à moins que ce ne soient les Grecs, inventent la médecine il y a des siècles et des siècles (difficile de dire qui fut pionnier en la matière...), elle ne dispose que d'un seul modèle, le modèle thérapeutique. On appelle l'homme de l'art

autrement moins inquiétantes que ne le furent les idéologies totalitaires, maoïstes, trotskistes ou communistes qui ensanglantèrent le monde et qui, hélas, nourrissent encore la plupart du temps les critiques du transhumanisme, il est vrai avec l'aide paradoxale des théologiens dogmatiques hostiles à toute espèce de modernisation du monde.

1. On trouvera dans mon livre *La Révolution transhumaniste* les références aux principaux auteurs de ce courant ainsi que de nombreuses traductions de passages clefs des ouvrages transhumanistes que je laisse de côté ici pour ne pas me répéter ni alourdir inutilement le propos.

quand on est malade, quand on a eu un accident. Il est là pour soigner, et pour rien d'autre. De nombreux médecins sont aujourd'hui encore attachés à ce modèle unique. D'autres, au contraire, pensent que la médecine est désormais en mesure d'ajouter au modèle thérapeutique, dont la finalité depuis des millénaires était de réparer les corps malades ou accidentés, une nouvelle dimension, celle de l'« augmentation (*enhancement*) ou de l'amélioration du potentiel de l'espèce humaine. Bien entendu, il n'est pas question de renoncer à soigner. Il est clair qu'on n'en a pas fini avec la médecine du soin, comme en témoigne hélas le nombre élevé de ces cancers qui provoquent encore chaque année de nombreux décès malgré les formidables progrès dus aux immunothérapies et aux thérapies ciblées. Simplement, avec la recherche sur les sénolytiques, avec la reprogrammation des cellules adultes, voire des cellules sénescentes en cellules souches induites pluripotentes (IPS) capables de réparer les tissus abîmés, avec aussi les possibilités ouvertes par Crispr, ce ciseau moléculaire qui permet de couper/coller les séquences d'ADN, on peut penser qu'il n'est plus impossible d'augmenter réellement certaines qualités de l'être humain. Pourquoi, après tout, lui refuser ce qu'on fait déjà pour un simple grain de maïs, de blé ou de riz OGM quand on rend ce dernier plus résistant aux inondations en Asie ou à la sécheresse en Afrique ? Ne valons-nous pas mieux qu'un modeste végétal ?

Nous allons y revenir, mais je note d'emblée qu'en évoquant cette idée, en comparant l'humain à un possible OGM devant un auditoire non prévenu, c'est en général l'effroi qui s'installe, un effroi d'autant plus étonnant qu'en vérité, assez peu de gens se trouvent parfaits, le succès des cosmétiques, de la chirurgie esthétique et des produits plus ou moins dopants en témoigne. Reste que cette première réaction d'angoisse face à la possibilité d'innovations qui pourraient pourtant être bénéfiques ouvre un boulevard aux critiques du transhumanisme. En général, elles remportent, avant toute réflexion de fond, un a priori favorable, la peur étant un terreau des plus propices aux idéologies conservatrices. Il faut donc aller plus loin et se demander ce qu'il s'agit au juste d'augmenter, d'améliorer dans l'être humain, en admettant bien sûr que ce soit possible (question factuelle et scientifique sur laquelle nous allons revenir dans quelques instants, dès que nous aurons précisé le sens du projet).

2) Augmenter la longévité en bonne santé, lutter contre le vieillissement, voire en inverser certains aspects pour retarder la mort et donner à l'humanité la possibilité d'être le cas échéant moins bête, moins inculte et moins sauvage...

C'est là qu'on rencontre la deuxième idée. Non, il ne s'agit pas de fabriquer un surhomme blond aux yeux bleus, tout armé, casqué et badgé d'une croix gammée pour faire la guerre au reste de l'humanité. Alors de quoi s'agit-il au juste ? Pour l'essentiel, et c'est là le cœur du cœur du projet, des scientifiques cherchent aujourd'hui à augmenter la longévité humaine, non seulement en éradiquant les morts précoces, mais en recourant aux biotechnologies pour faire vivre les humains vraiment plus longtemps, jeunes et en bonne santé. Il est important ici de ne pas confondre, comme beaucoup le font spontanément, espérance de vie à la naissance et longévité. Précisons donc les choses. Il est clair que l'espérance de vie a fortement augmenté au cours des trois derniers siècles, et tout particulièrement, bien sûr, au XXe, en raison des progrès fulgurants de la médecine, mais aussi de l'amélioration des conditions de vie et de travail. Pour ce qui est de la France (je donne la moyenne homme/femme et les chiffres hors guerres), au milieu du XVIIIe siècle, l'espérance de vie n'allait guère au-delà de 25 ans ; en 1862, quand Victor Hugo publie *Les Misérables*, elle n'était encore que de 37 ans ; en 1900, de 45 ans et à ma naissance, en 1951, de 63 ans. Elle est aujourd'hui de 79 ans et demi pour les hommes et de 85 ans pour les femmes. Pour autant, aucun humain n'a jusqu'à ce jour vécu jusqu'à 150 ans, le record mondial se situant autour de 120 ans. Or il existait déjà dans l'Antiquité de grands vieillards, des centenaires, même s'ils étaient évidemment moins nombreux qu'aujourd'hui.

Le mouvement transhumaniste n'a en réalité qu'un objectif fondamental : non pas fabriquer un surhomme « augmenté », mais tout simplement allonger le temps de la jeunesse afin de retarder autant qu'il est possible la mort naturelle. Évitons encore un malentendu hélas fréquent : il ne s'agit évidemment pas, comme beaucoup le croient spontanément dès qu'on leur parle d'allonger la vie humaine, de fabriquer un peuple de grands vieillards gâteux en fauteuil roulant, ce qui n'aurait qu'un intérêt limité. C'est tout l'inverse : le transhumanisme vise bel et bien, en retardant, voire en inversant certains processus de vieillissement, à permettre aux humains de rester jeunes et en bonne santé le plus longtemps possible. Le but ultime serait, pour commencer, de nous faire vivre en bon état cent trente, cent quarante, voire cent cinquante ans. D'un point de vue philosophique, il s'agirait de parvenir à réconcilier enfin jeunesse et vieillesse, de faire mentir, comme je l'ai dit en introduction, le fameux adage « Si jeunesse savait, si vieillesse pouvait ». Souvent, dans mes livres, j'ai cité ces vers de Hugo extraits de son poème, *Booz endormi*, lui-même tiré de la *Légende des siècles*, un éloge de la vieillesse qu'on pourrait dire « transhumaniste » avant la lettre :

« Booz était bon maître et fidèle parent ; / Il était généreux, quoiqu'il fût économe ; / Les femmes regardaient Booz plus qu'un jeune homme, / Car le jeune homme est beau, mais le vieillard est grand. / Le vieillard qui revient vers la source première, / Entre aux jours éternels et sort des jours changeants ; / On voit de la flamme dans l'œil des jeunes gens, / Dans l'œil du vieillard on voit de la lumière. »

Grandeur plutôt que beauté, lumière plutôt que flamme, c'est, si l'on en croit du moins Hugo, ce à quoi une grande longévité, comme celle qu'évoquait la Bible en citant le nom de ces patriarches qui vécurent plus de neuf cents ans, pourrait nous donner accès. Rien n'est certain, bien entendu, et l'hypothèse pessimiste vient aussitôt à l'esprit : il se pourrait qu'au lieu d'engendrer des individus plus sages, l'augmentation de notre durée de vie ne fasse, comme le craignait déjà Rousseau, qu'engendrer, de « vieux imbéciles ». On peut aussi penser que pour une partie de l'humanité au moins, celle qui aime la vie et qui tient qu'une éducation tout au long de notre existence est possible, une jeunesse qui durerait plus longtemps serait un merveilleux cadeau. Et face aux êtres aimés, qui ne souhaiterait les voir vivre plus longtemps, même si la mort est toujours au bout du chemin ? La discussion est ouverte, mais qui pourrait sérieusement prétendre qu'elle est sans intérêt ?

3) Compléter la lutte contre les inégalités économiques et sociales par la lutte contre les inégalités naturelles

Le troisième trait touche davantage à la question politique : après la lutte contre les inégalités économiques et sociales menée par des États-providences qui mirent en place des dispositifs d'égalisation des conditions, le temps serait venu de lutter aussi contre les inégalités naturelles. L'État-providence a joué un rôle évidemment essentiel dans la lutte contre les inégalités. Que nos enfants soient riches ou pauvres, ils ont les mêmes professeurs en face d'eux à l'école ou à l'université, et je ne connais pas de médecin qui fasse une différence entre ses patients selon leur degré de fortune. Bien entendu, il y a toujours des avantages à être riche, y compris pour certains accès aux soins, mais pour l'essentiel, dans l'enseignement ou à l'hôpital comme dans bien d'autres secteurs, la lutte contre les inégalités a produit des effets non négligeables. Selon le transhumanisme, il faut aussi, puisque c'est désormais possible dans certains cas, lutter contre les inégalités naturelles. La loterie génétique est aveugle, amorale et injuste. Votre enfant se retrouve porteur d'une malformation, frappé par un handicap, une maladie génétique ? Vous n'y êtes pour rien, ce n'est pas Dieu qui vous a puni, mais la nature qui a « bugué », et si la volonté libre des hommes pouvait corriger les calamités qu'elle nous dispense de manière aveugle, ne serait-ce pas un progrès ?

On dira qu'il s'agit d'eugénisme, et les bonnes âmes de pousser à nouveau des cris d'épouvante devant le mot tabou. C'est comme un réflexe de Pavlov, on se met derechef à bêler à l'hitlérisme. C'est toutefois d'une rare bêtise, car en l'occurrence, il s'agit seulement d'améliorer le sort d'humains moins bien lotis au départ que d'autres en passant « de la chance au choix » (*from chance to choice*), en clair : de passer de la très injuste et hasardeuse loterie naturelle au libre choix de la modifier par la volonté humaine. Le projet transhumaniste se situe donc à l'exact opposé de l'eugénisme exterminateur des siècles passés : il n'est nullement question d'éliminer les plus faibles, mais au contraire de réparer les injustices qui nous sont infligées par une nature dont la principale caractéristique, en dehors de son caractère profondément inégalitaire, réside dans une indifférence totale à tout ce qui nous touche et nous affecte.

4) La nature n'est pas une entité sacrée, encore moins un modèle moral !

Encore faut-il ajouter que la lutte contre les inégalités naturelles suppose qu'on cesse enfin de considérer la nature comme sacrée, a fortiori comme un modèle moral. C'est là encore un point de rupture avec les sagesses anciennes et leur sacralisation de l'ordre naturel du cosmos. Pour des raisons que j'ai développées ailleurs[1], la philosophie, la politique et la science moderne (celle de Newton et plus encore de Darwin), nous ont éloignés de l'antique conviction selon laquelle la nature pouvait être un modèle moral et politique. Dès la Renaissance, avec Pic de La Mirandole, puis au XVIIIe siècle avec Condorcet, Rousseau ou Kant, et plus tard encore avec la phénoménologie de Husserl et

1. En particulier dans *L'Homme-Dieu ou le Sens de la vie* (1996), mais aussi dans *Le Nouvel Ordre écologique* (1992).

l'existentialisme, l'idée s'est développée selon laquelle l'Homme n'était pas, ou à tout le moins pas entièrement, un être de nature, qu'il était aussi un être de transcendance, l'être d'antinature par excellence, le seul vivant qui ne soit pas un « autochtone » (étymologiquement : un être né du terroir, enraciné dans le sol), le seul qui soit capable de construire une civilisation à distance de la terre, d'inventer un monde dans lequel les idées d'une perfectibilité infinie et d'une éducation tout au long de la vie sont devenues possibles précisément parce que l'éternelle stabilité de la nature cessait d'être un modèle et faisait place à l'historicité.

Et de fait, nos démocraties ne cessent de mettre en place des réformes qui vont directement à l'encontre de la sélection naturelle si bien décrite par Darwin. Un proverbe africain, plein d'ironie et d'humour, dit bien ce qu'est vraiment la nature, non pas un cosmos harmonieux comme le pensaient les Anciens, mais un monde de forces brutales et de lutte pour la vie qui ne laisse aucune place à un souci humaniste de l'éthique : *Quand tu es poursuivi par le lion, il est inutile de courir plus vite que le lion, il suffit de courir plus vite que ton voisin.* Et si ce dernier est vieux, handicapé et malade, c'est tout bénéfice ! Telle est la véritable logique de la nature aux yeux des Modernes, une réalité que Newton et Darwin nous ont appris à ne pas confondre avec l'harmonie cosmique qu'y voyaient les Anciens. Voilà pourquoi, à l'opposé du modèle cosmologique que les sagesses anciennes ont présent à l'esprit, vivre bien, pour les penseurs héritiers des philosophies de la liberté et de la perfectibilité, c'est justement ne pas vivre toujours en accord avec l'univers naturel, c'est être capable de s'en affranchir, voire de le combattre s'il le faut, et ce dans tous les domaines de la vie humaine, médical, politique, scientifique, philosophique, esthétique, moral et même spirituel. Il est clair que tout ce que nous avons inventé de plus beau depuis la naissance de nos États-providences en termes de protection des plus faibles est radicalement antinaturel : qu'il s'agisse de nos systèmes de retraite, de la gratuité des soins, de la lutte contre les inégalités, de la protection des handicapés, mais aussi des progrès de la démocratie et de la médecine moderne, rien de tout cela n'est conforme à la sélection naturelle.

Cela ne signifie évidemment pas que la nature soit en soi mauvaise, encore moins qu'il faille la maltraiter, ne pas protéger cet environnement hors duquel nous ne pourrions plus vivre. Et du reste, il va de soi que nous sommes *aussi* des êtres de nature, en l'occurrence des mammifères. Il existe en outre une beauté naturelle, voire une véritable intelligence des écosystèmes que nous sommes incapables d'égaler et que nos interventions brutales ne font en général qu'abîmer de manière irréversible. Reste que c'est à nous, êtres humains, qu'il revient de choisir au sein de cette nature ce que nous aimons – la beauté, justement, la perfection de certains êtres, l'harmonieuse régulation dont elle fait parfois preuve –, et ce que nous cherchons à combattre ou à éviter – les mauvais virus, la cellule cancéreuse, les tsunamis... ou les maux de la vieillesse comme l'indique assez la prolifération des soins cosmétiques et des stations de remise en forme que le monde occidental ne cesse de développer. Si un couple a par malheur un enfant atteint d'une pathologie mortelle, par exemple une maladie monogénique où un seul gène est muté (abîmé) et si, grâce à Crispr, ce ciseau moléculaire, on peut aller découper ce gène et le remplacer par un gène sain, il faut le faire, car le génome humain n'est ni sacré, ni intouchable. Allons plus loin : si la médecine peut me donner un cœur (ou tel autre organe) meilleur et plus performant que celui que m'ont donné mes parents, si cette amélioration me donne des chances d'une vie plus agréable et d'une jeunesse plus longue, pourquoi faudrait-il à tout prix s'en abstenir au motif qu'il existe une loi naturelle d'origine divine que les humains n'auraient pas le droit de modifier ?

5) Autonomie contre hétéronomie

Oui, c'est vrai, et je le dis sans réserve, la puissance des Gafami pose problème au républicain que je suis. Je défends depuis toujours le libéralisme dans la sphère économique, car c'est le seul système producteur de richesses et que pour pouvoir les partager, il vaut mieux d'abord les produire. Je n'en reste pas moins attaché au rôle de l'État dans la définition du bien commun, parce que c'est toujours lui qui incarne (ou à tout le moins devrait incarner) le pôle de l'intérêt général face aux intérêts particuliers qui dominent la société civile. Je suis donc de ceux qui se méfient d'oligopoles qui deviennent si puissants qu'ils échappent à tout contrôle politique. Il n'empêche : le transhumanisme repose sur une logique typiquement démocratique, celle qui consiste à aller de l'hétéronomie à l'autonomie, à passer de ce qui s'impose à nous de l'extérieur comme une fatalité à ce que nous choisissons librement de faire advenir. En ce sens, quelles que soient les entreprises qui le financent aux États-Unis ou en Chine, sa dynamique, qui consiste à donner aux individus plus de liberté et plus de pouvoir sur leur destin, me semble légitime. À l'exemple du mariage d'amour, choisi en liberté au lieu d'être imposé du dehors par les parents ou les villages comme l'était naguère encore le mariage de raison, il s'inscrit dans le grand mouvement démocratique qui tente de réduire sans cesse davantage la part de ce qui nous détermine de l'extérieur au détriment de notre libre volonté. Cela ne signifie évidemment pas qu'il ne doive pas être encadré et régulé par des lois, comme toute liberté, mais seulement qu'il n'a a priori rien d'antidémocratique de sorte que l'assimiler à un néolibéralisme débridé, voire à l'eugénisme nazi est, il faut bien l'avouer, d'une rare bêtise.

6) L'impossible quête de l'immortalité. Du transhumanisme au délire posthumaniste, ou de l'IA faible à l'IA forte

Deviendrons-nous pour autant immortels ? Allons-nous télécharger notre conscience et notre mémoire sur des espèces de clefs USB ? Évidemment pas et ce pour une raison de fond : sans une part de biologie, sans organisme vivant, une machine sera à jamais incapable de ressentir quoi que ce soit, qu'il s'agisse d'une émotion ou d'une pensée. Elle pourra sans doute imiter l'humain, le faire de mieux en mieux, jamais pour autant « vivre » ce que nous vivons en termes de conscience de soi et d'émotions inséparables du vivant. Ce sont pourtant ces fantasmes que les critiques du transhumanisme mettent habituellement en exergue afin de se construire un adversaire face auquel la victoire est facile. Les humains, par nature, sont incarnés dans un corps biologique forcément éphémère et fragile. Même si nous parvenions un jour à vivre cent cinquante ans en bonne santé, nous finirions toujours par mourir sur le modèle du service à thé de la grand-mère, comme aimait à dire mon ami Jean-Didier Vincent : il arrivera forcément un moment où quelqu'un en laissera tomber une pièce sur le sol où elle se brisera. Du reste, mettre fin volontairement à ses jours restera toujours une possibilité – ce que les dieux immortels ne sauraient envisager. En revanche, si nous parvenions à fabriquer une posthumanité dotée d'une IA forte, une machine douée du libre arbitre, de conscience de soi et d'émotions humaines, ce que certains chercheurs, chez Google, désignent comme un point de singularité, alors nous aurions créé une nouvelle espèce intelligente potentiellement immortelle. Comme l'écrit Aurélie Jean, chercheuse au MIT et grande spécialiste des algorithmes, l'idée relève de la science-fiction, pas de la science, ce qui ne l'empêche pas d'avoir une certaine utilité en fixant à la recherche une espèce de point de fuite ou, pour parler comme Kant[1], d'« idéal régulateur[2] ». Pourtant, beaucoup y croient ou affectent d'y croire dans la Silicon Valley. Pourquoi ce qui est à mon sens délirant leur paraît-il au contraire tout à fait plausible ?

Pour les comprendre, il faut savoir qu'ils partent d'une vision du monde et de l'homme « matérialiste », au sens

1. C'est tout à fait dans le même sens que Kant parlait déjà, dans l'*Appendice à la dialectique transcendantale*, de la science achevée (de l'idée d'un système complet de toutes les connaissances) comme d'un *focus imaginarius*, un point de fuite, certes imaginaire, mais néanmoins utile à titre d'idéal asymptotique guidant le travail des scientifiques. La même idée est reprise par Kant dans son introduction à la *Critique de la faculté de juger*.

2. « Disons-le ici, écrit Aurélie Jean dans son livre *De l'autre côté de la machine* (2019), l'IA forte n'existe pas encore et elle n'existera sûrement jamais. C'est pourtant en visant ce "point de singularité" que nous autres scientifiques pouvons avancer à pas de géants dans notre compréhension du monde. [...] Même si je suis consciente qu'un robot ne pourra jamais ressentir une émotion, viser ce point de singularité aide les scientifiques à avancer dans la recherche pour simuler au mieux une émotion. »

philosophique du terme, ce qui signifie qu'à leurs yeux nous sommes déjà des machines, des machines vivantes, certes sophistiquées, compliquées, dotées de milliards de neurones, mais des machines quand même. Pour un authentique matérialiste, il n'y a donc pas, à la différence par exemple d'un croyant, d'un côté une âme qui va s'envoler au ciel quand le corps sera mort, et de l'autre un organisme matériel. Comme chez Spinoza, qui leur sert souvent de référence, l'âme et le corps sont une seule et même « chose ». C'est ce qu'on appelle le « monisme ». Du reste, les matérialistes monistes ont un argument fort (et bête) pour montrer que le cerveau et la pensée sont une seule et même réalité : si je vous détruis le cerveau, disent-ils volontiers, vous verrez que vous penserez beaucoup moins bien, vous aurez aussi beaucoup de mal à trouver ce que vous appelez curieusement une « âme ». Voilà aussi pourquoi ils pensent que la conscience et la vie étant un jour sorties de la matière inanimée, de la fameuse « soupe primitive », il est certain qu'un jour ou l'autre nous parviendrons à fabriquer des connexions de neurones artificiels si complexes et performantes qu'elles pourront engendrer de la conscience, ce qu'on appelle une « intelligence artificielle forte », et par conséquent avec elle une nouvelle forme de vie dotée de conscience et d'émotions, bref : une « posthumanité ». Comme on l'aura compris, je ne crois pas une seconde à cette hypothèse hautement farfelue, ce pour quoi je me bornerai à présenter ici les débats soulevés par le transhumanisme proprement dit en laissant de côté ceux qui touchent au posthumanisme et qui ne présentent guère d'intérêt à mes yeux.

L'inversion des processus du vieillissement cellulaire : les travaux de Yamanaka et Lemaitre

Comme l'a montré Jean-Marc Lemaitre, dont nous citions le livre et les travaux dans l'introduction de ce livre, l'une des principales causes du vieillissement réside dans la « déprogrammation cellulaire ». Si l'on ne veut pas se contenter de débats qui, sous couvert de philosophie, ne sont en vérité qu'idéologiques, à la fois de parti pris et sous-informés, voire nourris de ces innombrables *fake news* qui traînent sur les réseaux sociaux, si l'on veut vraiment se donner les moyens de comprendre la révolution en cours en matière de lutte contre le vieillissement, il est bon d'avoir en tête quelques bases de biologie, un savoir minimal nécessaire que je voudrais présenter ici de telle façon qu'il soit accessible à tous, y compris à ceux qui n'ont jamais eu de cours de « sciences naturelles » ou qui les auraient oubliés. Et comme les cellules souches jouent le premier rôle dans toute cette affaire, on commencera par elles, car c'est en comprenant leur fonction qu'on va pouvoir comprendre aussi le lien qui existe entre médecine réparatrice et lutte contre le vieillissement.

Quelques bases pour comprendre la révolution en cours en matière de longévité...

Les cellules souches sont les cellules pour ainsi dire « originelles », encore indifférenciées, c'est-à-dire pas encore engagées dans la fabrication d'un des 220 types cellulaires particuliers qui composent un corps humain. Ce sont des cellules qui sont tout à la fois capables de s'autorenouveler et de générer des cellules spécialisées par différenciation cellulaire tout en se maintenant elles-mêmes dans l'organisme[1]. Les cellules souches sont présentes chez tous les êtres vivants multicellulaires. Elles jouent un rôle central dans le développement des organismes ainsi que dans le maintien de leur intégrité au cours de la vie. Ce sont en quelque sorte les « cellules mères » de toutes les autres cellules. Au tout début de la vie, elles permettent le développement complet d'un être humain, puis, au cours de la vie, telle une réserve naturelle, la reconstitution de nos stocks de cellules spécialisées.

Notre corps est constitué d'environ 100 000 milliards de cellules. Vingt milliards de ces cellules meurent chaque jour et sont remplacées. Près de 20 millions de cellules se divisent en deux cellules filles chaque seconde. Chaque cellule contient environ un mètre d'ADN constitué de 23 paires de chromosomes, et le tout est empaqueté dans le noyau des cellules dont le diamètre est d'une taille infinitésimale. Il faut savoir que jusque dans les années 1960, on pensait (à tort) qu'une cellule pouvait se diviser un nombre illimité de fois. On sait aujourd'hui que nos cellules différenciées ne se divisent par mitose qu'un petit nombre de fois – entre 40 et 80 au cours de leur vie. Malheureusement, au cours de cette division des accidents de parcours peuvent se produire, susceptibles d'engendrer du vieillissement et des pathologies diverses (par exemple des cancers).

Pour bien comprendre ce qui va suivre, il est donc essentiel d'avoir une idée assez claire des divers types

1. Par division symétrique donnant deux cellules filles identiques (ou division asymétrique donnant deux cellules filles différentes).

de cellules souches et de leurs différentes potentialités. Il en existe de quatre sortes, en allant de celles qui ont le plus gros potentiel (les « totipotentes » : littéralement qui « peuvent tout »), jusqu'à celles qui sont seulement « unipotentes » (elles ne peuvent plus fabriquer qu'un seul type de tissu). Précisons que, là encore, c'est seulement dans les années 1960 qu'on a commencé à décrire ces cellules « mères » dont on ignorait avant jusqu'à l'existence comme, bien évidemment aussi, la fonction :

a) Les premières cellules souches sont dites « totipotentes » et ne désignent en fait que l'œuf fécondé ou ses toutes premières divisions (jusqu'au quatrième jour). Si on les dit « totipotentes », c'est parce que ce sont les seules à pouvoir engendrer un organisme complet (un embryon avec ses annexes embryonnaires permettant son implantation et son développement). Ce sont donc celles qu'on utilise pour une procréation médicalement assistée (PMA) ou pour un clonage reproductif chez l'animal.

b) Viennent ensuite les cellules souches dites « pluripotentes » ou « ES » (en anglais, pour « cellules souches embryonnaires »). Ce sont elles qui vont produire les 220 types de cellules différenciées ou spécialisées qui composent le corps humain, y compris les cellules germinales. En effet, notre corps se compose de cellules différentes, les cellules du cœur, du foie, des cheveux, des os, de la moelle, etc. n'étant pas identiques entre elles[1].

1. Ce sont ces cellules-là qu'on appelle « IPS » – en anglais, pour « cellules pluripotentes induites » – quand elles sont « induites » (reproduites) à partir de cellules différenciées de la peau (les « fibroblastes ») comme ce fut le cas par l'équipe de Yamanaka, le Prix Nobel 2012 dont nous avons déjà évoqué les travaux en introduction de ce livre. Rappelons que pour la première fois dans l'histoire de l'humanité, il réussit à inverser le processus de différenciation cellulaire dans une boîte de culture, un

On notera que la pluripotence est un état transitoire du développement embryonnaire qu'il est possible de capturer sous la forme de lignées cellulaires.

c) Les cellules souches dites « multipotentes » sont celles qui sont déjà davantage « déterminées », « spécialisées » ou « différenciées » (termes ici synonymes), c'est-à-dire engagées dans certaines directions : elles ne peuvent plus produire que certaines cellules (les cellules souches du sang peuvent par exemple produire des globules rouges, des lymphocytes B, T, des macrophages, mais pas de cellules musculaires...).

d) Enfin, les cellules souches unipotentes ne peuvent plus produire, comme leur nom l'indique, qu'un seul type de cellules. C'est le cas par exemple des cellules souches qu'on appelle « kératinocytaires » qui ne se différencient qu'en « kératinocytes » formant notre épiderme.

N'entrons pas davantage dans les détails. L'important est de savoir que nous gardons des cellules souches toute notre vie (dans l'intestin, la peau, la moelle osseuse, etc., mais aussi, bonne nouvelle, dans le cerveau). Le problème, c'est qu'elles diminuent non seulement en nombre et en qualité, mais surtout qu'elles perdent déjà leur pluripotence au cours de l'embryogénèse : les multipotentes et les unipotentes que nous conservons peuvent réparer une blessure, mais elles ne peuvent pas fabriquer une « pièce de rechange » complète, a fortiori pas un organisme entier (on verra

---

exploit toutefois préfiguré par les travaux de John Gurdon dès 1961, lors des premières expériences de clonage par transfert d'un noyau de cellule différenciée adulte dans un œuf énucléé. Contrairement aux cellules pluripotentes du blastocyste dont elles sont issues, les cellules ES se caractérisent par leur autorenouvellement illimité dans des conditions de culture appropriées qui bloquent l'engagement dans la différenciation.

cependant plus loin que certains animaux, par exemple la planaire ou certaines méduses, gardent ces cellules pluripotentes toute leur vie, ce qui les rend pratiquement immortelles). Ajoutons qu'à la différence de ce qui se passe par exemple chez l'hydre (qui a les mêmes caractéristiques que la planaire, mais qui en outre se régénère automatiquement sans discontinuer), nos cellules souches d'adultes ne se remettent à travailler qu'en cas de besoin, par exemple à l'occasion d'une blessure, pour reconstituer les tissus lésés, sinon, elles restent au repos dans leur niche et ne redémarrent que si elles sont réactivées. Comme l'écrit Jean-Marc Lemaitre dans le livre que nous avons déjà cité et dont je suis ici pour l'essentiel la démarche, il existe donc un lien très direct entre le vieillissement et l'érosion du nombre et de la qualité des cellules souches dans notre organisme :

« Ce sont les cellules souches qui, à l'âge adulte, nous permettent de réparer nos tissus endommagés, à condition toutefois qu'elles se maintiennent en nombre et qu'elles n'aient pas trop vieilli. Le problème, c'est que chez l'homme, le nombre de cellules souches diminue avec l'âge et que leur capacité à restaurer les tissus se réduit. L'apoptose (le suicide cellulaire) et la perte de leurs capacités à s'autorenouveler sont responsables de leur diminution en nombre. Leur entrée en sénescence ou leur vieillissement par déprogrammation favorise leur perte de capacité à s'autorenouveler et à se différencier pour renouveler nos tissus. Quelques petits modèles animaux comme la planaire contrastent avec ce schéma [...]. L'épuisement du stock de cellules souches et de leurs capacités permettant de renouveler et régénérer les tissus altérés est observé avec l'âge. Le taux de renouvellement des cellules souches adultes au sein de leurs niches dans l'organisme où elles sont

stockées en est à l'origine, mais aussi leur destruction en apoptose par suite des différents stress cellulaires subis tout au long de la vie. [...] La capacité des cellules souches à se différencier est, elle aussi, impactée. »

Le vieillissement du système immunitaire, l'apparition des maladies de l'âge telles que par exemple l'ostéoporose, la diminution des cartilages, l'augmentation de la graisse et la perte de masse musculaire, sont ainsi liés à la diminution du nombre de cellules souches ainsi qu'à l'affaiblissement de leur capacité de différenciation[1]. Une fois rappelées ces quelques bases, entrons maintenant dans le cœur du cœur des travaux de Jean-Marc Lemaitre. Ils partent d'une analyse des deux causes principales du vieillissement, deux causes qui n'ont été découvertes que très récemment : d'un côté la « déprogrammation » des cellules et, de l'autre, la sénescence cellulaire. Ce sont les deux points qu'il faut cibler si on veut le ralentir afin de vivre plus longtemps jeune et en bonne santé.

1. Ainsi que le précise encore Lemaitre : « **Par exemple, la différenciation des cellules souches hématopoïétiques dans la lignée myéloïde est diminuée. On fabrique alors moins de lymphocytes B et T avec l'âge, ce qui explique la diminution de l'efficacité du système immunitaire. De même, les cellules souches mésenchymateuses dites "multipotentes" que l'on trouve dans la moelle osseuse qui sont normalement capables de se différencier en ostéoblastes (fabriquant de l'os), en chondrocytes (à l'origine du cartilage) ou en adipocytes (produisant des cellules graisseuses) privilégient avec l'âge certaines capacités de différenciation, elles perdent leur capacité à fabriquer du cartilage et diminuent leur capacité à refaire de l'os, favorisant la production de cellules graisseuses. L'ostéoporose en est la première illustration. [...] Les cellules neurales voient également leur nombre se restreindre associé à une baisse de la neurogenèse au sein du cerveau âgé. »**

Le vieillissement cellulaire par « déprogrammation » : le passage du génome à l'épigénome, clef du vieillissement

Il faut tous les jours régénérer les tissus qui composent notre organisme, or l'environnement est parfois hostile. Le stress peut être intérieur (la division cellulaire est en soi stressante et elle peut entraîner des altérations) ou extérieur (infections virales ou bactériennes, polluants divers, rayonnements, etc.), conduisant à une altération du programme d'expression des gènes essentiellement réglé par ce qu'on appelle l'« épigénome ». On dit alors que les cellules se « déprogramment » et c'est la première cause du vieillissement. L'essentiel ici est de bien comprendre ce qui suit : dans le processus de différenciation qui va permettre à la première cellule (l'œuf) de produire les 220 types de cellules formant les tissus de notre organisme, certains gènes constitutifs de notre ADN initial vont être davantage exprimés et d'autres au contraire davantage réprimés, ce qu'on appelle l'« épigénome » étant le résultat de ce processus[1]. Le problème, c'est

1. Comme l'explique Lemaitre, « **lorsque l'embryon se développe, il n'y a au départ qu'un seul génome, celui de l'œuf, lequel va générer les 220 types cellulaires du corps humain. On appelle "programmation" l'organisation spécifique qui met en place l'identité de chacun des 220 types cellulaires différenciés. C'est pendant le développement de l'embryon que se détermine la manière dont les gènes vont être exprimés ou réprimés différemment en fonction de chacun des types cellulaires et donner l'identité à chacune des cellules (cellule de peau, de cœur, de foie, d'os, de sang, etc.). Il s'agit d'un processus "épigénétique". La manière dont les gènes vont être organisés dans les chromosomes et dans le noyau de la cellule pour permettre leur expression et la régulation de leur expression constitue l'épigénome. L'identité de la cellule résulte de**

que l'épigénome change au cours de la vie, il vieillit et ce de deux façons : de l'extérieur par un certain nombre de facteurs environnementaux, mais aussi de l'intérieur par la répétition de la division cellulaire et des stress qu'elle génère. C'est là un point tout à fait crucial que souligne Lemaitre :

« Le programme établi pendant le développement est normalement fixé pour toute la vie, mais on s'aperçoit toutefois qu'avec le temps, la façon dont les gènes s'expriment et la manière dont ils sont régulés n'est plus exactement aussi fidèle, et ceci bien que la cellule conserve son identité – il peut arriver parfois qu'un changement d'identité se produise, la cellule peut devenir alors tumorale. [...] L'épigénome peut être influencé par l'alimentation, le mode de vie, etc. Il se modifie en fonction de l'environnement, et avec lui l'expression de certains gènes. C'est précisément ce qu'il se passe quand on vieillit : la cellule subit un ensemble de stress de par ses activités propres, au contact de différentes molécules, et les réparations qu'elle doit mettre en place à la suite des dommages entraînent parfois des modifications de l'épigénome. »

L'épigénome est donc une couche d'information supplémentaire agissant sur l'activation, l'expression ou l'inhibition des gènes en lien avec l'environnement[1].

---

la combinaison des gènes activés et des gènes réprimés qui procède de la programmation épigénique ».

1. « L'ADN est en contact et enroulé autour de protéines dédiées (les histones) qui assurent sa compaction et dont les modifications sont impliquées dans l'activation ou l'inactivation des gènes. Elles constituent l'épigénome. Il règle finement par tout un ensemble de modifications l'expression du génome. Pour un animal qui ne vit qu'une vingtaine de jours, comme *C. elegans* (qui ne possède que 959 cellules qui ne se divisent pas au cours de sa vie), le facteur génétique est forcément plus déterminant que la composante épigénétique dont l'importance varie en fonction de la durée des organismes. Plus on vit longtemps, plus l'épigénome est

Pour bien comprendre ce qu'est l'épigénome par rapport à l'ADN (le génome) originel, on peut donner l'exemple fascinant de la définition du sexe chez les tortues, ou encore, de la différence entre reines et ouvrières chez les abeilles. En effet, c'est seulement par l'environnement, en l'occurrence par la température de l'œuf, que le sexe des petites tortues va être déterminé, ce qui montre bien l'importance de la dimension épigénétique, c'est-à-dire de l'influence du milieu sur le génome initial. Même chose pour la différence entre la reine et les ouvrières chez les abeilles, une différence qui ne tient qu'à l'alimentation (les larves de reines ne mangeront que de la gelée royale à partir du troisième jour, tandis que les ouvrières seront nourries par un mélange de gelée royale et de pain d'abeilles). Au départ, les génomes des reines et des ouvrières sont absolument identiques et leur différence est donc exclusivement épigénétique. Or cette différence épigénétique est malgré tout considérable puisque les reines vont vivre jusqu'à vingt fois plus longtemps que les ouvrières et qu'elles peuvent produire jusqu'à 2 000 œufs par jour tandis que leur clone est stérile. On sait par conséquent aujourd'hui, contrairement à ce qu'on a cru pendant longtemps ou qu'on avait à tout le moins mal interprété, qu'il peut y avoir transmission de caractères acquis, en l'occurrence transmission d'une inhibition ou d'une surexpression de certains gènes à la descendance pendant parfois plusieurs générations.

Pour résumer ce que nous venons de voir, le point important s'agissant du vieillissement, c'est de bien

susceptible d'être impliqué dans le vieillissement et encore plus lorsque à chaque division cellulaire il doit être réinstallé à l'identique dans les cellules filles afin de garder non seulement l'identité de la cellule, mais aussi une régulation de l'expression de nos gènes inchangée. »

comprendre que la cellule s'abîme à cause des différents types de stress qu'elle subit au cours de sa vie (donc, par définition, dans la dimension épigénétique de son existence). Elle peut alors emprunter trois voies : 1) d'abord stopper son activité de régénération des tissus pour s'autoréparer afin de reprendre ensuite son activité normale dans le renouvellement tissulaire. Malheureusement, au cours de cette autoréparation, elle garde des traces des effets du stress et elle vieillit, elle se « déprogramme » peu à peu et assure moins efficacement sa fonction de renouvellement tissulaire. 2) Si elle n'arrive pas à se réparer, elle peut ensuite se suicider. C'est ce qu'on appelle l'« apoptose » – du grec *apoptôsis* : « aller vers sa chute », comme un fruit mûr tombe sur le sol. Enfin, 3), elle peut aussi entrer en sénescence. Les cellules sénescentes sont des cellules qui ne se divisent plus mais qui ne meurent pas pour autant. Elles ont perdu la capacité à s'autodétruire par apoptose et ont besoin du système immunitaire pour les prendre en charge. Comme on va le voir dans quelques instants, elles ont plusieurs fonctions, les unes positives, mais les autres fort négatives, qui jouent un rôle majeur dans le vieillissement.

L'entrée en sénescence des cellules et ses effets divers

Ici encore, il faut avoir conscience que les progrès accomplis dans la connaissance des cellules sénescentes sont très récents puisque leur existence n'a été révélée *in vitro* par Hayflick et Moorhead qu'en 1971, dans une culture de cellules, et plus tard *in vivo*, seulement au milieu des années 1990 par les travaux de Judith Campisi. L'entrée en sénescence est un mécanisme de réponse aux stress et endommagements cellulaires qui va avoir un double effet : déclencher la réparation des tissus lésés, mais aussi sécréter des facteurs inflammatoires afin d'alerter le système immunitaire pour qu'il engage une nécessaire destruction par des cellules du système immunitaire comme ces « éboueurs de l'organisme » que sont les macrophages[1], ou encore par les cellules dites « NK » (*natural killer* : « tueuses naturelles »), des lymphocytes du système immunitaire capables de tuer les cellules tumorales ou infectées – sauf que, malheureusement, quand le système immunitaire a vieilli lui aussi et qu'il est moins performant avec l'âge, il ne parvient plus à repérer correctement les signaux inflammatoires de sorte que les cellules sénescentes s'accumulent dans les tissus, créant une inflammation chronique et des conséquences considérables sur les pathologies du vieillissement[2].

Les cellules sénescentes ont donc des effets paradoxaux : d'un côté, ce qui est positif, elles continuent à réparer de façon indirecte les tissus abîmés (bien qu'elles ne se divisent plus), mais malgré tout, au cours de la réparation, elles engendrent des effets désastreux. Quand un tissu est endommagé par une blessure, des

1. Chez la salamandre, comme le système immunitaire ne s'abîme pas avec l'âge, elles sont détruites, ce qui permet à ce petit animal sympathique de moins vieillir tout en profitant de l'aspect réparateur des sénescentes !

2. « Ces dernières années, plusieurs équipes ont montré que la sénescence induit la surexpression de différents gènes dont plusieurs codent des protéines sécrétées, potentiellement capables d'altérer les cellules alentour et leur environnement. Des fibroblastes sénescents sécrètent des molécules qui contribuent aussi bien à initier un mécanisme de réparation de la blessure qu'à l'inflammation du tissu lésé modifiant de façon positive et négative le microenvironnement de leurs voisines. L'inflammation a de positif qu'elle permet au système immunitaire de repérer les endommagements et de se mobiliser pour supprimer les cellules sénescentes et supprimer la source de cette inflammation. »

cellules entrent en sénescence et se mettent en marche pour le réparer, par exemple en réorganisant les fibres qui structurent le tissu, mais en même temps, au cours de cette opération pourtant bénéfique, elles sécrètent des facteurs inflammatoires. Or normalement, ces effets négatifs devraient fonctionner comme des signaux envoyés au système immunitaire pour qu'il les prenne en charge et enclenche leur destruction. Mais comme le système immunitaire a lui aussi vieilli, qu'il fonctionne moins bien et qu'il n'arrive plus à les détruire, ces fichues cellules s'accumulent dans les tissus et sécrètent (avec leur « sécrétome[1] ») des effets de plus en plus délétères (arthrose, ostéoporose, sarcopénie, artériosclérose, cataracte, et même cancers). Elles sont donc capables de réparer et d'alerter le système immunitaire de leur présence, mais les mécanismes mis en jeu ne sont bénéfiques que s'ils sont transitoires, ils sont en revanche délétères lorsqu'ils deviennent chroniques ou permanents en raison des défaillances du système immunitaire.

Comment reprogrammer ? La recherche des facteurs de reprogrammation permettant de régénérer les cellules adultes vieillissantes et même sénescentes

Ce sont les travaux du Prix Nobel de médecine, Shinya Yamanaka, en trouvant une stratégie simple pour produire des cellules souches pluripotentes induites à partir de cellules adultes différenciées, qui ont permis à Jean-Marc Lemaitre de faire à son tour une découverte fondamentale touchant la question de

1. « Les cellules communiquent avec leur environnement en se contactant entre elles mais aussi en sécrétant des facteurs de communication seuls ou empaquetés dans ces vésicules extracellulaires ou exosomes qui véhiculent des messagers nucléiques ou protéiques. »

la lutte contre le vieillissement. Pour se différencier, les cellules souches doivent en effet inhiber l'expression de certains gènes ou, au contraire, surexprimer certains autres. Sans entrer ici dans les détails, on peut dire que c'est en réfléchissant à ce processus que Yamanaka a pu identifier quatre gènes de reprogrammation de cellules adultes différenciées. En les comparant avec des cellules souches, il s'est aperçu qu'il y avait vingt-quatre gènes très fortement exprimés dans les pluripotentes, et très faiblement, voire pas du tout, dans les cellules de peau différenciées (fibroblastes) qu'il examinait. De là l'idée que c'était dans ces vingt-quatre gènes qu'il fallait chercher les facteurs de reprogrammation. Voici ce que dit à ce sujet Jean-Marc Lemaitre dans le livre que nous avons déjà cité :

« En conséquence, Yamanaka et son équipe avaient entrepris d'introduire ces vingt-quatre gènes dans la cellule adulte en effectuant toutes les combinaisons possibles afin de tenter de la transformer en cellule pluripotente. [...] Yamanaka cherchait à obtenir ainsi le "cocktail minimum" susceptible de fonctionner pour la reprogrammation. Il est alors parvenu à déterminer un cocktail de quatre gènes surexprimés dans les cellules souches embryonnaires et dont la réexpression dans la cellule adulte paraissait nécessaire et suffisante pour la convertir en cellule pluripotente. Concrètement, la technique utilisée consistait à faire pénétrer un vecteur viral capable de s'intégrer au génome de la cellule et contenant une copie de chacun des quatre gènes afin qu'ils s'y expriment fortement. »

Au départ, le travail de Yamanaka ne visait pas à « soigner » le vieillissement, il s'inscrivait seulement dans le cadre de la médecine réparatrice. Cela dit, Yamanaka était convaincu que ce qu'il avait réussi à faire avec des cellules adultes différenciées était cependant impossible avec des cellules sénescentes. Lemaitre, au contraire, se disait que si on pouvait reprogrammer des cellules différenciées d'adultes en pluripotentes, on devait pouvoir y arriver aussi avec les sénescentes, ce qui aurait bien évidemment un impact majeur dans la lutte contre le vieillissement, et pas seulement dans le domaine de la médecine réparatrice. Il décida donc de travailler sur les cellules vieillissantes « déprogrammées », et même sur les tout à fait sénescentes en se disant que si on pouvait les reprogrammer en cellules souches pluripotentes, on pourrait peut-être les rajeunir au passage, on pourrait en quelque sorte envisager un jour de « guérir la vieillesse » en la traitant comme une pathologie parmi d'autres.

Toutefois, mauvaise nouvelle pour lui, en 2009, six articles paraissaient coup sur coup dans des revues scientifiques parmi les plus sérieuses, expliquant que c'était impossible, et que la sénescence constituait une barrière infranchissable à la reprogrammation. Sans entrer ici dans le détail de sa recherche (qu'on lira dans son livre), disons seulement qu'en s'inspirant des travaux d'un autre scientifique, James Thomson, qui avait lui aussi réussi à reprogrammer des cellules différenciées en pluripotentes avec d'autres gènes que ceux utilisés par Yamanaka, et en combinant les deux cocktails, en l'occurrence en ajoutant deux gènes de Thomson aux quatre de Yamanaka, Lemaitre réussit contre toute attente, et à l'opposé de ce que prétendaient les six articles en question, à reprogrammer des cellules de centenaires, non seulement différenciées, mais bel et bien sénescentes !

Pour que le projet de « soigner la vieillesse » prenne enfin corps, il ne restait plus qu'à démontrer qu'on pouvait non seulement reprogrammer les cellules déprogrammées et les cellules sénescentes, mais aussi qu'on pouvait ensuite les redifférencier en cellules à la physiologie rajeunie. Ce qui fut fait ! Restait encore un dernier pas à franchir. En effet, à quoi bon régénérer des cellules si l'on ne peut pas régénérer les organismes entiers ? Et c'est en ce point que Lemaitre comprit qu'il fallait, pour parvenir un jour à réaliser cet exploit, rajeunir les cellules sans pour autant les dédifférencier tout à fait :

« Le deuxième projet prometteur (après la reprogrammation des cellules sénescentes en cellules pluripotentes) qui me semblait accessible était de rajeunir les cellules sans aller jusqu'à les transformer en cellules pluripotentes, de concevoir donc une reprogrammation transitoire visant à donner un coup de jeune aux cellules sans changer leur identité. [...] L'idée était de trouver un moyen de reprogrammer les cellules et de les rajeunir pour qu'elles régénèrent mieux les tissus. Il s'agirait simplement d'effacer les marques du vieillissement. On pourrait même imaginer pouvoir lancer une reprogrammation sur un organe, un tissu, ou même, pourquoi pas, sur un individu entier, sans être obligé de prendre une cellule, de la transformer en cellule pluripotente pour la différencier et la réinjecter en vue de régénérer un organe. Il s'agirait de trouver un moyen de déclencher une reprogrammation sans changer l'identité de la cellule, dans le but de rajeunir et de régénérer l'organisme dans son ensemble. »

Une double stratégie de lutte contre le vieillissement apparaît dès lors possible : 1) contrôler la sénescence en détruisant les cellules sénescentes à l'aide de molécules dites « sénolytiques » et 2) reprogrammer les cellules abîmées/vieillies pour les rajeunir, mais en conservant cependant leur identité liée à leur différenciation (donc sans aller jusqu'à en faire des pluripotentes). Voici le passage du livre de Jean-Marc qui me semble sur ce point le plus clair et le plus fondamental :

« Notre dernière étude, soumise à publication, démontre clairement que cela est possible sur un organisme entier, en l'occurrence, celui de la souris de laboratoire. Si on lance la reprogrammation dans l'ensemble des cellules de l'organisme de façon contrôlée, on observe non seulement un « rajeunissement cellulaire », mais lorsque cette reprogrammation est effectuée tôt dans la vie de la souris (après l'adolescence si on transpose à l'homme), ses effets bénéfiques se perpétuent tout au long de la vie (jusqu'à environ 80 ans équivalent chez l'homme) et l'on augmente la longévité des souris de 15 %. Ce qui est le plus incroyable, c'est que cette reprogrammation améliore la physiologie de l'animal tout au long de sa vie. Les animaux ont un métabolisme amélioré avec un maintien de la masse musculaire et une diminution de la prise de masse grasse. À l'équivalent de 80 ans, leur force et leur mobilité sont considérablement améliorées et surtout, l'ensemble des tissus l'est aussi. On observe une peau incroyable, et parmi les pathologies liées à l'âge que nous avons regardées, les fibroses pulmonaire et rénale sont diminuées, l'arthrose et l'ostéoporose tout autant. On imagine sans difficulté que quelques améliorations supplémentaires devraient encore augmenter ce rajeunissement physiologique. [...] Les possibilités qu'ouvre la médecine régénératrice sont immenses. Tout est désormais en place pour la conception et la réalisation de cette approche thérapeutique globale du vieillissement. [...] Mon projet est de mettre en place une stratégie anti-âge globale ciblant ces deux clefs du vieillissement que sont la sénescence

cellulaire et la déprogrammation épigénétique. [...] Il est aujourd'hui permis d'espérer un gain de 30 % d'espérance de vie en bonne santé par la mise en œuvre d'un traitement de ce type combiné avec des stratégies de prévention habituellement citées dans les recherches sur le vieillissement. »

Il n'est pas inintéressant d'observer, et c'est un bon argument en faveur de cette stratégie, que la nature a en un sens déjà inventé ce que les artifices de la médecine moderne essaient aujourd'hui de retrouver. De fait, il existe dans le monde réel (et pas seulement en laboratoire) des animaux « fantastiques » qui en matière de régénération et de longévité montrent la voie à suivre, en quoi ils font l'objet d'études de plus en plus nombreuses et attentives un peu partout dans le monde.

*Les animaux fantastiques : planaire, salamandre et rat-taupe nu (*Heterocephalus glaber *de son nom savant)*

Le plus singulier d'entre eux est peut-être bien la planaire. Il suffit en effet d'un petit groupe de cellules du premier individu pour refaire un individu complet doté du même ADN que le premier. C'est seulement tout récemment qu'on est parvenu à comprendre le mécanisme de cette régénération exceptionnelle : la planaire possède à l'âge adulte des cellules souches pluripotentes qui lui permettent de refaire l'individu complet, exactement comme le font nos cellules souches originelles pendant le développement de l'embryon. Simplement, ces cellules souches, qui sont donc conservées chez la planaire dans son organisme à l'âge adulte, se mettent à proliférer lorsqu'elle subit une agression.

Elles migrent alors vers les blessures et, en se différenciant, elles produisent tous les types cellulaires nécessaires à la reconstruction de l'organisme. Dès 1898, Thomas Morgan avait démontré que chaque fragment issu d'une planaire découpée en 276 morceaux donnait naissance par régénération à une nouvelle planaire, mais à cette époque lointaine, où on ignorait tout des cellules souches et de leur rôle, on ne parvenait évidemment pas à expliquer ce « miracle ».

L'hydre fait elle aussi partie de ces animaux fantastiques qui se régénèrent en permanence. Même chose pour une petite méduse qui rajeunit et retourne même à l'état de polype en cas de stress ou après s'être reproduite (un peu comme ce Benjamin Button dont Woody Allen aimerait faire son modèle parce que sa vie commence par la vieillesse et s'envole vers la jeunesse...). Cet animal est d'autant plus fascinant qu'il redevient méduse adulte quand le stress disparaît, ce qui lui permet d'avoir plusieurs vies (il peut quand même mourir de maladie ou d'agression, contrairement à la planaire qui, elle, est quasiment immortelle). Le plus extraordinaire, c'est qu'il semble bel et bien capable, si l'on en croit les toutes dernières études conduites par des biologistes japonais en 2021, de dédifférenciation cellulaire et de redifférenciation cellulaire, ce qui constituerait un modèle unique et parfait de rajeunissement.

Chez les vertébrés, la salamandre fascine elle aussi les biologistes depuis des siècles. Ce qui est impressionnant dans la régénération, par exemple d'une de ses pattes, c'est que ses membres sont analogues à ceux d'un être humain en ce sens qu'on y trouve de l'os, des nerfs, des muscles, des tendons, des vaisseaux sanguins, des ligaments, de la graisse, etc., à ceci près qu'elle peut, contrairement à l'Homme, former un groupe de cellules souches capables de régénérer tous les tissus qu'on vient d'évoquer. Il en va de même pour le poisson-zèbre, qui possède des caractéristiques similaires à la salamandre. On a découvert que des cellules sénescentes étaient bel et bien impliquées dans ce processus de réparation, mais on sait aussi que les sécrétions inflammatoires qu'elles engendrent déclenchent une réponse du système immunitaire, en l'occurrence une élimination des cellules sénescentes par des macrophages qui, à la différence de ce qui a lieu chez nous, resteraient efficaces toute la vie de l'animal, ce qui expliquerait aussi le maintien de sa capacité de régénération malgré le vieillissement.

Quant au rat-taupe nu, il est devenu une espèce de modèle pour les spécialistes du vieillissement depuis qu'on a découvert dans les années 1960 ses incroyables qualités. Non qu'il soit qualifié pour un prix de beauté : ce petit rat, de la taille d'une souris, à la peau d'un gris rose translucide et toute plissée, totalement dépourvu de poils, quasiment aveugle, affublé de deux incisives proéminentes et d'yeux minuscules, n'a rien de ravissant. Reste que ses qualités compensent largement ce défaut, qui n'est finalement qu'affaire de goût. Il dispose en effet de sept caractéristiques qui fascinent les scientifiques du monde entier, des caractéristiques que les équipes de Google qui travaillent sur le vieillissement étudient depuis plusieurs années déjà : 1) pour commencer, il ne vieillit pas ! Certes, comme tous les êtres vivants, il finit par mourir, mais sans jamais avoir pris plus de rides qu'il n'en avait déjà à sa naissance ; 2) sa longévité est extraordinaire puisqu'il peut vivre jusqu'à 35 ans alors qu'une souris ordinaire ne dispose d'une durée de vie que de deux ans environ – ce qui, si on extrapole et si nous étions dotés des mêmes qualités, nous permettrait à nous de vivre plusieurs siècles en parfaite santé ; 3) il résiste à toutes les formes de cancer qu'on cherche désespérément à lui inoculer – ce qui signifie que, par nature, dès sa naissance, il est totalement résistant à cette pathologie ; 4) à 30 ans, les femelles sont encore fertiles, ce qui confirme le constat sidérant selon lequel ce petit animal finit par mourir sans jamais avoir vieilli ; 5) plus étonnant si possible, ce mammifère défie la fameuse loi de Gompertz, du nom de ce mathématicien qui, dans les années 1820, avait établi que, passé la trentaine, notre risque de mortalité ne cesse d'augmenter avec l'âge ; 6) on ajoutera encore qu'il semble tout à fait insensible à la douleur et que, enfin, 7) il peut survivre pendant dix-huit minutes en étant totalement privé d'oxygène et retrouver une vie normale dès que l'air revient.

Les biologistes qui travaillent sur les effets de l'âge et du vieillissement étudient ce rat-taupe sous toutes les coutures, à commencer bien entendu sur le plan génétique, dans l'idée que nous finirons un jour par comprendre ce qui lui donne ces aptitudes hors du commun et que nous pourrons peut-être en faire profiter l'être humain. On pense notamment qu'il aurait une activité sénolytique intrinsèque à la cellule, de sorte qu'il ne nécessiterait pas même une réponse immunitaire pour enclencher sa destruction, ce qui éviterait les défaillances du système immunitaire avec l'âge. On en est encore au stade des hypothèses, mais il est clair que la nature, qui a sans doute tout inventé, peut encore nous en apprendre beaucoup sur les processus de vieillissement et de rajeunissement que ces petits animaux nous font miroiter.

Comme on pouvait s'y attendre, par-delà le débat philosophique, le projet d'allonger la vie humaine jeune et en bonne santé a fait l'objet, y compris sur le plan scientifique, de nombreuses critiques. Parmi tous les livres que j'ai lus en français, mais aussi dans la littérature scientifique américaine et allemande, pour leur hostilité de principe au transhumanisme, un ouvrage de deux chercheurs, Danièle Tritsch et Jean Mariani, m'a semblé particulièrement digne d'intérêt. Il porte hélas un titre assez vulgaire, qui ne lui rend pas service : *Ça va pas la tête ! Cerveau, immortalité et intelligence artificielle, l'imposture du transhumanisme* (2018). Malgré cet intitulé, il faut bien l'avouer assez stupide, il témoigne de compétences scientifiques et de qualités pédagogiques réelles. Il a notamment raison d'insister sur le fait que le cerveau est, de tous les organes, le plus difficile à rajeunir. S'il est faux de dire qu'on perd tous ses neurones en vieillissant, il reste exact qu'ils s'abîment avec l'âge et qu'ils font partie de ces cellules dont la durée de vie, bien que très longue (jusqu'à cent cinquante ans), n'est pas pour autant infinie[1]. Leur livre souffre malgré tout de plusieurs défauts, tant sur la forme que sur le fond, qui affaiblissent considérablement l'argumentation.

Une critique scientifique du projet de lutter contre la vieillesse et la brièveté de la vie

On notera d'abord qu'à l'encontre de ce que laisse entendre le titre du livre, les scientifiques qui travaillent sur l'allongement de la jeunesse et de la vie humaine, que ce soit en Europe ou dans une filiale de Google telle que Calico, ne sont ni des imposteurs, ni des

1. Sur ce sujet, voir aussi l'excellent livre d'Yves Agid *Je m'amuse à vieillir* (2020).

clowns, ni des auteurs de science-fiction, comme le laissent entendre Tritsch et Mariani. Pour n'en donner qu'un seul exemple qu'ils sont d'ailleurs bien obligés de reconnaître, fût-ce à contrecœur, la biologiste américaine Cynthia Kenyon, chercheuse au MIT, puis professeure d'université mondialement connue pour ses travaux sur le vieillissement et aujourd'hui recrutée par Calico, fut la première à démontrer, en 1993, qu'il existait des gènes du vieillissement et qu'en les inhibant, ou en stimulant l'expression d'autres gènes opposants, on parvenait tout simplement à doubler la durée de vie de *C. elegans*, un petit vers de laboratoire bien connu des biologistes. Ces travaux, comme d'autres, plus décisifs encore, que nous avons évoqués plus haut, ont ouvert un espace de recherche sur la longévité dont tous ceux qui s'intéressent au sujet ont bien évidemment conscience qu'il va prendre des années avant d'aboutir[1].

Dès la première ligne de leur livre, Tritsch et Mariani entretiennent volontairement la confusion entre ce que j'ai toujours pris grand soin de distinguer, à savoir le transhumanisme, qui n'est finalement qu'une poursuite du projet des Lumières, et un posthumanisme qui relève de la science-fiction[2]. Nos deux auteurs me font

---

1. Même quand Laurent Alexandre déclare que l'être humain qui vivra mille ans est peut-être déjà né, son propos était à entendre sur le mode d'une course de relais : un enfant qui naît aujourd'hui verra probablement sa vie considérablement augmentée quand il arrivera à l'âge de 80 ans, et nul ne peut dire en quoi consisteront alors les possibilités nouvelles de régénérescence des organismes humains. Le propos était évidemment provocateur, il aurait sans doute mieux valu l'éviter dans le contexte des polémiques actuelles, mais il n'avait pourtant rien d'aussi stupide que ses adversaires ont voulu le faire croire.

2. Voici, à titre d'échantillon, les toutes premières lignes de leur livre : **« Demain, il verra dans le noir et il entendra les ultrasons. [...] Ses**

l'honneur de citer à plusieurs reprises mon livre *La Révolution transhumaniste*. C'est bien aimable à eux, mais que n'en ont-ils profité pour le lire ? Ils auraient pu voir, dans le chapitre intitulé « Humanisme, posthumanisme, antihumanisme » (p. 48 *sqq*), non seulement que j'appelle, comme d'ailleurs Gilbert Hottois dans son excellent petit ouvrage *Le transhumanisme est-il un humanisme ?* (2014), à distinguer entre elles ces notions fort différentes, mais que je me démarque de la manière la plus claire des délires posthumanistes d'un Ray Kurzweil. Entretenir la confusion entre le projet d'augmenter la longévité humaine et le fantasme posthumaniste de l'immortalité est une facilité que s'accordent hélas la plupart des critiques du transhumanisme et, à vrai dire, s'il y a imposture intellectuelle, elle est plutôt de leur côté.

Le plus étonnant peut-être dans ce livre, c'est que sous couvert de dénoncer l'« imposture transhumaniste », il en est contre toute attente un des meilleurs plaidoyers que j'ai pu lire ! C'est ainsi que nos deux auteurs évoquent élogieusement (p. 148) les travaux de Cynthia Kenyon sur l'inhibition des gènes du vieillissement, ceux de Brian Kennedy sur l'insuline (p. 149) grâce à laquelle ce chercheur du Buck Institute for Research on Aging réussit à augmenter de 30 % la longévité de notre petit ver, *C. elegans*. Sans doute, comme ils le soulignent à juste titre, « **personne ne dira le contraire, le ver, ce n'est pas l'homme** »... mais, en effet, personne

capacités intellectuelles auront décuplé, sa mémoire sera prodigieuse, il se souviendra de tout, même à 100 ans car les signes de vieillesse auront disparu. [...] Après-demain, son cerveau sera transféré dans une machine et son esprit sera quelque part dans les nuages, débarrassé de ce corps vieillissant. Le handicap, la vieillesse et la mort auront disparu. Il sera immortel. »

ne dit le contraire ! Ils citent ensuite la restriction calorique (p. 150), mais aussi, ce qui est beaucoup plus intéressant s'agissant des mammifères, les recherches portant sur l'éradication des cellules sénescentes grâce aux sénolytiques, une technique qui fait gagner 30 % d'espérance de vie en bonne santé chez la souris, un fait incontestable qu'ils sont bien obligés, là aussi, de reconnaître, il est vrai la mort dans l'âme : et comme ils le disent, **« ça peut marcher ! »** – certes les souris ne sont pas non plus des humains, mais ce qui vaut pour elles finit en général par valoir en quelque façon aussi pour nous. Ils évoquent encore les recherches sur les radicaux libres et les antioxydants, sur le suicide cellulaire, sur les exosquelettes commandés par la pensée qui redonnent de la mobilité à des paralytiques, sur les télomères, ces extrémités des chromosomes qui protègent nos cellules, mais dont la longueur se réduit à chaque division, un phénomène qu'une enzyme, la télomérase, parvient à combattre, ce qui oblige nos auteurs à reconnaître, là encore à contrecœur, qu'en 2011, des chercheurs de Harvard (encore des clowns transhumanistes ?) **« ont réussi à inverser le processus de vieillissement en modifiant l'activité de cette enzyme »** !

Évoquant le suicide cellulaire et la possibilité d'activer certains gènes qui vont pousser les cellules sénescentes à se détruire elles-mêmes, nos deux auteurs doivent également constater que cette technique à elle seule donne des résultats fascinants sur les souris traitées, ces dernières ne montrant par exemple plus aucun signe d'ostéoporose. Elles récupèrent en outre une partie de leur masse musculaire, elles sont plus adroites, plus mobiles, plus actives et, *last but not least*, elles vivent elles aussi 30 % plus longtemps que les souris non traitées, ce qui contraint nos auteurs à la conclusion suivante (p. 156) : « **Une équipe de Harvard, toujours aux États-Unis, a réussi à redonner des muscles et des artères à une souris décatie ! C'est comme si une personne de 60 ans retrouvait d'un coup une vitalité et une musculature de ses 20 ans ! Le rêve, quoi ! Mais là encore, la transposition à l'humain est encore très très loin d'être effective.** » En effet, mais cela signifie-t-il qu'elle sera pour toujours impossible ? Évidemment non ! Et du reste, que veut dire ce « très très loin » : dix ans, quinze ans, cinquante ans ? Autrement dit à peu près rien au regard de l'histoire de l'humanité.

Mais il y a plus, et plus embêtant. Nos deux auteurs oublient l'essentiel : ils font tout simplement l'impasse sur ce dont nous avons vu que c'était à coup sûr le plus important dans la lutte contre le vieillissement, à savoir la reprogrammation des cellules adultes, voire celle des cellules sénescentes, en cellules souches pluripotentes induites (IPS) ou de façon transitoire, sans changer leur identité, mais avec la capacité de rajeunir les tissus et les organes directement chez l'individu sans être obligé de prélever chez lui des cellules, les reprogrammer et les réinjecter.

Jusqu'à quel point la longévité pourra-t-elle être ainsi augmentée ? Existe-t-il une limite génétique à la lutte contre le vieillissement ? La vérité, c'est que personne n'en sait rien, en tout cas rien qui soit admis de manière consensuelle par la communauté scientifique. Certains chercheurs pensent qu'il existe une limite génétique à l'augmentation de la longévité et qu'elle se situerait autour de cent cinquante ans, d'autres estiment au contraire qu'il est possible que cette limite soit reculée quasi indéfiniment avec le développement des nouvelles techniques de reprogrammation cellulaire qu'on vient d'évoquer. Le débat est ouvert. On dira aussi que la question du vieillissement cellulaire et celle du vieillissement de l'organisme entier ne sont pas identiques, ce qui est parfaitement exact, même si les expériences sur les souris laissent espérer un passage de l'un à l'autre. Là encore, la discussion scientifique est en cours, mais prétendre, comme le font Tritsch et Mariani, et tant d'autres avec eux par idéologie plus que par démonstration objective, que le projet d'allonger la jeunesse et, par suite, d'augmenter la longévité est une imposture est non seulement faux, mais contraire à l'esprit scientifique véritable qui, certes, se doit d'être animé par le doute, mais pas pour autant fermé a priori aux innovations et aux découvertes, fussent-elles disruptives.

Ce qui au final se cache derrière la volonté obsessionnelle de disqualifier a priori le projet, c'est en réalité toujours la même rengaine : la sagesse ne consisterait pas à augmenter la longévité, mais à accepter notre sort, à vivre en accord avec la nature et à tenter seulement de bien vivre plutôt que vivre longtemps. Toujours les mêmes variantes, au fond, sur le thème déjà développé par Cicéron, sur l'idée que la longévité ne compte pas, qu'une vie de huit cents ans, comme l'affirme Cicéron, ne serait en rien supérieure à une vie de quatre-vingts ans. Si ce sophisme était juste, on ferait du reste aussi bien de s'arrêter bien avant quatre-vingts ans. Si l'on prend la nature comme modèle, pourquoi ne pas en finir au moment où, d'un point de vue biologique, notre vie ne sert plus à grand-chose, une fois qu'on a engendré des enfants et qu'on les a élevés jusqu'à l'âge adulte, moment où ils peuvent à leur tour se reproduire et où nous commençons nous-mêmes à vieillir ? Et tout bien pesé, si le bonheur et le « bien-vivre » sont le seul et unique but de nos existences, ne vaudrait-il pas mieux mourir dans l'enfance pour éviter les duretés de la vie d'adulte, la fâcheuse obligation de travailler pour gagner sa vie, les deuils qui se multiplient autour de nous quand on avance en âge, les amours difficiles, les divorces et autres joyeusetés de l'existence que nous pourrions nous épargner aisément si nous mourions par exemple dès l'âge de 2 ans, une durée de vie qui devrait enchanter Cicéron si l'on suit son argumentation jusqu'au bout...

Si l'on en croit certaines enquêtes d'opinion, une grande longévité, pour ne rien dire de l'immortalité, ferait horreur à nos concitoyens, du moins en ce bas monde (car dans l'au-delà, les croyants y aspirent, il est vrai dans des conditions évidemment différentes de celles que nous réserve l'existence terrestre). Pourtant, si l'on voulait vraiment que la question posée ait du sens et que les réponses ne soient pas d'emblée biaisées, il aurait fallu que ces sondages la précisent de manière plus claire qu'ils ne le font : s'agit-il de vivre plus vieux dans un état grabataire, ou jeune plus longtemps, en pleine forme physique, psychique et intellectuelle ? Pas tout à fait la même chose... Quand on pose la question de l'allongement de la vie aux Français, ils pensent aussitôt à l'arrière-grand-père qu'il a fallu placer en hospice parce qu'il était sénile, qu'il avait perdu toute espèce d'autonomie, un avenir que personne ne souhaite, ni pour soi, ni pour ceux que nous aimons. Je parie que si l'on posait la même question en précisant bien les choses, voire si on la posait à ceux qui sortent du cabinet d'un médecin qui vient de leur annoncer que la fin est proche en raison d'une mauvaise maladie, le projet d'une augmentation de la longévité humaine en pleine santé gagnerait bien des suffrages. Qui ne préférerait être un humain « augmenté » plutôt qu'un humain mort ? S'agissant de ceux que nous aimons, la réponse ne ferait pas de doute. Par amour de la vie et des aimés, la tentation d'échapper à ces trois fléaux qui gâchent nos existences depuis l'aube des temps – la maladie, la vieillesse et la mort – sortirait à mon sens victorieuse des résistances, souvent irréfléchies ou peu sincères, que suscite le projet d'allonger la vie en bonne santé.

Quoi qu'il en soit, plutôt que de freiner des quatre fers, nous ferions mieux d'y réfléchir sérieusement. Car la question de l'augmentation du temps de la jeunesse, et par suite de la longévité, ne posera pas à l'humanité que des problèmes psychologiques, elle soulèvera aussi des interrogations sur bien d'autres plans, économique, démographique, politique…

Un risque d'inégalités économiques, d'explosion démographique, voire de disparités géopolitiques ?

À l'issue d'une conférence que je donnais sur la révolution des biotechnologies devant un parterre de médecins, l'un d'entre eux m'adressa trois questions à la fois si légitimes et si fréquentes qu'il m'a semblé intéressant d'y répondre ici de manière plus développée que je n'ai pu le faire à l'oral. Les voici : « **1) L'amélioration de la longévité des hommes n'a-t-elle pas comme but inavoué l'immortalité ? 2) Améliorer la longévité, c'est augmenter le nombre de terriens. La Terre pourra-t-elle nourrir tous ces terriens, même avec l'amélioration des techniques agroalimentaires ? 3) Le transhumanisme ne sera-t-il pas réservé aux populations occidentales, les peuples en voie de développement étant alors voués au déclin, voire à la disparition ?** » Ces inquiétudes sont compréhensibles. Pour autant, il me semble qu'elles sont, au sens propre du terme, secondaires. Elles viennent *après* la volonté, partagée par presque tous les êtres humains, de lutter contre la mort d'un être aimé, d'un proche, pour ne rien dire de la sienne qui pour beaucoup d'entre nous, pardon d'y insister mais c'est essentiel dans ce débat, est finalement moins insupportable que celle d'un être cher entre tous. Personne n'arrêtera le projet d'augmenter la longévité pour des raisons seulement matérielles, parce qu'il va tout simplement dans le sens de ce que l'immense majorité des hommes considère comme le « bon sens », celui de la vie, de la liberté, de la perfectibilité et de l'amour. Peu de gens aiment vraiment vieillir et encore moins mourir.

Mais pour répondre plus directement aux questions de ce médecin, je ne vois pas pourquoi les peuples en développement ne profiteraient pas de la révolution de la longévité. La Chine et l'Inde sont déjà dans ces domaines aux avant-postes, devant même les Américains pour ce qui est de la Chine, en quoi l'idée que les biotechnologies seraient réservées aux Occidentaux ne tient pas. À la limite, c'est plutôt l'inverse qui est préoccupant aujourd'hui, le développement technologique des BATX (l'équivalent chinois des Gafami) dans le domaine des biotechnologies et de l'intelligence artificielle étant sans doute moins encadré sur le plan éthique et politique qu'aux États-Unis, a fortiori qu'en Europe, comme en témoignent en Chine non seulement l'usage de l'intelligence artificielle pour contrôler les libertés, mais aussi les expériences récentes de manipulations génétiques réalisées par certains généticiens chinois hors de toute régulation morale ou même seulement légale.

La question démographique paraît donc a priori la plus pertinente. Pour autant, je doute qu'elle empêche les humains de chercher à repousser la vieillesse et la mort, et ce d'autant plus que le mythe de la surpopulation est en train de s'effondrer. Deux chercheurs canadiens, John Ibbitson et Darrell Bricker, ont en effet démontré dans un livre récent (*Planète vide*, 2020), en s'appuyant sur les dernières recherches en matière de démographie, le caractère inexorable de la décrue de la population mondiale. Selon leurs conclusions, elle ne devrait jamais dépasser les 8,5 milliards d'individus, à peine plus que son nombre actuel. Comme cette prévision contredit tout ce que nous disent les écologistes depuis un demi-siècle, il est bon d'étudier de près leurs arguments avant de se faire une opinion. La stabilisation, puis la baisse de la population seront liées d'après eux à trois lames de fond planétaires : l'urbanisation, qui fait bondir le coût du logement et de l'éducation des enfants, l'affaissement du pouvoir des religions un peu partout dans le monde malgré l'entrée en résistance de l'islam (une réaction qui en est du reste la conséquence), mais plus encore l'émancipation des femmes : « **Plus une société s'urbanise, plus les femmes ont le contrôle de leur corps, moins elles choisissent d'avoir beaucoup d'enfants. Dans la majorité des pays occidentaux, comme aux États-Unis et au Canada, 80 % de la population vivent aujourd'hui dans des villes où les femmes bénéficient d'une maîtrise presque totale de la procréation.** » On objectera aussitôt que ce qui vaut pour les Occidentaux n'est pas vrai pour le reste de la planète. Pourtant, comme le montrent nos deux auteurs faits et arguments à l'appui, « **la baisse de la fécondité n'est pas réservée aux seuls pays développés. L'urbanisation et l'autonomisation des femmes sont des phénomènes mondiaux. Nous savons que la Chine et l'Inde sont au seuil de remplacement ou même en dessous. C'est aussi le cas d'autres nations émergentes : le Brésil**

(1,8), le Mexique (2,3), la Malaisie (2,1), la Thaïlande (1,5) ». Certes, les taux de natalité sont encore très élevés en Afrique et dans certaines parties du monde arabo-musulman, mais la tendance générale n'en est pas moins à la baisse. Jørgen Randers, un des scientifiques coauteurs du fameux rapport Meadows qui, en 1972, alertait sur les dangers d'une surpopulation qu'il jugeait inéluctable, avoue aujourd'hui avoir changé d'avis et rejoindre désormais le même point de vue que nos deux Canadiens : « **La population mondiale n'atteindra jamais 9 milliards**, assure-t-il. **Elle culminera à 8 milliards en 2040 puis commencera à baisser.** » Dans le même esprit, un rapport de la Deutsche Bank publié déjà en 2013 prévoyait un pic de 8,7 milliards en 2055, puis une baisse à 8 milliards à la fin du siècle. L'ONU elle-même, sous l'influence de ces recherches, revoit ses prévisions à la baisse. Il faut en outre garder à l'esprit que les progrès des biotechnologies permettront très bientôt de fabriquer des aliments en quantité illimitée à partir de cellules souches, y compris des protéines carnées sans souffrance animale, ni pollution.

Cela posé, les biotechnologies qui sont mises en œuvre dans la lutte contre le vieillissement sont d'une extrême puissance. Elles offrent aux humains des possibilités de se transformer, de modifier leur génome, donc de se modifier eux-mêmes sans que les limites de ces pouvoirs nouveaux de l'Homme sur l'Homme soient a priori limités. Ne nous voilons pas la face : la régulation éthico-juridico-politique du monde qui vient sera à la fois nécessaire et difficile.

Voici pourquoi.

La question de la régulation : le cas des bébés OGM

Prenons, pour plus de clarté, un exemple dans la réalité récente, un cas particulier mais significatif de ces aventures des biotechnologies qui peuvent aujourd'hui poser problème. Le monde de la science et de l'éthique en fut d'ailleurs bouleversé : on apprenait en novembre 2018 qu'un jeune généticien chinois, He Jiankui, avait entrepris de faire pour un petit d'homme, en l'occurrence pour des bébés jumelles, ce qu'on réserve d'ordinaire aux céréales et aux animaux, à savoir les modifier génétiquement. Il faut savoir que le coût de la technique que ce chercheur a utilisée est insignifiant, qu'elle est disponible sur le Net et techniquement accessible à un étudiant de troisième année. Il s'agit du fameux sécateur d'ADN Crispr-Cas9, inventé en 2012 par Emmanuelle Charpentier et Jennifer Doudna. Sans entrer dans les détails, ce désormais fameux « ciseau moléculaire » permet avec une précision diabolique de modifier l'expression de certains gènes, voire de les détruire et de les remplacer par d'autres. En clair, s'agissant par exemple de maladies dans lesquelles un seul gène est « muté » (myopathie, mucoviscidose, chorée de Huntington, par exemple), l'idée est d'aller « découper » le mauvais gène, de le remplacer par un gène sain et de réaliser cette opération dans l'embryon avant que la division cellulaire ne commence. Les perspectives ouvertes par ce type de thérapies géniques sont donc colossales, inimaginables il y a dix ans encore.

Si l'on en restait là, à une médecine seulement thérapeutique, on verrait mal qui pourrait s'y opposer. Même du point de vue des religions, qui voudrait sérieusement interdire à des parents de préférer un enfant viable à un enfant qu'on va aimer, voire adorer, mais dont on sait d'avance qu'il est voué à une mort atroce avant d'atteindre l'adolescence ? Le problème, c'est que ce merveilleux ciseau permet aussi de sortir du domaine thérapeutique pour entrer dans celui de l'amélioration ou de l'« augmentation » de l'espèce humaine (*enhancement*, pour reprendre le vocabulaire transhumaniste). Or c'est précisément ce qu'a tenté de faire ce généticien chinois : il a modifié dans un embryon sain le gène qui permet au virus du sida de s'introduire dans les cellules. Autrement dit, il a pratiqué, sans visée thérapeutique, une espèce de « vaccination génétique », ce qui a suscité un tollé, y compris chez ses collègues chinois, et ce pour trois raisons : d'abord parce que les modifications faites dans l'embryon touchent aussi les cellules germinales (ovules et spermatozoïdes) et sont donc transmissibles à la descendance, ce qui signifie qu'on enclenche potentiellement une modification de l'espèce ; ensuite, parce que cette technique est encore beaucoup trop nouvelle pour qu'on en maîtrise les effets pervers, qui peuvent être désastreux ; enfin, parce qu'on sortait du domaine thérapeutique alors qu'il existe d'autres moyens de se protéger contre le sida que de modifier le génome humain.

Malgré tout, on peut défendre l'idée que cette vaccination, pour aventureuse qu'elle soit, conserve quand même encore un lien avec la médecine préventive traditionnelle, de sorte qu'avec elle, nous n'en sommes encore qu'à la saison 1 des bébés Crispr. La saison 2 viendra avec l'augmentation pure et simple du génome humain. Prenons encore un exemple, celui de ce « rat-taupe nu » dont nous avons déjà évoqué les particularités proprement stupéfiantes. Imaginons – là on entre dans la science-fiction, j'en ai bien conscience, mais c'est pour mieux inciter à la réflexion car une fiction de ce genre pourrait un jour devenir réalité –, donc, imaginons que nous puissions greffer les gènes de ce petit mammifère sur nous, ou à tout le moins modifier les nôtres pour ressembler en quelque façon aux siens, bref, supposons que par un biais ou un autre nous parvenions à posséder quelques-unes de ses qualités, par exemple une résistance au cancer et au vieillissement des cellules. Nous pourrions alors, comme y songent les transhumanistes, retarder considérablement la mort. Est-ce certain, probable, impossible, souhaitable ou non ? Toutes ces questions sont désormais sur la table. Mais ce qui est clair, c'est qu'il n'y a rien de pire dans nos vies, spécialement pour un athée, que la mort d'un être aimé. Pour l'empêcher, je suis convaincu que nous finirons par accepter de modifier le génome le jour où ne pas le faire nous apparaîtra comme un danger mortel. Après la thérapeutique et la vaccination génétique, nous entrerons alors dans la saison 3 des humains modifiés. Face au refus d'un deuil, dire comme certains que ce projet est « infantile » paraîtra une objection dérisoire.

Pourquoi la régulation sera difficile et pourquoi l'Europe pourrait contribuer à offrir des solutions au reste du monde...

Où l'on voit que les biotechnologies demanderont très certainement une régulation éthique, juridique et politique, mais, là encore, la lucidité vaut mieux que les anathèmes et les incantations. Certes, le généticien chinois qui a modifié les jumelles a finalement été condamné. Il n'en reste pas moins que tous les pays ne sont pas, loin de là, sur la même longueur d'onde.

Ils sont loin d'avoir les mêmes préoccupations éthiques, juridiques et politiques, de sorte que ce qui sera interdit ici, mais autorisé là, risque fort de n'avoir pour principal effet que de favoriser le tourisme médical. Pour ne donner qu'un exemple de ces divergences, selon un sondage réalisé en 2018, 80 % des Chinois sont favorables au type de « vaccination génétique » qu'on vient d'évoquer. Je ne dispose pas de chiffres pour ce qui est de la France, mais je serais prêt à parier que les résultats seraient probablement inverses…

La régulation juridique et morale sera donc difficile à mettre en place et ce pour trois raisons de fond. D'abord parce que les nouvelles technologies demandent des efforts de compréhension qui dépassent largement ceux qu'on peut raisonnablement attendre de nos politiques qui, sauf exception, n'ont ni culture scientifique, ni culture historique, ni a fortiori philosophique – leurs compétences se limitant le plus souvent à la sociologie électorale et à la communication. Ensuite, les innovations qui animent la troisième révolution industrielle se développent à une vitesse fulgurante, une vitesse d'autant plus grande que la compétition est devenue mondiale. Enfin, cette mondialisation, justement, rend inefficaces les régulations nationales, les législations des États et les comités d'éthique locaux n'ayant aucune influence hors du pays d'origine. À quoi bon interdire le tri d'embryons ou l'insémination artificielle avec donneur, comme on l'a longtemps fait en France, quand ces pratiques sont autorisées à Bruxelles et à Londres ?

L'Europe judéo-chrétienne, avec sa conversion à l'héritage des Lumières, aux droits de l'Homme et à la démocratie, pourrait jouer un rôle majeur pour proposer au monde des idées régulatrices touchant la troisième révolution industrielle. Malheureusement, elle n'est plus guère audible dans le monde. S'agissant des innovations qui sont au cœur de la troisième révolution industrielle, celles de l'IA, de la robotique et du numérique, l'Europe devient peu à peu un sous-traitant, voire une colonie des États-Unis et de la Chine. Elle a consenti, sur une base émotionnelle, à un élargissement aux pays de l'Est au lieu d'approfondir l'Union en resserrant nos liens par la suppression de la concurrence entre les normes sociales et fiscales. Il fallait harmoniser, limiter drastiquement le dumping social et fiscal, créer un Parlement et un ministère des Finances en réduisant la zone euro à l'essentiel, au plus à une dizaine de pays. Nous sommes malheureusement loin de voir ce projet traverser seulement l'esprit de nos gouvernants. Il est pourtant vital pour l'Union européenne, et peut-être pour le monde si nous voulons du moins que notre voix soit à nouveau entendue dans le concert des nations, si nous voulons que ce que la vieille Europe a inventé de mieux sur les plans moral et politique, à savoir le deuxième âge de l'humanisme, puisse être aussi entendu par les autres. Car ce nouvel humanisme a développé une conception de l'altruisme sur laquelle je vous propose de conclure ce livre.

Conclusion

Du souci de soi par souci des autres

Les quatre visages de l'altruisme

Le mot « altruisme », inventé semble-t-il par Auguste Comte, a reçu au fil de l'histoire quatre significations différentes, voire opposées entre elles. Tâchons de les distinguer afin d'identifier celle qui correspond le mieux à notre spiritualisme laïc.

Aussi paradoxal que cela puisse paraître, il existe une première forme d'altruisme qu'on pourrait définir comme un « altruisme par égoïsme ». C'est celui qui domine la tradition des doctrines utilitaristes et libérales anglo-saxonnes. La formule peut sembler contradictoire, elle est pourtant tout à fait cohérente. Dans la tradition utilitariste, en effet, qui tient que toutes les actions humaines, y compris les plus généreuses en apparence, sont guidées par l'intérêt, qu'aucune n'est jamais désintéressée, l'altruiste est tout simplement quelqu'un qui a intérêt au bien-être, voire au bonheur des autres. Les théories libérales de la « sympathie » et des « sentiments moraux » reprendront le thème : pas besoin dans leur perspective de postuler une capacité de s'arracher à l'égoïsme naturel pour expliquer le souci de l'autre. Le souci de soi y suffit dès lors qu'il est le fait d'un individu naturellement tourné vers autrui, d'un être dont le bonheur serait incomplet, voire impossible, si celui des autres n'était pas en quelque façon assuré ou à tout le moins pris en compte. C'est donc bien par égoïsme que, selon les doctrines utilitaristes et libérales de l'*Homo œconomicus*, les êtres humains sont en principe enclins à ces sentiments qui semblaient a priori peu naturels que sont la sympathie, la compassion et la pitié. Inutile de chercher ailleurs pour expliquer qu'ils prennent soin de leurs congénères. Invoquer, comme le font les morales républicaines, une liberté d'arrachement à l'égoïsme, une faculté de désintéressement, pour en rendre raison est donc non seulement inutile, mais en vérité irrationnel puisque la notion d'action désintéressée contredit le déterminisme naturel en même temps que le principe de causalité. Dans cette optique utilitariste, Sœur Emmanuelle et Mère Teresa ne sont que des égoïstes qui ont viscéralement et naturellement intérêt au bien-être des autres.

À l'exact opposé de ces thèses utilitaristes et libérales, les morales républicaines reposent sur l'idée que l'altruisme véritable, la générosité authentique, supposent une capacité de lutter en nous contre la nature égoïste qui est spontanément la nôtre. Comme le montre Kant, dont la philosophie n'est pas libérale mais républicaine, l'altruisme, la prise en compte de l'autre, suppose un effort, un arrachement à soi, une décision sans doute évidente quand il s'agit des proches, de ceux que nous aimons, mais le plus souvent difficile s'agissant du simple prochain, celui qu'on ne connaît pas et pour lequel on n'éprouve a priori aucun penchant amical particulier. L'altruisme est donc un choix de vertu et de devoir qui requiert l'exercice d'une liberté entendue ici comme la faculté de lutter contre les penchants naturels à ne s'occuper que de soi. Spontanément, l'humain n'est pas spécialement bon. En tout état de cause, il ne pense d'abord et avant tout qu'à son « cher moi », comme dit Freud. Voyez d'ailleurs nos enfants : pour leur apprendre à se soucier d'autrui, il faut, comme le disait Piaget, un long et pénible processus de « décentration ». C'est ce qu'on nomme l'« éducation », en quoi la morale et la civilité sont tout sauf naturelles. À vrai dire, elles sont même, contrairement à ce que prétendent utilitaristes et libéraux, si antinaturelles qu'à la fin de l'enfance, quand notre éducation est en principe terminée, il faut encore bien souvent faire des efforts, en appeler encore et toujours à l'exercice d'une liberté d'arrachement à soi, à sa nature égocentrique, pour que cette décentration qui permet de se soucier des autres puisse continuer d'opérer. Dans cette perspective, il est évident que seule l'action désintéressée est véritablement vertueuse et, au sens propre du terme, altruiste. Pour vous en convaincre, imaginez que quelqu'un vous rende de grands services, qu'il soit avec vous généreux, attentionné et bon, bref, un modèle d'altruisme, mais que vous découvriez un jour qu'en vérité, cette bonté de façade n'est qu'une hypocrisie destinée à capter votre héritage : bien que l'action de ce personnage reste objectivement « altruiste », elle ne l'est cependant pas subjectivement, privée qu'elle est de toute valeur morale, de toute vertu, cette dernière supposant une authentique générosité, une manière de « sortie de soi » pour mériter son nom et relever d'un véritable altruisme.

On peut évoquer encore un troisième visage de l'altruisme, non plus par intérêt, ni même par devoir, mais tout simplement par amour. C'est pour cet altruisme que Jésus plaide dans le fameux passage des Évangiles auquel saint Augustin a donné le nom de « Sermon sur la montagne ». Alors qu'il parcourt la Galilée pour haranguer des foules de plus en plus nombreuses, Jésus, face au nombre croissant de ceux qui viennent l'écouter, s'installe sur un promontoire afin d'être entendu par tous. L'épisode est rapporté par Matthieu (5-7), ainsi que par Luc (6, 17-49), bien que sous une forme abrégée. Il commence, après les Béatitudes proprement dites, par ces quelques mots d'une rare profondeur : « **N'allez pas croire**, déclare Jésus, **que je sois venu abolir la loi ou les Prophètes : je ne suis pas venu abolir, mais accomplir. Car je vous le dis en vérité, jusqu'à ce que le ciel et la terre aient disparu, il ne disparaîtra pas de la loi un seul iota, un seul point sur le i, jusqu'à ce que tout ait été accompli. […] Je vous le dis : si votre justice ne surpasse pas celle des scribes et des Pharisiens, vous n'entrerez point dans le Royaume des cieux.** » Ce « dépassement » ou, pour mieux dire, ce « remplissement » (en grec : *plèrôma*) de la loi, c'est bien entendu l'amour de gratuité et de désintéressement, cette *agapè* que nous sommes censés tenir de Dieu, qui va le permettre. Dans la suite du sermon, Jésus mobilise toute une série d'exemples empruntés à la loi juive, pour l'essentiel au Décalogue : « **Tu ne tueras point, tu ne commettras pas l'adultère, tu ne te parjureras point** », etc. Et chaque fois, il oppose l'esprit à la lettre, le cœur à l'application mécanique de la règle, car l'application de la loi, qui en elle-même est bonne, dont le contenu n'est pas douteux et dont Jésus dit bien clairement qu'il ne changera pas un iota, n'a pas la moindre valeur morale, ni spirituelle, si elle est obtenue par simple observance mécanique et sèche, au nom du seul devoir, d'un commandement qui s'oppose à la nature. C'est au contraire par un élan du cœur guidé lui-même par *agapè*, donc en quelque façon par une « inclination sensible », un « penchant naturel », que la loi doit s'accomplir, se remplir.

Où l'on voit comment Jésus, au nom de l'amour, rejette la séparation que fait le judaïsme orthodoxe de son temps (mais la morale de Kant, et avec elle toutes les morales républicaines feront de même) entre la nature et la loi, entre l'inclination naturelle et le devoir moral. C'est en ce sens qu'il ne souhaite nullement supprimer le contenu de la loi, mais seulement son caractère formel, *agapè* venant la remplir spontanément sans en modifier un iota – à ceci près que la loi disparaît comme impératif, comme commandement et comme devoir moral de vertu. Nul besoin d'édicter une loi pour obliger une mère qui aime son enfant à l'embrasser quand il pleure, à le réchauffer quand il a froid, à le nourrir quand il a faim... L'amour y pourvoit *naturellement*, et c'est dans ce mouvement, dans cet élan du cœur que la forme de la loi disparaît. Si nous aimions les autres comme nous aimons nos enfants, il est probable que toute guerre aurait disparu de la surface du globe[1]. En quoi, ici, l'altruisme par amour nous conduit aussi loin de l'intérêt égoïste que du devoir moral puisqu'il repose sur une vision « amicale » de la transcendance de l'autre et la sortie de soi.

---

1. Voici comment Hegel a commenté ce passage, de manière à mon sens juste et profonde :

« Dans la description de ce Royaume du ciel, ne figure pas toutefois la suppression des lois, mais elles doivent être accomplies par une justice qui soit autre et plus totale que celle de la fidélité au devoir : l'incomplétude des lois trouve son accomplissement. [Jésus] montre alors le principe de cet accomplissement pour plusieurs lois : ce principe plus riche peut être appelé le penchant à agir comme les lois l'ordonneraient, l'unité de l'inclination et de la loi grâce à laquelle celle-ci perd sa forme de loi ; cet accord avec l'inclination est le plèrôma ["remplissement"] de la loi. »

Et dans ce sermon, chaque fois, pour chaque commandement particulier, Jésus montre comment et en quel sens il doit se remplir par l'amour de charité, *agapè*.

C'est du moins l'idée qui anime ce troisième visage de l'altruisme, la question de savoir si l'amour n'est pas une forme d'intérêt comme une autre, voire plus puissante que toutes les autres, étant évidemment ouverte, mais cependant impossible à trancher rationnellement[1].

Par-delà l'utilitarisme, la morale du devoir et l'amour de charité, le spiritualisme laïc propose un quatrième visage de l'altruisme : non par intérêt, non par devoir, pas même par amour, car nous n'aimons jamais vraiment que nos proches (et encore, pas toujours !), mais *comme* par amour, *comme si* nous aimions ceux que nous ne connaissons pourtant pas mais que nous pourrions peut-être aimer. On dira qu'il s'agit à la fois d'une variante de l'altruisme par devoir et de l'altruisme par amour, sauf que cette variante change la donne en fournissant pour ainsi dire une béquille charnelle à la sécheresse de l'impératif catégorique kantien ou en donnant à l'amour de charité la dimension impérative des morales du devoir. Il s'agit au fond de s'efforcer de voir la possibilité du proche dans le prochain, de le considérer comme s'il pouvait être aimé, de se demander comment nous agirions et réagirions face à lui dans une situation pénible ou conflictuelle, si cet

1. Un utilitariste objecterait bien évidemment que l'amour est intéressé de sorte qu'à ses yeux, l'altruisme par amour entre sans difficulté dans sa vision du monde. Un chrétien répondrait à son tour qu'*agapè* est un amour gratuit, désintéressé qui, comme tel, implique une sortie de soi, une mise entre parenthèses de l'égoïsme naturel. Comme l'a montré Popper, à la suite de Kant (qui avouait qu'il était bien possible qu'aucune action désintéressée n'ait jamais eu lieu), le débat ne peut pas être tranché scientifiquement car il se meut dans le domaine du non-falsifiable : on ne pourra en effet jamais prouver qu'une action, même infiniment généreuse, n'est pas dictée par un intérêt caché, voire inconscient, mais le fait qu'on ne puisse pas le prouver montre à lui seul qu'on se meut dans un domaine qui n'est plus celui de la science.

autre était notre fils ou notre fille, notre frère ou notre sœur : aurions-nous la même attitude ? Sans doute pas. Bien sûr, le prochain n'est pas le proche, mais si nous lui superposions l'image d'un proche, si nous faisions l'effort de le voir comme un des nôtres, il est probable que notre comportement à son égard changerait du tout au tout. Si les membres des communautés qui sont encore en guerre aujourd'hui un peu partout dans le monde se regardaient comme ils regardent leurs propres enfants, comme ils regardent ceux qu'ils aiment, on peut imaginer que leur guerre prendrait fin...

La spiritualité laïque du deuxième humanisme, pour des raisons que j'ai suffisamment exposées ici, apparaît ainsi comme une vision du monde et du rapport aux autres qui réconcilie la spiritualité de l'amour et l'éthique du devoir. À l'opposé des idéologies du bonheur et du souci de soi issues de la déconstruction des transcendances, elle ouvre une autre voie, tant dans le rapport à soi, dans la lutte contre la réification et la « mauvaise foi », que dans le rapport aux autres, à la politique et au souci des générations futures. Le deuxième humanisme vise donc la transmission et le partage, en quoi la question de la longévité ne saurait le laisser indifférent. L'élargissement de l'horizon dans l'optique de la longévité et de l'altérité apparaît aussi, tout bien pesé, comme un facteur de sens non négligeable dans nos vies. Sa devise pourrait être *Perfectibilité, Longévité, Amour*. Il s'agit bel et bien de transmettre autour de soi (aux proches, famille, amis), mais si possible aussi plus loin, à l'humanité qui vient, mais une humanité où le souci du prochain, de l'anonyme, à la différence de ce qui a lieu dans le premier humanisme où l'altruisme est un altruisme essentiellement par devoir, est médié par le proche, ce qui donne du sens à nos vies individuelles. Il est clair que même si la science nous offre un jour la possibilité d'une vie très longue, elle aura toujours une fin. Reste que selon cette doctrine de l'altruisme par amour, ou à tout le moins, « comme par amour », dans cette politique qui se soucie enfin des générations futures, la vie vaut la peine d'être vécue et si possible augmentée, malgré l'irréversibilité de la mort, d'abord pour continuer à viser sans cesse la perfectibilité, mais aussi parce que, tant qu'il reste quelque chose à transmettre, à partager et à léguer à ceux que nous aimons ou pourrions aimer, nos existences ont du sens.

Table des matières

CHAPITRE 1

Le bonheur par la résignation

Chapitre 2

Le spiritualisme laïc

CHAPITRE 3

Se résigner à la vieillesse ?

Du même auteur

Philosophie politique I. Le Droit : la nouvelle querelle des Anciens et des Modernes, PUF, 1984.
Philosophie politique II. Le Système des philosophes de l'histoire, PUF, 1984.
Philosophie politique III. Des droits de l'homme à l'idée républicaine, PUF, 1985.
La Pensée 68. Essai sur l'anti-humanisme contemporain, Gallimard, 1985 (avec Alain Renaut).
Systèmes et critiques, Ousia, 1985.
68-86. Itinéraires de l'individu, Gallimard, 1987.
Heidegger et les Modernes, Grasset, 1988.
Homo Aestheticus. L'invention du goût à l'âge démocratique, Grasset, 1990.
Pourquoi nous ne sommes pas nietzschéens, Grasset, 1991 (ouvrage collectif).
Le Nouvel Ordre écologique, Grasset, 1992.
Des animaux et des hommes. Une anthologie, Hachette, « Le Livre de Poche », 1994.
L'Homme-Dieu ou le sens de la vie, Grasset, 1996.
La Sagesse des Modernes, Robert Laffont, 1998 (avec André Comte-Sponville).
Le Sens du beau, Cercle d'art, 1998.
Philosopher à dix-huit ans, Grasset, 1999.
Qu'est-ce que l'homme ?, Odile Jacob, 2000 (avec Jean-Didier Vincent).
Qu'est-ce qu'une vie réussie ?, Grasset, 2002 ; Hachette, « Le Livre de Poche », 2009.
Lettre à tous ceux qui aiment l'école, Odile Jacob, 2003.
La Naissance de l'esthétique moderne, Cercle d'art, 2004.
Le Religieux après la religion, Grasset, 2004 (avec Marcel Gauchet).
Comment peut-on être ministre ? Réflexions sur la gouvernabilité des démocraties, Plon, 2005.
Apprendre à vivre 1 : traité de philosophie à l'usage des jeunes générations, Plon, 2006.
Kant : une lecture des trois Critiques, Grasset, 2006.

Vaincre les peurs : la philosophie comme amour de la sagesse, Odile Jacob, 2006.
Familles, je vous aime : politique et vie privée à l'âge de la mondialisation, XO, 2007.
Pour un service civique, Odile Jacob, 2008.
Apprendre à vivre 2 : la sagesse des mythes, Plon, 2008.
La Tentation du christianisme, Grasset, 2009.
Combattre l'illettrisme, Odile Jacob, 2009.
Face à la crise, Odile Jacob, 2009.
Le Christianisme, la pensée philosophique expliquée, Frémeaux & Associés, 2009.
Philosophie du temps présent, Frémeaux & Associés, 2009.
Apprendre à vivre : traité de philosophie à l'usage des jeunes générations, Flammarion, 2009 ; « Champs Essais », 2015.
Heidegger, l'œuvre philosophique expliquée, Frémeaux & Associés, 2010.
La Révolution de l'amour : pour une spiritualité laïque, Plon, 2010 ; J'ai lu, « Essai », 2012.
Mythologie, l'héritage philosophique expliqué, Frémeaux & Associés, 2010.
Faut-il légaliser l'euthanasie ?, Odile Jacob, 2010 (avec Axel Kahn).
L'Anticonformiste : une autobiographie intellectuelle (entretiens avec Alexandra Laignel-Lavastine), Denoël, 2011 ; Pocket, 2012.
Karl Marx, la pensée philosophique expliquée, Frémeaux & Associés, 2011.
Chroniques du temps présent. Le Figaro, 2009-2011, Plon, 2011.
Sigmund Freud, la pensée philosophique expliquée, Frémeaux & Associés, 2011.
La Politique de la jeunesse : rapport au Premier ministre, Odile Jacob, « Penser la société », 2011 (avec Nicolas Bouzou).
De l'amour : une philosophie pour le XXIe siècle, Odile Jacob, « Sciences humaines », 2012.
Schopenhauer, l'œuvre philosophique expliquée, Frémeaux & Associés, 2012.
L'Invention de la vie de bohème, 1830-1900, Cercle d'art, 2012.
Descartes, Spinoza, Leibniz : l'œuvre philosophique expliquée, Frémeaux & Associés, 2013.
Hegel, l'œuvre philosophique expliquée, Frémeaux & Associés, 2013.
Épicuriens et stoïciens : la quête d'une vie réussie, Le Figaro, « Sagesses d'hier et d'aujourd'hui », 2013.

Aristote : le bonheur par la sagesse, Le Figaro, « Sagesses d'hier et d'aujourd'hui », 2013.
De Homère à Platon : la naissance de la philosophie, Le Figaro, « Sagesses d'hier et d'aujourd'hui », 2013.
Descartes : je pense donc je suis, Le Figaro, « Sagesses d'hier et d'aujourd'hui », 2013.
Pic de la Mirandole : la naissance de l'humanisme, Le Figaro, « Sagesses d'hier et d'aujourd'hui », 2013.
Gilgamesh et Bouddha, sagesses d'Orient : accepter la mort, Le Figaro, « Sagesses d'hier et d'aujourd'hui », 2013.
Jésus et la révolution judéo-chrétienne : vaincre la mort par l'amour, Le Figaro, « Sagesses d'hier et d'aujourd'hui », 2013.
Spinoza et Leibniz : le bonheur par la raison, Le Figaro, « Sagesses d'hier et d'aujourd'hui », 2013.
La Philosophie anglo-saxonne : la force de l'expérience, Le Figaro, « Sagesses d'hier et d'aujourd'hui », 2013.
Kant et les Lumières : la science et la morale, Le Figaro, « Sagesses d'hier et d'aujourd'hui », 2013.
Nietzsche : la mort de Dieu, Le Figaro, « Sagesses d'hier et d'aujourd'hui », 2013.
Hegel et l'idéalisme allemand : penser la lumière, Le Figaro, « Sagesses d'hier et d'aujourd'hui », 2013.
Marx et l'hypothèse communiste : transformer le monde, Le Figaro, « Sagesses d'hier et d'aujourd'hui », 2013.
Schopenhauer : pessimisme et art du bonheur, Le Figaro, « Sagesses d'hier et d'aujourd'hui », 2013.
Hegel et l'idéalisme allemand : penser l'histoire, Le Figaro, « Sagesses d'hier et d'aujourd'hui », 2013.
Le Cardinal et le Philosophe, Plon, 2013 ; J'ai lu, 2014.
Marx et l'hypothèse communiste : transformer le monde, Le Figaro, « Sagesses d'hier et d'aujourd'hui », 2013.
Freud : le sexe et l'inconscient, Le Figaro, « Sagesses d'hier et d'aujourd'hui », 2013.
Heidegger : les illusions de la technique, Le Figaro, « Sagesses d'hier et d'aujourd'hui », 2013.
Sartre et l'existentialisme : penser la liberté, Le Figaro, « Sagesses d'hier et d'aujourd'hui », 2013.
La Pensée 68 et l'ère du soupçon, Le Figaro, « Sagesses d'hier et d'aujourd'hui », 2013.

La Philosophie aujourd'hui : où en est-on ?, *Le Figaro*, « Sagesses d'hier et d'aujourd'hui », 2014.

La Naissance de l'esthétique et la question des critères du beau, *Le Figaro*, « Sagesses d'hier et d'aujourd'hui », 2014.

La Plus Belle Histoire de la philosophie, Robert Laffont, 2014 ; Points, 2015.

Les Avant-Gardes et l'art moderne, *Le Figaro*, « Sagesses d'hier et d'aujourd'hui », 2014.

Entre le cœur et la raison : la querelle du classicisme, *Le Figaro*, « Sagesses d'hier et d'aujourd'hui », 2014.

Une brève histoire de l'éthique, *Le Figaro*, « Sagesses d'hier et d'aujourd'hui », 2014.

Karl Popper : qu'est-ce que la science ?, *Le Figaro*, « Sagesses d'hier et d'aujourd'hui », 2014.

Philosophie de l'écologie. Croissance verte ou décroissance ?, *Le Figaro*, « Sagesses d'hier et d'aujourd'hui », 2014.

Philosophie du progrès. Le romantisme contre les Lumières, *Le Figaro*, « Sagesses d'hier et d'aujourd'hui », 2014.

L'Innovation destructrice, Plon, 2014.

Sagesses d'hier et d'aujourd'hui, Flammarion, 2014.

Chroniques du temps présent : Le Figaro, 2011-2014, vol. II, Plon, 2014.

L'Odyssée ou le « miracle grec », Plon-*Le Figaro*, « Mythologie et Philosophie », nº 1, 2015.

L'Iliade et la guerre de Troie, Plon-*Le Figaro*, « Mythologie et Philosophie », nº 2, 2015.

La Naissance des dieux et du monde, Plon-*Le Figaro*, « Mythologie et Philosophie », nº 3, 2015.

Typhon et les Géants, Plon-*Le Figaro*, « Mythologie et Philosophie », nº 4, 2015.

Prométhée et la boîte de Pandore, Plon-*Le Figaro*, « Mythologie et Philosophie », nº 5, 2015.

Midas contre Apollon, Plon-*Le Figaro*, « Mythologie et Philosophie », nº 6, 2015.

Les Amours de Zeus, Plon-*Le Figaro*, « Mythologie et Philosophie », nº 7, 2015.

Mort et résurrection d'Héraclès, Plon-*Le Figaro*, « Mythologie et Philosophie », nº 8, 2015.

Thésée contre le Minotaure, Plon-*Le Figaro*, « Mythologie et Philosophie », nº 9, 2016.

Persée et la Gorgone Méduse, Plon-*Le Figaro*, « Mythologie et Philosophie », n° 10, 2016.
Jason et la Toison d'or, Plon-*Le Figaro*, « Mythologie et Philosophie », n° 11, 2016.
Dionysos, dieu de la fête, Plon-*Le Figaro*, « Mythologie et Philosophie », n° 12, 2016.
Pyrrha, Deucalion, Noé et Gilgamesh, Plon-*Le Figaro*, « Mythologie et Philosophie », n° 13, 2016.
Œdipe et son complexe, Plon-*Le Figaro*, « Mythologie et Philosophie », n° 14, 2016.
Antigone, Plon-*Le Figaro*, « Mythologie et Philosophie », n° 15, 2016.
Sisyphe et Asclépios, Plon-*Le Figaro*, « Mythologie et Philosophie », n° 16, 2016.
Orphée, Eurydice, Éros, Psyché, Déméter, Plon-*Le Figaro*, « Mythologie et Philosophie », n° 17, 2016.
Tantale, Dédale, Lycaon, Icare, Phaéton, Plon-*Le Figaro*, « Mythologie et Philosophie », n° 18, 2016.
Les Grands Mythes de l'amour, Plon-*Le Figaro*, « Mythologie et Philosophie », n° 19, 2016.
Mythologie, religion et philosophie, Plon-*Le Figaro*, « Mythologie et Philosophie », n° 20, 2016.
7 façons d'être heureux, XO, 2016 ; J'ai lu, 2018.
Mythologie et philosophie. Le sens des grands mythes grecs, Plon-*Le Figaro*, 2016 ; J'ai lu, 2018.
La Révolution transhumaniste. Comment la technomédecine et l'uberisation de la société vont bouleverser nos vies, Plon, 2016.
La Plus Belle Histoire de l'école, Robert Laffont, 2017 (avec Alain Boissinot).
Chroniques du Figaro, 2014-2017, Plon, 2017.
La Boîte de la mythologie : 600 questions pour tout savoir sur la mythologie, Marabout, 2018.
Dictionnaire amoureux de la philosophie, Plon, 2018.
Sagesse et folie du monde qui vient : comment s'y préparer, comment y préparer nos enfants ?, XO, 2019 (avec Nicolas Bouzou).
Sagesses d'hier et d'aujourd'hui, Flammarion, 2019.
Les Sept Écologies, Éditions de l'Observatoire, 2021.

Composition et mise en pages
Nord Compo à Villeneuve-d'Ascq

CET OUVRAGE
A ÉTÉ ACHEVÉ D'IMPRIMER
SUR ROTO-PAGE
PAR L'IMPRIMERIE FLOCH
À MAYENNE EN SEPTEMBRE 2022

N° d'impression : 101006
Imprimé en France